组织行为的心理分析

（第三版）

蒋云根　编著

東華大學出版社·上海

图书在版编目 (CIP) 数据

组织行为的心理分析 / 蒋云根编著 . –3 版 . – 上海：东华大学出版社，2013.1

ISBN 978-7-5669-0175-0

Ⅰ. ①组… Ⅱ. ①蒋… Ⅲ. ①组织心理学 Ⅳ. ① C936

中国版本图书馆 CIP 数据核字 (2013) 第 007842 号

责任编辑　吴川灵

封面设计　雅　风

组织行为的心理分析

（第三版）

蒋云根 编著

东华大学出版社出版

（上海市延安西路 1882 号　邮政编码：200051）

新华书店上海发行所发行　苏州望电印刷有限公司印刷

开本：710×1000　1/16　印张：14　字数：274 千字

2013 年 1 月第 3 版　2017 年 6 月第 3 次印刷

印数：5 001－7 000

ISBN 978－7－5669－0175－0

定价：28.00 元

目　录

第一章　以人为中心——现代管理的基本特点

> 太上，不知有之；其次，亲而誉之；其次，畏之；其次，侮之。
>
> ——老子

有七个人住在一起，每天共喝一桶粥。粥少人多，不能敞开喝，只能实行分配制。一开始，他们通过抓阄决定由谁来分粥，每天轮一个。一周下来，每天只有分粥的那位能够吃饱。于是他们换一种做法，推选出一个道德高尚的人出来分粥。结果大家开始挖空心思去讨好他，贿赂他，搞得整个小团体乌烟瘴气。然后大家开始组成三人的分粥委员会及四人的评选委员会，但搞得程序繁琐，等到粥吃到嘴里时，已都凉了。最后他们想出来一个方法：轮流分粥，但分粥的人要等其他人都挑完后拿剩下的最后一碗。为了不让自己吃到最少的，每个轮到分粥的那位都尽量分得平均，就算不均，也只能认了。从此，大家快快乐乐，和和气气，日子越过越好。

一、人在管理中的地位

老子《道德经》第 17 章中，把领导者分为四种：最理想的领导者，人们感觉不到他的存在；次一等的领导者，人们爱戴他、称赞他；再次一等的领导者，人们害怕他；最次的领导者，人们蔑视他。由此，最好的领导者总是那样的悠然自得，清静无为，不肯轻易发号施令，而天下却治理得井然有序。这就是一般所说的“无为而治”的管理境界。

松下幸之助谈到：有一次他感觉很苦恼，因为很多问题不能解决，于是他就跑到寺庙去问一个老师傅。他说：“请问老师傅，什么叫做管理？”那个老师傅就拿起一个茶杯给松下幸之助，说：“你拿着”。然后，他就提起一个茶壶往茶杯中倒，一直倒至茶溢出来。松下问：“老师傅，杯子不是满了吗？”老师傅说：“你知道杯子水满了，你就懂得什么叫管理。”杯子要空的时候才有用，杯子如果满了，它就没有用了。所以当一个老总，要时时刻刻维持一个空杯子的状况，才听得进别人的意见，才能够接受干部的建议，才不会自以为是。但一般来说，领导者总希望自己能够无不为。如何才能达到这一境界？无为才能够无不为。你无为，你的下属就会无不为；你无言，你的下属就会有很多话；你无能，你的部属就会很能干。你所要看的是他们做得对不对，而不是跟他们去抢工作做。组织有三个阶层：基层、中层、高层，用三个字来代表：有、能、无。基层用有，基层重有，对于他们来讲看得见的，摸得着的，具体的东西是最重要的；中层用能，干部一定要能干，所以要能；当到老总，一定要无。如果你老是有，你就使得员工很难做事。你太能干，所有干部都无能为力，所以一定要无。在同下属交往中，有时你明明知道，但要假装不知道。只有你假装不知道，你才可以得到更多的情报。如果你样样都知道，那下属还跟你讲什么呢？当你的下属不愿意跟你讲话的时候，那就叫做上下不通。上下不通，《易经》里面叫做“皮卦”。天地不交就是皮，一皮就倒霉。“皮”就是闭塞的意思。我们要下情上达，上情下达，上下很好沟通，组织才会有活力。

在管理领域，无形的管理相对于有形的管理而言，往往具有其特殊的功能。这里说的“有形”管理主要是指管理机构、管理规章、奖惩措施等等。“无形”管理则主要是指管理者的榜样、示范效应、管理文化、管理心理等等。在管理实践中，有形管理在规范、引导人们的行为方面有着重要的作用；但如果只是重视有形的管理，而忽视无形管理，不仅难以达到预想的管理目的，还可能导致负面效应。为此，管理者必须重视发挥无形管理的作用，从根本上说，也就是要做到，“圣人常无心，以百姓心为心。善者，吾善之；不善者，吾亦善之；德善。信者，吾信之；不信者，吾亦信之；德信。圣人在天下，歙歙焉，为天下浑其心，百姓皆注其耳目，圣人皆孩之。”（老子《道德经》第49章）意思是说，管理者不应有自己固定的成见，要了解管理对象的观点和意见，因势利导去面对问题、处理问题，才能取得良好的效果。

20世纪30年代，国民党统治区曾推行“新生活运动”，该运动的出发点旨在从国民的基本日常生活做起，对国民提出了多项行为规范方面的要求，其中一条是“禁止妇女烫发”。但各地在实施“新生活运动”过程中，发现这一条很难行得通，不仅禁止不了，且烫发者越来越多，一些地方政府官员对此束手无策。有人曾提出各种解决这一“难题”的对策：或运用赏罚手段，对烫发者予以罚款，而对不烫发者则给予奖励；或规定理发店不准从事烫发业务，违者处罚；或通过舆论、街头表演等多种途径，推出不烫发女性的美好形象；或广泛宣传烫发对人体所带来的不良后果，使妇女对烫发心怀疑惧、避而远之等等。上述种种方法从性质上分析，基本可归为两大类：一类属于强制型，即不管对方心理上是否愿意接受，都必须服从管理规定，否则便会受到惩罚，在这种情况下，管理对象即使接受了当局的要求，也是被动的、消极的、勉强的；另一类属于引导型，即注重于心理上的引导，使对方积极的、自愿的、心甘情愿的按照管理者的要求去规范自己的行为。两种不同性质的管理方法，实质体现着对人在管理中的地位的看法。

管理的主体是人，这一基本事实便决定了人在管理中应当具有的主体性地位。所谓主体，在管理实践中，既包括管理者，也包括管理对象；所谓主体性，是指人之所以成为人的那种特性，在管理过程中，主要包括主体的个性特点、显性的或隐性的各种需求、人际交往的特点、主体对管理环境的理解与把握等等。这种主体性观念，要求人在管理中不能被降低为物，降低为工具和傀儡，奉行这样一种物本主义将窒息管理的勃勃生机；当然，也不能把人当作神，把人过于理想化，因为这种神本主义将抽去人的灵魂，剥夺人的现实性。

现代管理的一个基本特点，就是强调以人为中心的管理，这意味着：首先，必须肯定人在现代化大生产中的特殊作用。日本自20世纪60年代开始，创造了举世瞩目的经济发展奇迹。据众多专家学者分析，日本的经济腾飞主要借助于两只轮子：一是科学管理，二是科学技术。美国的一些专家、学者认为日本经济发展在世界上取得领先地位，靠的是“三分技术，七分管理”。就技术与管理这两只轮子来看，科学管理本身体现着重视人在管理中的地位和作用，反映着对人的潜在能力与人力资源的有效开发与利用；而科学技术的创造、发展与应用，自然离不开人，再先进的技术设备要正常运转，发挥效用，归根到底还是要依靠掌握先进科学技术的人。可以说，只有充分肯定人在现代管理中的主体性地位，重视发挥人在现代化大生产中的主导性作用，才能真正实现科学管理，才能有效发挥科学技术在经营管理中的功能，促进经济持续性发展。其次，认真研究人的心理活动规律，确保管理的科学性与有效性。在汉语里，“心”是指“心思”、“心意”、“思想”，“理”是指“条理”、“准则”、“规律”，这样，从中文的字面上解释，心理学可以说是关于心思、思想等规律的学问。根据心理学一词的渊源古希腊语的解释，它是由“精神”和“科学”两个词所组成，合在一起，意指关于精神的科学。由于人的心理活动有其规律性，这就要求在研究人的心理时，确立科学的态度，需要在实践中运用实验法、谈话法、问卷法、观察法、个案法等等方式了解和把握对象的心理活动状况，而不能仅凭自己的主观想象予以推测；由于人的心理犹如露出海平面的冰山之一角，绝大部分都隐藏在水中，使人难以窥其全貌，从而对心理研究提出了相当高的要求；由于人的心理受客观环境的影响和制约，这就要求在考察人的心理活动规律时，必须充分考虑心理与环境之间的作用关系。只有确立科学的态度，运用科学的方法，对人的心理作认真的分析与研究，才能确实掌握其活动规律，从而对人的行为进行合理的引导。再次，研究人的心理，主要目的在于有效地调动对象的工作积极性。根据研究，产生行为的直接原因是动机，动机是引起个体行为、维护该行为，并将行为导向某一目标的过程。促使动机产生的原因主要有两个：一是内在因素，即需要。当个体缺乏某种东西时，便会产生需要，例如，缺乏维持个体生理机能的物质因素如食物、药品等情况下，或者缺乏维护社会生活所需要的精神因素如尊重、成就时。当个体感到缺乏这些必要的东西时，便会产生某种需要。二是外部条件，即外来的刺激，某种外来的刺激作用于个体，也会引发个体的相应需要，从而激发起动机。例如，员工甲决定跳槽，可能是因为外单位优厚报酬的诱惑，或者是外单位工作条件比本单位强；员工乙看到自己的同学或同事在学习、工作或其他方面有了新的发展，处于比自己更优越的地位，也往往会形成激发自己进一步努力的动机。当外部条件不变时，内在的需要是一个人产生动机的根本原因。需要使个体产生欲望和驱动力，这种驱动力就是动机，它是推动人们去从事某种活动的内在动力，并导致行为的产生。为此，调动积极性，其主要环节就是要激发人的动机，诱导人的行为，使其发挥出内在潜力，为实现所追求的目标而努力。最后，管理者必须充分重视对人的行为与心理的研究。美国的一些大企业，如通用汽车公司、通用电器公司等，专门设有经理考试制度。这种考试并不是让经理们去啃堆积如山、十分晦涩难懂的经营策略方面的理论，而只是要求他们读一部英国著名戏剧家莎士比亚的作品，然后写一份命题报告。据介绍，进行这样的考试的根据是：假如一个企业的经理连莎士比亚著名作品中所出现的几个人物的心理尚不能理解，那么，他又如何去理解一个公司当中几十、几百、几千乃至几万个雇员的心理呢？所以，采用这种考试形式的目的，主要就是考核企业经理能否做到真正理解人。实践证明，一个单位、一个企业、一个部门的领导者、管理者重视研究人的心理，往往能够营造出良好的人际心理气氛，增强群体凝聚力，更好地调动员工的工作积极性。

二、组织行为的心理背景

组织是一种有意协调的社会单元，由两个以上的人所组成，并在一个相对连续的基础上运作，以达到共同的目标或一系列目标。组织中个体的任何活动都反映着特定的心理现象，所以，人的活动是了解个体心理特定的基本途径。比如，在组织管理活动中，管理者和被管理者之间总是要发生一定的人间关系，在这种人际交往中，相互之间通过感觉、知觉形成对对方的某种认识，这就是一个心理活动的过程。

在组织人际交往中，不仅要感知当前的人与事，还要记住它，有时还要回忆过去经历过的事情，这就是记忆，记忆也是一种心理现象；为了正确地了解、认识对象，需要利用感知的材料和已有的知识进行分析、综合、推理、判断，这种思考活动就是思维，思维也是一种心理活动；在人际知觉中，人总会形成亲疏远近的情感态度：喜欢—讨厌，满意—不满意，爱—恨，种种喜、怒、哀、乐的体验，都叫做情感，情感也是一种心理现象；在管理活动中，人们总要预先提出目标，制定计划，在执行过程中还要下定决心，克服困难，这种下定决心、克服困难的心理现象，就叫做意志；人在处理事物时，总带有个人的不同特点，如表现在能力方面的差异，兴趣方面的差异，性格方面的差异，气质方面的差异等等，这一些，统称为个性心理特征。

心理过程和个性心理特征的总称，就是心理，而心理现象显然广泛存在于管理活动之中，立足于管理实践，是了解、认识人的心理的必要途径。由于人的任何行为都是受到某种意识和心理支配的，即使是无意识的行为，也常常是潜意识的一种显示，因此，要理解、把握或者控制人的行为，就必须研究、掌握行为者的心理背景和心理活动规律。

要真正认识、理解人的行为与心理，需要避免主观性、随意性等思维方式。人的行为常常不是偶然的、随机的，它总是由某种原因引起的，并指向一定的目标。当然，人与人之间是有差别的，即使是在相似的情境下，人们所表现出来的行为也不会完全一样，但是，在人们的行为中确实存在着某些一致性的方面，这些一致性的内容是非常重要的，通过对这些情况的系统研究，将有助于我们有可能去预测人的行为。

人是社会的动物。我们需要研究个体的价值观、态度、人格以及类似的个人特点，但这些研究不能脱离研究对象所处的特定情境。如果我们从组织中人与人之间的结构化关系以及这些关系如何限制或促进某些行为进行研究的话，我们就可能更深入地认识人的心理与行为。由于任何组织都有着自己的体制结构、政策要求、工作程序、行为规则等等，这些要素实际影响、限制并塑造着组织成员的心理趋向与行为模式，它们具体设定了行为的标准，哪些是可以接受的，哪些是不能接受的行为。同时，组织需要从纵向方面通过设置不同的职位来安排不同的角色，并由此而产生上下从属关系，这种关系对双方的心理与行为都会产生相应的影响，特别是上司拥有更多的评价员工绩效并控制奖惩的资源，这在很大程度上能够控制对方的行为趋向。此外，作为组织系统中的任何一名个体，都担当着某种特定的角色，从而承担着组织所赋予的相应的行为规范方面的要求，这些要求既有成文的，也有不成文的，但它们对员工的行为都具有实际上的调节功能。从某种意义上来说，组织对员工具有一种“操纵”或“塑造”的作用，它一方面引导甚至强制人们去做它所要求的事，同时也限制人们想做的事和与之交往的人。所以，只有在组织中，我们才能更真切地了解并把握个体的心理与行为发展的趋向与规律性。

当然，人在组织面前并不是完全被动的、消极的。组织中的个体，总是拥有范围不同的活动空间，在这一相对自主的领域里，可以按照自己的价值观与活动方式发展自我，开展各类人际交往活动，进而影响组织的结构与发展趋向。为此，我们所要研究的，并不是一种简单的单向性影响关系，而应当是组织与个体之间的双向作用关系，这种作用关系的复杂性既是对研究者的一种挑战，同时也为我们提供了极为丰富的研究内容。

三、心理——意识与无意识、理性与非理性的统一体

人的心理的复杂性，使得个体不仅对别人，甚至对自己的了解、对自己行为的把握也是相当有限的。某公司老板为协调上下级人际关系，加强相互间心理沟通，安排在自己过五十岁生日那天举办一次庆典活动，邀请了该公司部门经理以上管理人员参加。生日宴会轻松而热烈，与会者纷纷举杯，为老板身体健康、生日快乐、事业发达而干杯，良好的祝愿此起彼伏。酒过三巡，销售部经理W君举杯向老板敬酒，引起大家注意，因W君在公司名声颇响，以其出色的能力使公司销售额逐年增长，赢得老板青睐，据传闻，最近可能升任公司副总经理，当是春风得意，令人羡慕。然出人意料之外的是，当W君端起酒杯，所发表的祝酒词竟然是“大家为某某先生（指老板）的健康而呕吐!”把干杯说成了呕吐。即使在平日相互间怀有成见或敌意，在祝贺宴会上一般也不会明显、故意表现出来，况且，作为一个下属，考虑到自己将来的前途，采取这种行为更是难以想象的。因而，我们可以假设：尽管W君平时在工作上颇为配合老板，没有表现出任何不服从的迹象，但或许由于个性、性格或工作作风等方面的原因，故而对老板一直怀有某种不满情绪或持有反抗动机。但因地位方面的差异，这些心理因素平时一直被储存或被强行压抑在无意识动机中而没有显露出来。这种被储存或压抑的心理状态并没有因此而消失，它总是会寻找适当的时机予以发泄。现在机会来了，当一起干了几杯酒后，在酒精的作用下，使得当事人思考力与自我控制能力有所下降，导致口误的出现。

人们的行为一般总是被认为是在自我意志和意图控制下进行的，即使不是被完全控制，也会具有意识控制的痕迹，这就是说，个人的行为往往被理解为是理性的，是在意识控制下进行的。但现实交往过程中，确实存在着另一种情况，即“想不到”的现象。例如，一位下属在受到上司严厉批评时，脑子里忽然闪过一个念头“恨不得杀了他!”过后，他会疑惑：“我怎么会产生这样的念头？”对自己感到无法理解。有时脱口而出的一句话，冲动之下的某种行为，事后也常常会感到不可思议。这类现象是否也是由意识所指导的呢？对这类现象研究的结果，便发现了人的无意识世界，注意到了人的心理系统的非理性因素。

非理性主要是指一切有别于理性思维的精神因素，如情感、直觉、幻觉、下意识、灵感；也指那些反对理性哲学的各种非理性思潮，如惟情论、意志论、生命哲学、无意识、直觉论、神秘主义、虚无主义、相对主义等。人是有感情的动物，人的问题要求人性地解决。非理性的特点是非逻辑性，无规则性，模糊性、盲目性、冲动性、过激性等，属于人的精神属性。具有社会性的人类，并不仅仅严格按照事实或逻辑来采取行动，无论在什么地方，能够完全理性、合乎逻辑支配自己行为的人几乎找不到。从亚当·斯密开始，经济学把人看作“理性动物”。后来的管理学，无一不是以理性为前提的。霍桑实验则表明，人的思想

和行动更多的是由感情而不是由逻辑引导的。梅奥的管理思想，在一定意义上，是要纠正古典管理学中过度理性化的偏失。完全理性，必然把人机器化，进而破坏人生的价值和意义。梅奥从改变管理行为、培养人际关系型经理人员入手，要求实现管理形态根本性转变。这种转变的本质，是要以人性化替代理性化。所谓人性，既要包容理性因素，又要包容非理性因素，把人的非理性和理性统一起来。

根据弗洛伊德的研究，人的心理由三个部分组成：一为本能冲动，弗洛伊德称之为“伊特”，即无意识；二为认识过程，感受外界影响，满足本能需求，称“自我”；三为良心，代表社会道德标准，压制本能表现，称“超我”。“伊特”与“超我”经常处于不可调和的矛盾之中，例如，过于严厉的禁忌和规范（来自家庭、部落、社会）能把很多东西压抑到无意识中去，引起歇斯底里、攻击等等。这样，弗洛伊德认为，人的心理主要由意识（自我、超我）和无意识两部分所构成。意识是与直接感知有关的心理部分，无意识则包括个人的原始冲动和各种本能，以及个体出生后同本能有关的欲望。这些冲动和欲望，是为社会道德、习俗所不允许的，因而被压抑到意识阈限之下。当然，这些潜伏在心理深处的无意识成分，总是在寻找机会，一旦条件具备，便会释放出来。法国社会心理学家居斯塔夫·勒蓬在1910年出版的《政治心理学》一书中，运用非理性主义的观点对群众心理进行了分析，提出了著名的“群集心理”一说。在勒蓬看来，群众具有完全不同于它所包括的各位个体的特点，一群群众的心理状态比其普遍成员单独行动时的心理状态要低劣。它不是一种自觉的心理状态，而是各类参加者的下意识心理互相掺和而产生出来的，它绝不是理性思维的成果，而是一些潜在意识的原始冲动和愿望的汇集。虽然人们就个体而论可能成为有修养的、高尚的人物，但联合成为群众时，却往往会作出野蛮的或残暴的行为。个人单独行动时，由于担心社会的惩罚，往往会对这类冲动有所约束（冲动毕竟存在，只是被压抑而已）。但是，暴民所包括的成员，由于人多势众，再加上旁人的示范壮了胆，就觉得自己强大到可以抛开这些约束了，于是他们采取行动时就象被催眠了一样，顺从当时的鼓动者或领导者可能给予他们的任何野蛮的提示，表现出与平时判若两人的行为。

四、心理与行为的文化背景

位于美国俄亥俄西南部的西泰克斯公司是一家日美联营企业。该企业的日本管理者来自于这样一种文化，他们十分强调公司的团队精神、和谐气氛和意见一致。他们把工厂视为家庭的延伸。因此，他们希望美国管理者也能把公司放在个人生活之上。然而美国人一般都希望有时间与自己的家庭在一起。日本人在工作之后还会花很长时间聚在一起进行社交活动，并且常年不使用假期时间。西泰克斯的美国管理者发现，他们很难适应把自己的整个生活全部消耗在工作当中。

研究表明，在组织中来自于不同文化的员工之间确实存在一些明显的差异，在解释众多组织行为时，民族文化依然占据很重要的位置。一项研究对比了40

个国家中的员工，最后得出结论，民族文化能够解释员工在态度和行为方面将近50%的差异。

管理的中心问题在于对人的心理与行为的引导与控制，而在不同的文化背景下，对人在本性方面的认识以及人的具体行为表现并不完全一致，这必然在很大程度上影响着管理模式的形成与发展，并广泛地渗透到管理的各个层面，突出地体现在组织、领导、决策、沟通、激励等等各个方面。20世纪70年代后期，在美国逐步形成和发展起一门新兴的边缘学科——跨文化管理学，主要研究在跨文化条件下如何克服异质文化的冲突，进行卓有成效的管理，其目的在于如何在不同形态的文化背景下，设计出切实可行的组织机构和管理机构，最大限度地挖掘和利用组织人力资源的潜在能力和价值，从而最大限度地提高组织管理的综合效益。日本在20世纪60年代末和70年代初企业管理的成功导致人们对文化作用重要性的重新认识。由于感受到来自日本的压力，一些美国的企业家和管理学者开始对日本管理实践的研究，最初的发现是日本的一些具体管理方式与美国不同，如终身雇佣制、年功序列工资制、禀议决策制、企业工会福利制等所谓"日本管理成功的四大支柱"。这些具体的管理办法同日本的民族传统与社会习俗有很紧密的联系，美国人很难借鉴。由此，他们得出一个结论：管理同国情、同民族文化有很密切的关系。这样，美国人对日本企业管理进行更深入的研究，结果发现两国在管理方面的根本性差异并不在于表面的一些具体做法，而在于对管理要素的认识有所不同。美国过于强调诸如技术、设备、方法、规章、组织机构等外在的指标，而日本管理界则比较注重信念、人和、价值准则等内在的要素，在日本人看来，管理工作中的关键，是企业通过对全体员工的教育和包括领导者在内的身体力行，确立大家共同遵守的信念、目标和价值观，以产生一种同舟共济的精神状态。

中西文化是两种不同的文化体系，由于管理的中心问题是对人的管理，中西文化对人的认识的差异，在很大程度上影响了管理模式的形成与发展。在有关人的本性、个人与群体的关系、人与国家的关系、个人的权利和义务、人的价值观念等等方面认识的不同，使得管理者在组织、领导、决策、激励、人际交往等管理环节方面表现出各自的特征，例如，西方管理强调严密的组织结构和外在控制机制，而中国的管理虽并不排斥组织、规章制度等控制手段，但在实际管理过程中，往往比较注重人伦、情感与道德自律的功能；西方管理决策注重于事实与目标的价值，中国的决策者则比较注重决策过程以及人际关系的协调；西方管理界鼓励竞争、创新、拼搏，中国传统文化熏陶下的人们则习惯于清静无为、知足常乐、随遇而安，乃至因循守旧、墨守成规；西方管理激励尊重个体对自我利益与价值的追求，中国管理更注重于群体利益与共同的价值，强调精神因素的作用，往往忽视个体实际利益的合理性。如何将文化传统与现代管理的要求有机结合起来，以进一步完善管理实践的各个环节，需要我们在理论研究与管理实践中不断探索与总结。

第二章　管理与人性

人的本质并不是单个人所固有的抽象物，在其现实性上，它是一切社会关系的总和。

——马克思

一、人性——管理的导向

英国爱丁堡公爵于1997年12月举行的管理学院国家金奖章晚宴上发表的讲话中指出，理解人性是管理的关键。由于管理的主体和对象是人，这一基本事实便决定了管理理论与管理实践研究人性问题的重要意义。

组织行为学研究的人性，主要是从人的自然属性方面来分析论证的，这里又可以分为两个层面：哲学意义上的人性和管理人性观。研究组织行为学的学者都认为，在管理过程中若不注重对人性的考察和把握，在管理理念上就可能陷于误区，管理方式上则会出现简单化，缺乏针对性，影响管理工作的正常开展。如果管理者能够正确地认识人的本性，并予以合理的引导，将有利于更充分地激发工作人员的积极性与创造性，增强群体的凝聚力，真正提高管理工作的效率。

美国管理心理学家麦格雷戈认为，在每一个管理决策或每一项管理措施的背后，都必然有某些关于人性本质及人性行为的假定。尽管这些假设通常是隐含的、没有被意识到的、自相矛盾的，但它们却决定着人们的预测活动。在孔茨看来，凡主管人员，不论有意还是无意，在他们的头脑里一般都有根据自己对人的某种假设而形成的关于个人和组织行为的模式。这些假设和有关理论都影响着他们的管理行为。西克斯也认为，每一种管理行动都是以一组有关工作性质和人类本性的含蓄设想为基础的。这说明，有关人的性质和人的行为的假设，对于决定管理人员的工作方法、管理措施等来说，是极为重要的。

在管理实践中，各类管理人员往往自觉或不自觉地以他们自己对人的性质的假设为依据，然后运用不同的方式来组织、领导、控制、激励人们。显然，接受A种人性假设的管理人员会用一种方式实行管理；接受B种人性假设的管理人员会趋向于用另一种方式来管理。例如，A管理人员强烈地相信，人不会自觉地去努力干活，他们总是希望少干活多拿钱，与此相应，接受这种人性假设的管理者必然会在组织内建立严格的控制系统，以保证职工们按时上班，遵纪守规，并会对职工的工作过程实行严密的监控，用“胡萝卜”加“大棒”的方式实施管理。而B管理人员却深信，人会自觉地去努力干活，因为他们对工作本身和工作的结果有着极大的兴趣和责任感，这样，B管理者必然十分重视在组织内贯彻民主与参与管理制度，鼓励职工自我约束、自我管理，而不会对他们实行严格的监控。

麦格雷戈提出：“真正的问题在于管理者的宇宙观和价值观的改变，这个问题解决了，其他如何推行的问题便成为细枝末叶了。”管理者对人性所持的假定，实际上就是管理人员世界观的一部分，即他们要对人为什么要工作，以及应该如何去激励人们和管理人们的看法等，有一个明确的观念。

二、哲学层面的人性

一只狐狸在母鸡的门外说：“可爱的母鸡，你打开门，我带你去一个美丽的地方，那里是人间仙境，遍地食物。”母鸡不理狐狸。狐狸又说：“美丽的母鸡，我这里有一件世上最美丽的衣服，你打开门，我把衣服送给你！”母鸡还是不理狐狸。很长时间，没再听到狐狸的声音，母鸡放松了警惕。又过了一会儿，母鸡听到外面响起了公鸡的叫声：“亲爱的，快开门呀，我回来了！”母鸡听了，不疑有诈，把门打开了。躲在门外的狐狸一把抓住了母鸡。哈哈大笑道：“我就知道总有一计是可以诱惑到你的！”很多时候，真正的诱惑不是来自于别人，而是来自于自己的内心。

心理学家曾做过一项气味辨别实验，受试对象是100名男子和100名妇女。实验时，首先让每个人闻过烧酒、薄荷和鹿蹄草的气味，然后拿出10瓶没有任何气味的蒸馏水，谎称其中有3瓶分别具有上述物质的气味，并让所有受试者分辨。结果有48名妇女和37名男子声称他们完全嗅出来了；另一部分声称患有感冒，不能完全确定是哪种气味；只有6人表示没有嗅出任何气味。该实验告诉我们，人时常会迷失在自我当中，很容易受到周围信息的暗示。

在哲学研究层面，人性是指高度概括出来的人的一般本性和各个时代发生变化了的本性，是人类本性的最高概括。

人类的自我认识是个永恒的课题。特尔菲神庙立柱上所刻的“认识你自己”的格言，表达了人类对自我本性认识的重视与困惑，劝人要有自知，明白人只是人，并非诸神。根据第欧根尼·拉尔修的记载，有人问泰勒斯“何事最难为？”他应道：“认识你自己。”尼采在《道德的系谱》的前言中说：“我们无可避免跟自己保持陌生，我们不明白自己，我们搞不清楚自己，我们的永恒判词是：‘离每个人最远的，就是他自己。’——对于我们自己，我们不是‘知者’……”我是谁，我从哪里来，又要到哪里去，这些问题从古希腊开始，一直激励、鞭策着人们对自我的思考与探索。随着社会的发展和社会知识爆炸现象的出现，涌入人类中的符号信息的大量增加。空间距离的缩短，思想文化及人员交流的频繁，人的头脑也愈来愈复杂了。与此相应的是，人类对自身的认识也越来越重视、越来越深刻、越来越复杂。人在认识自然的同时，也不断地在加深对自我的认识。一位名叫肖曼·巴纳姆的著名杂技师在评价自己的表演时说，他之所以很受欢迎是因为节目中包含了每个人都喜欢的成分，所以他使得“每一分钟都有人上当受骗”。人们常常认为一种笼统的、一般性的人格描述十分准确地揭示了自己的特点，心理学上将这种倾向称为“巴纳姆效应”。巴纳姆效应在生活中十分普遍。拿算命来说，很多人请教过算命先生后都认为算命先生说得“很准”。其实，那些求助算命的人本身就有易受暗示的特点。

当人的情绪处于低落、失意的时候，对生活失去控制感，于是，安全感也受到影响。一个缺乏安全感的人，心理的依赖性也大大增强，受暗示性就比平时更强了。加上算命先生善于揣摩人的内心感受，稍微能够理解求助者的感受，求助者立刻会感到一种精神安慰。算命先生接下来再说一段一般的、无关痛痒的话便会使求助者深信不疑。“巴纳姆效应”指的就是这样一种心理倾向，即人很容易受到来自外界信息的暗示，从而出现自我知觉的偏差，认为一种笼统的、一般性的人格描述十分准确地揭示了自己的特点。要避免巴纳姆效应，需要客观真实地认识自己，重视收集有关自己的信息，以此才能作出正确的判断。

早在古希腊时期，人类已创造了灿烂的文明，但对自己的认识仍充满困惑。古希腊人曾创作了许多神话，许多神至今为人们所熟悉：普罗米修斯、赫拉克勒斯、雅典娜、忒修斯、海伦、阿波罗、波塞冬等等。正如一评论家在谈到古希腊人与神关系时所说的：对一个具体的个人来说，生命从诞生到死亡，从清晨到夜晚，从家庭到社会，始终穿戴着宗教的外衣。没有一幢房子里没有祭奉神祇的场所，没有一天、没有一餐膳食、没有一场音乐会、没有一次集会不带祭祀，不带对神祇的问候。人们遇到每一件活动，享受每一次欢乐，遭遇每一场烦恼，无论是幸福的欢呼或是痛苦的颤抖时，都会感到神祇就在身前脚后，都会渴望地呼唤他们。一切艺术、建筑、绘画、造型、诗歌、音乐和舞蹈都围绕并且服务于宗教，应宗教的需要而发展，连运动员和养马人的体育比赛也是为了表彰神祇和英雄而举办的。

神话的繁荣，反映了古希腊人朦胧地感到自己已经在大自然面前站起来，他们是伟大的，但是他们又感到有一种自然力继续在支配着他们，使他们感到自己身外有一种强大的、异己的、可怕的力量；意识到自身的幼稚和世界的陌生，意识到身外这种力量神秘而难以抗拒。“俄狄浦斯”的故事就深刻地反映了人类童年时期认识到自己半是伟大半是渺小的无奈感：由于命运的捉弄，俄狄浦斯杀了自己的生身父亲，娶母为妻，得知真相后，刺瞎了自己的双眼。在这个惊心动魄的悲剧中，处于童年时代的人类连自己的父母都不认识，自然也难以深刻地认识自我。尽管如此，自古希腊罗马始，众多伟大的思想家都坚持不懈、前赴后继地探索着人类自身，深化着对人自身的认识。古希腊著名哲学家德谟克利特认为，人是从土地里出来的，如同虫类一样。柏拉图曾将人定义为：人是没有羽毛的，用两条腿走路的动物。还有的学者则提出，人是会笑的动物。由此可见，古代人在对人自身的认识方面，基本上尚停留于人的某些表面现象与自然属性，将人性与兽性混为一谈，反映出古代人类还没有意识到应从社会学的高度去认识与把握人所特有的内在本质。

《圣经·路加福音》10 章 25 至 37 节耶稣基督讲的寓言：“ 一个犹太人被强盗打劫，受了重伤，躺在路边。曾经有犹太人的祭司和利未人路过，但不闻不问。惟有一个撒马利亚人路过，不顾隔阂，动了慈心照应他，在需要离开时自己出金钱把犹太人送进旅店的故事。所以被称为好撒马利亚人。 ”利未人，指雅各的第三个儿子利未的后代，专责协助祭司进行宗教仪式，并管理会幕或圣殿内的一切事务。上帝选派利未人去待奉他，因为利未人的祖先与摩西一起反对百姓拜偶像。撒马利亚人一般说来含有贬义。因为撒马利亚人（北国以色列）受到宗教的约束比较少。他们崇拜偶像，与异族通婚，为南国犹大王国的人所不认同。他们虽然是兄弟，但因为数百年的分裂、竞争、甚至战争，早已变成了仇敌。在民间，撒马利亚人与犹太人互相不交往长达数百年。

耶稣用这个寓言旨在说明，鉴别人善恶的标准是人心而不是人的身份。犹太人自己的祭司和利未人虽然是神职人员但见死不救。而仇敌撒马利亚人却以德报怨，成了犹太人的救命恩人。

该寓言对西方法律制度的影响颇为深远,不少国家制定了“好撒马利亚人法”，用立法手段保护做好事的人。例如在美国和加拿大，急救人士在抢救伤者过程中或其后对方死亡，可以运用此法撤销死者家属对治疗者的法律起诉，从而鼓励旁观者对伤、病人士施以帮助，目的在于使人做好事时没有后顾之忧，不用担心因过失造成伤亡而遭到追究。在意大利、日本、法国、西班牙等国家，好撒马利亚人法要求公民有义务帮助遭遇困难的人。德国则规定“无视提供协助的责任”是违法的，在必要情况下，公民有义务提供急救，如果善意救助造成损害，则提供救助者可以免责。

新弗洛伊德主义创始人之一，美国著名心理学家弗洛姆在其所著《恶的本性》一书中，对人的本性问题作了哲学上的探讨。弗洛姆早年是弗洛伊德主义忠实的追随者，尤其对弗洛伊德关于人的无意识理论十分推崇。但他又认为弗洛伊德把人的无意识本能在人的生活中的作用绝对化了，而完全忽略了社会因素对人类心理活动规律的作用。这时，他接触到了马克思的学说，认为马克思思考问题的深度和广度都远远超出了弗洛伊德，马克思考察人是把他同社会的、经济的实际状况联系起来，从而为一门有关人和社会的新型科学奠定了基础。但在弗洛姆看来，马克思也有“片面性”，马克思没有看到人的非理性力量的作用，忽视人的心理因素的功能。为此，弗洛姆提出，“我试图找出弗洛伊德学说中仍然保存的真理，而排除那些需要修正的原理；对马克思的理论，我也试图这样做。最后，我力图得出一种综合，从对这两位思想家的理解和批判中，应当得出这种综合。”这种“综合性”的特点，贯穿于弗洛姆的著作中。《恶的本性》的第一章，弗洛姆便开宗明义点出主题“人——狼还是羊？”，“许多人相信人是羊；还有一些人相信人是狼。双方都能为自己的观点找到有力的论据。”

美国社会学家伦斯基在《权力与特权：社会分层的理论》一书中也指出：“人类存在中的一个基本事实就是人类事务中善与恶的难解的交错混合。在一些场合，人们表现出自我牺牲和英雄主义的伟大创举，在有时候又做出了骇人听闻的残忍和自私的行为。这种奇特的两重性自荷马时代以来，给诗人和剧作家们提供了数不清的素材。”

1．性恶论

在西夫里斯兰一个名叫夫拉内凯尔的小城市，有几个五、六岁大的小女孩与小男孩正在玩耍。为了玩游戏，孩子们分配好各自扮演的角色。他们跟其中一个男孩说：“你当杀猪宰牛的屠夫。”又对另一个男孩说：“你来当厨师。”再对另一个男孩说：“你就当猪。”接着，女孩也各自获得了角色：一个是女厨师，另一个是厨师的助手。他们打算灌香肠，而这个女助手要负责把猪血装在小容器内。角色分配好后，扮屠夫的男孩就抓住扮猪的男孩，一把将他推倒，用小刀割破他的喉咙，然后，扮演女助手的小女孩就用准备好的小容器去装男孩的血。这时，正巧市议员经过，看到这惨不忍睹的一幕，立刻抓住那个扮演屠夫的孩子，并且把他带去市长家。随后，市长立即召集了所有的议员。议员们针对这个事件展开热烈的讨论，却无法决定该如何处置那名男孩，因为他们知道，这只是孩童的恶作剧。这时，议员之中有个聪明的老人提供了一个好办法：请法官一手拿着漂亮的红苹果，一手拿着一枚莱茵地区通用的银币，把孩子叫来，在孩子面前同时伸出两手。如果孩子选择的是苹果，就判他无罪；如果他拿了银币，就判他死刑。于是法官照着做了。结果那孩子笑着拿起苹果，因此，他没有受到任何惩罚。

可能是受基督教文化的影响，“性恶论”在西方历史上相当长的时期内，占据着主导地位。在《旧约全书》中，还没有“性恶”的观点，亚当与夏娃对上帝的不顺从（偷食禁果）没有被认为是罪过，这种不顺从在《旧约全书》那里，恰恰反映出人的自我意识，人的自我选择能力，归根到底，这一不顺从的举动便成为人走向自由的第一步。他们的不顺从甚至似乎是上帝的安排，因为，根据先知的想法，人恰恰因为被逐出伊甸园才得以创造自己的历史，发挥自己的才能，并且作为一个全面发展的个人达到人和自然的新的和谐。

到了《新约全书》那里，情况就发生了变化，经过奥古斯丁的加工，亚当与夏娃的不顺从被看作为罪恶，这一罪恶如此严重，以至它破坏了人的本性，并且累及到所有的子孙后代，即便是刚刚出生便死去的婴儿，虽未犯任何过错，但因其有与身俱来的原罪，故仍是罪人。奥古斯丁强调上帝所创造的世界是一个好的世界，所造之人是善的人，被置于一个完善的环境之中，在上帝的安排之下过着幸福的生活。由于上帝所创造的一切都是“甚好”的，恶在这个原初的世界中并无位置。那么世界上的恶是怎样产生的呢？是由于堕落，奥古斯丁特别强调了人的堕落。上帝原先创造的人是善的，但他们却堕落了。这不是因为他们生性本恶，而是因为他们的意志做出了恶的选择。他们的错误选择使得他们的品性堕落了。当人自觉地追求最高的善，并服从上帝的命令的话，那么人就能够走向完善。然而人却背离了上帝，从而堕落到一个低等级的世界中去。背离了上帝的人不再把追求完善当作自己的目标，而把自己所欲望的东西当作好的东西，把满足自己的欲望当作目标。那么，人为什么要做出背离上帝的选择呢？这是由于人的“骄傲”。奥古斯丁所说的骄傲，不仅仅指人的自高自大、自以为是、看不起别人的品性，而且还包含更深层次的内容。骄傲意味着人的极度的自我提高，以至内心产生了对博爱的上帝的厌恶，而想自己成为上帝，也即从以上帝为中心转向以人自己为中心。人渴望自己解放自己，而其结果是自己把自己置于奴役之中，因为人离开了上帝的指导，而被自己的肉欲牵着鼻子走。因而在奥古斯丁看来，骄傲是罪恶之源。骄傲是驱使人离开上帝的人类学上的动因。正是由于人类始祖亚当、夏娃的骄傲，使得他们作出了错误的选择，因此背离了上帝，犯下了原罪。

基督教所宣扬的“原罪说”渗透到思想文化领域，便成为一种“性恶论”，而这种“性恶论”又往往成为一些思想家观察人生，研究社会政治问题的理论基础。欧洲文艺复兴时期政治思想家马基雅维里明确断言：“人性是恶劣的，”(《君主论》，商务印书馆 1985 年版，第 80 页）是自私的、利己的，他说，“关于人类，一般地可以这样说：他们是忘恩负义的、容易变心的，是伪装者、冒牌货，是逃避危难、追逐利益的。”（同上）当你对他们有好处的时候，他们就属于你的；当你对他们没有好处的时候，他们就会背叛你。“一切人都有恶的本性，只要有机会，人们就按照其本性行事。”（《论提图斯·李维的前十卷》第 1 编第 37 章）为什么人的本性是恶的呢？在马基雅维里看来，人是有情欲的动物，不论任何民族、任何时代，支配人的行为的动力就是他自己的情欲，这种情欲主要是追求自己的快乐、幸福，追求财富和权力。人们无时无刻不在受无穷欲望的驱使，然而人们实现欲望的能力却是有限的；人们的欲望想要得到一切，但现实却是他们无法得到一切，因而人们就不满、嫉妒、忿怒，贪婪地竞争和厮杀。他说：“人心中的贪婪如此顽强，无论他的地位升到多高也摆脱不了，自然把人造成想得到一切而又无法得到，这样，贪婪总是大于获得的能力，于是他们对获得的总是觉得不够多，结果对自己不满，这就引起了他们财产的变化，因为有些人想要更多一些，而另外一些人则害怕失去他们现有的东西，随即是敌对和战争。”（同上）所以，由于人们追求财富和权力的欲望大于自己获得的能力，从而导致社会上人与人之间处于一种纷争状态。马基雅维里认为，人性虽然是自私的，但却是可以教育的，具有一定的可塑性。他说，从本性上说，人性自古不变，若任其自然，人们自私本性会暴露无遗，作恶也不可免；但是，一定的社会条件和历史环境，对人也产生积极的影响，人们置身于安全和有保障的社会里，也有为善的可能。换言之，一定的外在条件，也可以引导人们避恶从善。

17世纪荷兰思想家斯宾诺莎认为，人的本性就是自我保存。他说，人是自然界的样式之一，是自然界中会思维的事物。一切事物的共同本性就是自我保存，“保存自我”的努力，即事物自身的本质，因而也是人的本性。人的自我保存主要是身体的保存、生命的保存，“一切人的幸福即在于他能够保持他自己的存在。”（斯宾诺莎:《伦理学》，商务印书馆1983年版，第170页）斯宾诺莎所说的自我保存就是利己的、自私的，他还把这种自私自利说成是人性的普遍规律。他说：“人性的一条普遍规律是，凡人断为有利的，他必不会等闲视之，除非是希望获得更大的好处，或是由于害怕更大的祸患。”（斯宾诺莎:《神学政治论》商务印书馆1982年版，第214页）也就是说，在利害关系面前，“人人是会两利相权取其大，两害相权取其轻。”（同上，第215页）他认为，“这条规律是深入人心，应该列为永恒的真理与公理之一。”（同上，第215页）

18—19世纪的英国思想家边沁以其功利主义原则对人性问题作了具体阐述。他认为，趋乐避苦是人的本性，是个人行为和社会活动的准则， 他说，“自然把人类置于两个至上的主义——乐与苦的统治之下，只有它们两个才能够提出我们应该做些什么，以及决定我们将怎么做。在它们的宝座上紧紧系着的，一边是是非的标准，一边是因果的环链。”（《从文艺复兴到十九世纪资产阶级哲学家政治思想家关于人性论人道主义言论选辑》第581页）这就是说，人们在“趋乐避苦”本性的支配下，总是根据利弊得失来决定自己的行动方针。所谓功利，就是“指一种外物给当事者求福避祸的那种特性，由于这种特性，该外物就趋于产生福泽、利益、快乐、善或幸福……或者防止对利益攸关的当事者的祸患：痛苦、恶或不幸。”（同上，第582页）简单地说，功利就是客观事物给人带来幸福和快乐，或者使人消灾免祸的那种特性。那么什么是功利原则呢？边沁说：“功利原则指的就是：当我们对任何一种行为予以赞成或不赞成的时候，我们是看该行为是增进还是减少当事者的幸福，换句话说，就是看该行为是增进或者违反当事者的幸福为准。”（同上，第582页）这就是说，凡对当事者有利的行为即是善，凡有害于当事者的行为即为恶，一切取决于对当事者是否有利。边沁认为，趋乐避苦、趋利避害是个人行为、社会活动的准则，人类的一切活动包括经济、政治、立法、道德、宗教活动，都是遵循功利原则的，否则就是违反人的本性。

在中国，战国后期著名思想家荀子是支持“性恶论”的主要代表之一，他对人性的基本看法是“人之性恶，其善者伪也，”就是说，人的本性都是恶的，如果说善良那是假的。由于人的本性恶劣，如果任其自然发展，必然会出现违法乱纪的暴行，“从人之性，顺人之顺，必出于争夺，合于犯分乱理而归于暴。”(《中华活叶文选》合订本（40—60）第497—510页）不过，荀子认为，人性是可以改造的，也必须改造，因此要“化性”、“起伪”，通过道德教育和法律制度，使人弃恶从善。只要努力“修身养性”，就可以达到“圣人”的境界。

《犯人船》的故事从一个侧面告诉我们：人性的善与恶往往需要制度予以规范与引导。1770 年，J·库克船长带领船队来到了澳洲，随即英国政府宣布澳洲为它的领地。由于当地的土著居民人数不多，且尚未开化，于是政府就把判了刑的罪犯作为移民向澳洲运送，既解决了英国监狱人满为患的问题，又给澳洲送去了丰富的劳动力。运送罪犯的工作由私人船主承包，政府按照上船时运送的罪犯人数付费给私人船主。船上条件极差，平均死亡率为 12%。其中一艘名为海神号的船，424 个犯人死了 158 个，死亡率高达 37%。

一些经济学家认为，人的本性是利己的，从利己出发，人可以做出善事，也可能做出恶事。一般而言，引导人的行为有三种方法，即道德说教、政府干预和制度规范。私人船主甘愿冒极大的风险把罪犯送往澳洲，当然是为了获取暴利。他们尽量多装人以多收人头费，同时为降低运送成本，给犯人们最差的饮食与医疗条件。在诱人的金钱、利润面前，任何道德说教、与人为善都显得苍白无力。

假如由政府进行干预，政府以法律规定最低饮食和医疗标准，并由官员到船上监督实施这些规定。当面对贪婪成性又有点海盗作风的船主，孤单无助的官员会面临两种选择：一是与船主妥协，与他们同流合污，分享利润；一种是铁面无私、坚决执法，则自己的生命可能受到威胁。面对船主的利诱和威迫,官员们如要活下去，恐怕只能选择与船主合作，问题依然没能得到解决。

当时英国政府有关部门既没期盼船主们发善心,也没派什么官员,而是设计了一种简单易行的制度安排，即按下船时实际到达澳洲的罪犯人数付费。犯人们成了财源，这就迫使船主们必须改善船上的物质生活与医疗条件，多给每个人一点生存空间，以保证他们在长时间海上航行后仍能活下来。这项制度实施后，效果马上显示出来。1793 年,三艘船到达澳洲，这是第一次按从船上走下来的人数支付运费。在 422 个犯人中，只有一人死于途中。以后这种制度普遍实施，按到澳洲的人数及其健康状况支付费用，甚至还有奖金，这样，运往澳洲罪犯的死亡率下降到 1%～1.5%。

2. 性善论

此论通过我国传统的儒学启蒙读物《三字经》在社会上曾广为流传,《三字经》开篇首句即是“人之初，性本善”，而这种“人性本善”的思想，早在两千多年前春秋战国时期便已经形成了，其中最为典型的代表当首推“亚圣”孟子，他在《孟子》一书中对人性问题作了不少相当精彩的论述，归纳起来，主要有：“人性之善也，犹水之就下也。人无有不善，水无有不下。”这里，孟子明确提出了人性本善的观点，在他看来，人性的善良，正好象水性的向下流，人没有不善良的，水没有不向下流的；“今夫水，搏而跃之，可是过颡；激而行之，可使在山。是肤水之性哉？其势则然也。人之可使为不善，其性亦犹是也。”这里，孟子一方面肯定了人也会干坏事，但又认为干坏事并不反映人的本性，而是由于受到外界环境的影响，就好象击水能使水跳起，堵水能使水倒流一样；“恻隐之心，人皆有之；羞恶之心，人皆有之；恭敬之心，人皆有之；是非之心，人皆有之。……仁义礼智，非由外铄我也，我固有之也，弗思耳矣。故曰，‘求则得之，舍则失之’。”这就是说，同情心、羞恶心、恭敬心、是非心等心理现象人人都有，这些是人类内部潜在的本性，如果充分发挥它，人就能具有仁义礼智等优良品德，反之，就会失去这些品质。这种人性本善的观点在思想发展史上具有广泛的影响，直至现代社会，它仍有相当市场。例如，现代西方一些激进主义者坚持认为，人在根本上是善的，而我们在其行动中所看到的恶是反映了腐败制度的影响。他们将社会认定为恶的根源，并在此基础上提出了激进主义的政治主张。在卢梭看来，儿童生来就是纯洁善良的，并没有什么恶的劣根。倘若孩子犯了罪恶，那也是因为受了后天的环境，特别是恶劣势力的污染与控制。他说，本性的最初的冲动始终是正确的，因为在人的心灵中根本就没有什么生来就有的邪恶。卢梭把良心看成是人的灵魂深处生来就有的一种正义和道德的法则，它能够使我们趋善避恶，它从来没有欺骗过我们，它是人类真正的向导，只要我们按着良心去做，就用不着害怕迷失方向。

3．善恶二元论

在历史上，许多想要回答人性问题的人都得出另外一种结论：人类的行为出自于两个对立的来源，一个是善，一个是恶。上帝是善的根源，魔鬼是恶的根源；或者说，自然界是善的根源，社会是恶的根源；或者说，理性是善的根源，情欲是恶的根源。简而言之，这类观点认为，善是出自一个根源，而恶是出自另一个根源。公元三世纪由摩尼（Mani）所创立的摩尼教在琐罗亚斯德教二元论的基础上，主张善恶二元论：善和恶是两个对立的永恒原则，善来自善神（又名光明之神），恶来自恶神（又名黑暗之神），世界原由善神创造，后受到恶神侵蚀，两者不断争战。人的灵魂来自善神，肉体来自恶神，因而行为者不必承担任何道德责任。

人的本性是很难从本质上截然分为善与恶的。人性能成为善的，也能成为恶的。在我们的经验范围内，随便找一个人，他的本性中总是混杂着善与恶两种因素。当然，其所占的比例是因人而异的。在现实中，大概很难找到绝对的善人，或绝对的恶人，一般都是善恶并存。在一个人的一生中，善与恶的冲动始终不断地纠缠着，这样的纠缠从自己有意识时开始，将会一直持续到离开这个世界。就社会而言，可以通过家庭、学校、书籍、舆论等教育途径，把一些有关道德的知识灌输给社会成员。然而，道德知识毕竟不能直接变为行为规范，我们不无遗憾地看到社会上依然不断地发生着种种违反道德知识的行为，这些现象的发生与存在有着十分复杂的原因，从心理学方面考虑，人的行动不仅仅顺应理性，在很大程度上还受着感情的支配，为此，便会常常发生以情感伤害淹没伦理观念的情况。

对大多数人来说，完全做到克制自己是比较困难的，妨碍克制自己的力量，是属于比欲望等意识的领域更深层次的要素——无意识，如果妨碍克制自己的对象在意识底层，那么，也就需要从意识底层去寻找克制自己的力量。当然，这样的意识更新与行为改变过程是不可能脱离社会而进行的。有些人为了解脱善恶纷争的纠缠，一头扎进宗教领域，试图以此净化自己的灵魂。这不能说对任何人都没有一点用处，但这不可能帮助人们完全摆脱善恶的困扰。《巴黎圣母院》一书中的副主教克洛德·弗罗洛就是一颗痛苦的灵魂，在他身上，那种灵与肉之间的矛盾与冲突，在雨果的笔下作了淋漓尽致的描述，给人以极其强烈的震撼，向我们展示了一幅经过痛苦挣扎，最终导致自我毁灭的惊心动魄的图景。

三、管理人性假设

管理人性假设也即管理中的人性观，主要指管理者对被管理者的需求、工作目标、劳动态度的基本估计或基本看法，以及由此而提出相应的管理措施。其基本要求就是要贯彻“以人为本”的管理理念。在我国古书中最早明确提出“以人为本”的是春秋时期齐国名相管仲。在《管子》一书“霸言”篇中，记述了管仲对齐桓公陈述霸王之业的言论。其中有一段这样说：“夫霸王之所始也，以人为本。本理则国固，本乱则国危。”“以人为本”的管理，指在管理过程中以人为出发点和中心，围绕着激发和调动人的主动性、积极性、创造性展开的，以实现人与企业、与学校、与单位共同发展的一系列管理活动。

管理人性观主要是自然属性方面的论述，同时也受哲学人性观的支配。西方管理心理学主要从管理哲学这一限定范围内，来探讨人性的本质与人性的行为。鉴于理论与观念对管理方法与措施的指导意义，因而必须十分重视与深入分析有关人性假设的各种理论与假定。

管理心理学家莱波曼将管理人性的基本内容划分为六个方面，并可进行测定，这六个方面是：

第一，人是可以信赖的或不可信赖的，程度如何？

第二，人是利他的或是利己的，程度如何？

第三，人是独立的和自力更生的，或依赖并顺从于群体或权威人物的，程度如何？

第四，人是有意志和理性力量的或是由非理性的内部或外部因素所控制，程度如何？

第五，人有不同的思想、知觉和价值观或认为他们的知觉与价值观是基本一样的，程度如何？

第六，人是简单的生物或是复杂的生物，程度如何？

美国管理心理学家雪恩（Edgar H. Schein）在其名著《组织心理学》（Organizational Psychology）一书中提出了四种人性假设，该书于1965年出版，1970年出第二版，1980年出第三版。

1．“经济人”假设与管理

经济人又名“唯利人”（Rational—Economic Man），这一思想最初由亚当•斯密所提出，科学管理的创始人泰勒认为，资本家开设工厂的最大目的是为了获取经济利润，而工人来到工厂干活，则是为了获得经济报酬，以维持生存，这样，只要劳资双方通力合作，共同努力，各自都能满足自己的需要。为此，泰勒将这种管理称之为一场心理上的革命。麦格雷戈在自己的著作中将这种对管理人性的看法称之为“X”理论，其主要观点是：（1）人天生对工作具有厌恶感，天生不想干活，只要有可能，便会千方百计逃避工作，也即，就人的本性而言，不存在任何工作的自觉性。麦格雷戈认为，这种人性表现最早出现在《圣经》中，亚当和夏娃由于偷吃了智慧果，被逐出了伊甸园，从而结束了无忧无虑、可以不劳而获的生活，来到一个他们必须工作才能生存的世界。作为人类的始祖，亚当和夏娃并没有干活的习惯和兴趣，但由于他们犯了罪，作为一种惩罚，上帝将他们发配到人间，迫使他们不得不干活。由此在管理方面反映出一种基本信念，即管理本身就是对人类逃避工作这一人性特点的压抑；（2）人的本性不想工作，但为了维持生存，（生存的质量与标准是一个变数）人们又不得不接受经济的刺激。所以，他们的工作动机纯粹在于经济的诱因；（3）一般的工作者都没有什么雄心抱负，不喜欢负责任，宁愿被其他人所指挥，同时又缺乏自制能力，容易受别人影响；（4）人大都表现出以自我为中心的倾向，对身外之事和组织目标漠不关心；（5）由于经济性刺激物掌握在组织手中，所以职工们完全处于一种被动的地位，只能消极地接受组织的控制与驱使。

基于上述人性假设，对职工的管理手段主要就是物质刺激，运用“胡萝卜”加“大棒”的双重手段实施对工人的控制，“胡萝卜”的作用在于满足对象的物质追求，促使他们保持工作的积极性；“大棒”的功能则在于迫使职工的行为与工厂主的目标保持一致。

“经济人”假设对于在特定时期内，利用经济杠杆来刺激工人的行为，调动工人的劳动积极性，有其积极意义，也确实发挥了一定的作用。但是，随着资本主义大工业的进一步发展和物质条件的逐步改善，关于“经济人”假设的人性观逐渐暴露出其历史局限性。管理实践告诉我们，金钱等物质方面的因素，确实是促使人们努力工作的因素之一，但决不是全部，也就是说，其作用毕竟是有限的。雪恩也承认，采用经济人假设而设制的管理策略，会造成消极影响和负面效应，主要表现为：其一，职工的工作态度必然是被动的、消极的，具体表现为多给钱多干，少给钱少干，不给钱不干这样一种一切向钱看的消极后果；其二，在管理者心目中，既然金钱是激励职工努力工作的唯一诱因，他就不会去注意职工其他方面的需要，从而也就不可能最大限度地调动起职工的工作积极性。

马克思物质利益原理表明，人们奋斗所争取的一切，都同他们的物质利益有关，每个人都离不开一定的物质需要和物质利益。物质利益不仅是维持生存的基本条件，也是个体在各方面获得发展的基本条件。一般说来，人们在为社会作出贡献之后，不仅应当得到社会的尊重和认可，而且也应当获得相应的物质报酬，只有这样，人们才能激发出更大的劳动积极性。由于受“平均主义”和“大锅饭”观念的影响，在我国各行业的管理活动中，长期忽视物质激励的作用，尤其在宣扬“精神万能”时期，物质利益、物质激励更被视为资产阶级异端而遭受批判，劳动报酬与劳动者的贡献脱节，于是，“干多干少一个样”、“干好干坏一个样”、“干与不干一个样”蔚然成风，物质利益原则被剥夺了应有的激励功能。

自然，物质利益在不同的经济发展时期其所能发挥的功能是不一样的。我国目前尚处于社会主义初级阶段，生产力发展水平还较低，人民的物质生活普遍还不富裕，故而对物质利益的需求在一般人的生活中仍占有较大比重。我国现阶段人才流失的严重程度大家都有所了解，原因固然较为复杂，其中物质方面的差距恐怕也是不可忽视的重要因素之一。了解当前我国国情，有助于正确认识物质激励的特有功能。

应当注意的是，物质利益尽管对激励职工的工作积极性有一定功能，但它毕竟处于较低层次，有其局限性。片面强调“钱书记”、“奖厂长”，往往会诱发盲目攀比的心理，导致“一切向钱看”的拜金主义，助长职工的雇佣心理和行为，并容易增加人际关系的矛盾，最终仍然会影响职工的劳动积极性。

2.“社会人”假设与管理

“经济人”假设视人为一种“经济动物”，把经济因素看作为人的一切行为的终极根源。“社会人”假设则把人当作是一种“社会动物”，把人的社会性提到至尊的高度。“社会人”的观点由来以久，早在古希腊时期，亚里士多德提出“人天生是政治的（城邦的）动物”这一命题，肯定了人的社会性，此后，不少思想家都接受了亚氏“社会人”的观点，“人是社会的动物”成为被人们普遍接受的一个命题。

管理人性假设有关“社会人”的看法最初由美国哈佛大学教授、霍桑实验的主持者梅约所提出。梅约率研究小组进行了著名的“霍桑试验”，试验得出结果表明，工人不是“经济人”而是“社会人”，除了经济需要外,还有社会需求、心理需求；企业中除了有正式组织外，还存在非正式组织，正式组织重视效率，而非正式组织重视感情。新型的领导者的能力在于提高工人的满足程度。领导者要善于倾听企业员工的意见，加强同企业员工的沟通，在正式组织的经济要求和非正式组织的社会要求之间保持平衡。“社会人”假设的基本观点是：人的最大动机是社会需求，而不是经济因素，只有满足人的社会需求，才能对人产生最大的激励作用。具体而言，“社会人”假设的主要观点是：（1）人们对社会交往的需要较之对金钱的需求更为强烈，看得更重，人际关系是形成人们身份感的基本因素，人们正是在相互交流中，才认识到自己在社会中的地位、自己的作用及对社会的价值；（2）由于技术的发展和机械化的普遍应用，使工作本身失去了原有的乐趣和意义，促使人们从工作中的人际交往中去寻找乐趣和意义；（3）员工的工作效率，随着上级能满足他们社会需求的情况而改变。

基于上述“社会人”的假设，在管理策略和措施方面，应注意以下主要环节：第一，管理者不应将自己的注意力局限在完成工作任务方面，而应更多地关心、注意职工的各种需要，尤其要重视创造一个良好的人际关系环境；第二，重视职工参与意识，实现职工参与管理，满足职工的社会性需要。

实现民主管理，这是现代社会管理思想发展的共同趋向。在民主管理方面，一般将它分为二个层次的内容，一为较高层次的工业民主，一为较低层次的参与管理。工业民主是一种正规的、结构性的变革方法，其目的是使管理者与工人共同作出决策。具体途径是通过某种特定的组织系统，如常设委员会、顾问委员会、特别委员会、董事会等实现决策民主化。在瑞典，1946 年已有“劳资联合委员会”，定期接触，交换信息，解决问题。英国于 1984 年建立“联合代表委员会”，使员工在董事会中拥有了代表权。在日本，战后在企业中广泛开展“自主管理”，取得明显效果，参与管理是一种非正式型的、行为性方法，其目的是使管理者与员工在工作场所实行面对面的非正式决策，故又称为“底层民主”。对参与管理充分与否的衡量，主要可以从参与的广度与参与的深度两个方面考虑。参与的广度是数量问题，决定于管理系统中员工实际或可能参与决策的比例；参与的深度是质量问题，是由参与的性质和作用所决定。从某种意义上说，深度的衡量居于次要的地位，因为一种民主首先必须要有一定的广度，才能评价其深度。一个组织系统内，少数人完全而有效的参与，不能构成为民主管理；达到合理的广度后，才可以进一步衡量参与者参与时是否充分、有效。

实现有效参与管理，取决于管理者和被管理者两个方面的因素：对管理者来说，第一，对下属的参与意识与潜力应有正确的认识并给予充分的信任；第二，正确评价自己能力的有限性，认清自己同下属之间的依存关系；第三，力求避免个人权威的负面效应。就员工而言，应注意增强自身的参与意识和参与能力，一般而言，参与意识的高低取决于个人的文化程度、个性特征、性别差异、职业类别、社会经验等等，故而可以从这几个方面努力。

3．“自我实现人”假设

雪恩在总结了马斯洛、麦格雷戈等人理论的基础上，提出“自我实现人”的假设，其主要观点是：人们力求最大限度地将自己的潜能充分发挥出来，只有在工作中将自己的才能充分表现出来，才会有最大的满足感。当然，在现实生活中，并不是每个人都期望他们的工作环境能向他们提供挑战和意义，在他们的心目中，工作并不是“生活的主要乐趣”，而仅仅是谋生的手段而已。造成这种情况的原因是多方面的：有些人由于低层次需要尚未满足，还顾不上考虑自我实现，还有的因环境影响，使得自我实现的意识被外部力量所压抑。

基于自我实现人的假设，在管理措施方面：第一，管理者应重点考虑如何才能使工作本身变得更有内在意义和更高的挑战性，使职工在工作中真正找到自己的位置，真正实现自己的潜在能力，由此获得一种自豪感与自尊感；第二，在管理制度和方式上也要作相应的调整，具体来说，管理制度与方式应能保证职工充分地展示自己的才能，达到自己所希望的成就。这就要求管理者实行民主参与管理，给职工以一定的自主权。

4.“复杂人”假设

“经济人”假设只重视物质因素，致力于提高劳动生产率和完成生产任务，轻视人的作用和人际关系；“社会人”的假设正相反，重视人的作用和人际关系，而把物质因素放在次要地位；“自我实现人”假设又把注意的重点从人的身上转移到工作环境上，但它对环境的重视与“经济人”重视工作任务不同，重点不是放在计划、组织、指导、监督和控制上，而是要创造出一种适宜的工作环境、工作条件，使人们在这种条件下充分发挥潜在能力。

雪恩在20世纪60年代末、70年代初经研究表明，无论是经济人、社会人还是自我实现人，虽然各有其合理性的一面，但并不适用于一切人，这就是说，人是复杂的，不同的个体其需要与潜在的欲望往往是各不相同的；其次，人的需要又是随着年龄的增长、知识的增加、地位的改变，以及人与人之间关系的变化而不断发展、各有特点。例如，在现实生活中，金钱对不同的个体有着极为不同的涵义：对A——金钱意味着生活的基本保障；对B——金钱代表着权力；对C——金钱代表着资本；对D——金钱是衡量他们在社会中成就大小的一种尺度；对E——金钱是社会地位的一种象征；对F——金钱是达到舒适与豪华生活目的的一种手段。

基于“复杂人”的假设，既然人的需要与动机是各不相同的，管理者就应当根据具体的人的不同情况，灵活地采用不同的管理措施，这就是说，要因人而异、因事而异，不能千篇一律。

西方管理学界从“经济人”的假设，提出X理论；从“社会人”的假设，提出了“人际关系”理论；从“自我实现人”的假设，提出了Y理论；从“复杂人”的假设，提出了应变理论。X理论假设较低层次的需要支配着个人的行为，Y理论则假设较高层次的需要支配着个人的行为。在麦格雷戈看来，Y 理论的假设比 X 理论更实际有效，因此他建议让员工参与决策，为员工提供富有挑战性和责任感的工作，建立良好的群体关系，以最大限度地调动员工的工作积极性。

通过研究有关管理人性的假设，不仅能使我们了解国外管理学界关于人性观点的演变过程，更重要的是促使我们联系中国管理发展的现状，转变对人的价值、人的尊严和人在生产中的地位与作用的认识，在此基础上发展以人的内在动力为重点的一套组织管理制度和管理方法。让中国教育界感到尴尬的是，中国最具代表性的清华大学，自建校以来从来没有像今天这样完全实现了她当初的办学宗旨："成为美利坚合众国的预备学校"。多年来，清华相当多的毕业生通过各种途径流到了美国或其他发达国家。今天无论是科研部门，还是行政或企业单位，高层人才出走的现象不胜枚举。而这正是我们长期忽视"人"的结果。这种忽视不仅表现在种种不合理制度对于人才成长与创新能力的束缚，许多时候，甚至伤害了他们作为"人"的基本权利。因此，我国今后人事与人才改革的根本目标应当是："一切要以有利于人才脱颖而出为标准"。人事部人事与人才科学研究所所长王通讯认为，相比于以往的选拔机制，在全社会范围内创造人才的涌现机制和环境更重要，要让每个普通人都有机会在其岗位上脱颖而出。他还指出，人才管理的改革要"吃西药"，要借鉴西方国家的成熟的用人机制，其要点，一是要尊重人性，尊重每一个人本身；二是要尊重规律。

第三章　组织行为与个性

一个人的性格决定一个人的命运。

——赫拉克里特

古希腊学者亚里士多德在17岁时，被父亲送到当时著名的柏拉图学园，师从柏拉图学习了20年。由于他勤奋刻苦，涉猎广泛，很受老师柏拉图器重。一次，在与人谈到教学方法时，柏拉图说道："如果别的学员需要马刺,那么亚里士多德需要的是缰绳。"意思说，亚里士多德非常聪明，思想敏捷，不同于一般人；不加以管教，就不能成为柏拉图期望的人。由此反映出，柏拉图在教育学生方面，非常注意对象的个性特点，针对不同个性的学员，施以不同的教育方式。某次，子路找孔子请教：我想干什么就去干，行吗？孔子答曰：你父兄尚在，哪能不事先去征求一下他们的意见就擅自行动呢？子路刚走，冉有来找孔子，问道：我想干什么就去干，行吗？孔子曰：你想干什么你就可以去干。冉有走后，一直随侍在旁的公西华感到不解，便请教老师：为什么子路与冉有提出同样一个问题，而所获得的答复却截然不同？对此，孔子从子路与冉有这两位学生不同的个性特征作了解释。

人与人之间由于各自的社会生活实践不同，彼此之间形成了各自所特有的心理与行为特点，在心理学上就称为个别差异。人与人之间在心理与行为上的个别差异，又称为个性差异。豪斯认为，员工喜欢和接受何种领导风格同其个性存在部分联系。他引用一些研究来说明，那些相信自己的行为能够影响环境的员工，更欢迎参与式的领导风格；而那些认为事情的发生是因为运气或命运的员工，则更倾向于接受集权式的领导风格。此外，员工对自身能力的评价也会影响他们对领导风格的偏好。一般来说，认为自己工作技能强，能胜任工作的员工厌恶过度监督的管理者，来自管理者的命令不但不会促进生产效率的提高，反而会起相反的作用；而那些自认为技能较差的员工会偏爱一个命令型的管理者，认为命令型的管理者能够对他们完成任务、得到组织的奖励起帮助作用。

管理者主要承担着两项重要任务：一是决策，一是用人。要正确选择、分配、提拔人员，就必须对工作人员的个性品质有一个全面的研究。因此，对管理者的个性进行研究是非常有意义的。人们的个性差异，主要表现为在各自遗传素质的基础上，由于不同的社会实践和环境教育的影响所形成的气质差异、性格差异和能力差异。

一、个性：一个复杂的心理系统

1. 个性及其基本特征

个性一词源于拉丁语 Persona，它有两个含义：一方面，原指演员在舞台上所戴的假面具，后引申为一个人在生命舞台上所扮演的角色；另一方面，指能独立思考、具有独特行为特征的人。个性，在西方又称人格。人的个性是个相当复杂的概念，可以说，谁也无法为个性下一个确切的、全面的、无所不包的定义。许多心理学者从自己研究的角度提出个性的定义，西方人格心理学家奥尔波特(G.W.Allport)曾综述过几十个不同的定义。如美国心理学家吴伟士(R.S.Woodworth)认为："人格是个体行为的全部品质。"美国人格心理学家卡特尔(R.B.Cattell)认为："人格是一种倾向，可借以预测一个人在给定的环境中的所作所为，它是与个体的外显与内隐行为联系在一起的。"作家刘心武把个性比作斯芬克思之谜，正是感觉到了对个性这一对象的困惑。林语堂在他的作品《苏东坡传》中非常明确地断言："个性永远是一个谜。世上有一个苏东坡，却不可能有第二个。个性的定义只能满足下定义的专家。"（《苏东坡传》第 1—2 页，台湾远景出版社）由于个性所包含的内容实在是太丰富了，故而难以用简单而明确的语言对它加以界定和规范。如果为下定义而必须作出表述的话，可以说，个性就是一个人的整个精神面貌，是指在一个人身上经常地、稳定地表现出来的心理特点的总和。

个性和个体是两个既有联系又有区别的概念。作为个体的人，具有两重属性：他既是一个生物的实体，又是一个社会的实体。而人的个性则主要是作为社会实体来考虑的，它不是指个体与身俱有的解剖生理特征，如身高、体重、胖瘦、五官特征等，而是指那些受社会物质生活条件影响而形成的整个精神面貌。

个性的基本特征主要表现在以下四个方面：

（1）稳定性。一只雌猫爱上一位英俊的青年,就向女神亚福罗迪特祈祷,请求把它变成人的样子。女神被它的真情感动,就把它变成美丽的少女。青年看到这位少女,一见钟情,两人彼此爱慕,就结婚了。有一天,亚福罗迪特想试探猫在变成人形后性格有没有改变,就在房间里放进一只老鼠。这时,猫忘记自己已经是人,就从床上跳下来,敏捷地捉住那只老鼠,放进嘴里吃掉。女神看了大叹一声,便将它恢复成原来的模样。该寓言告诉我们：一个人即使外貌改变了,但本性仍是不易改变的。个性的稳定性主要是指在各种不同情景和行为活动中经常表现出来的那些比较固定的心理特点，一个人偶尔出现的心理特点，并不能说是他的个性。例如，一个人平时一贯举止稳重，谦虚谨慎，但有时因一时冲动发了脾气，那么，哪一种是他的个性特征呢？应该是前者。正是由于个性具有稳定性的特点，才使我们有可能识别和预见他人的精神面貌和行为方式；如果一个人的个性处于经常变动之中，那就无法把握对方的心理特征。当然，肯定个性特征具有稳定性，并不意味着人的个性是一成不变、永远固定的，应当说，人的个性具有相当的可塑性，这就是说，一个人的个性形成后，随着社会环境、社会地位、人际关系等情况的变化，也会有所变化。

（2）整体性（综合性或统一性）。指一个人的个性是由各个不同的心理侧面构成的整个心理结构的综合体，它们彼此之间相互影响，互相制约，共同构成统一的个性整体。一些心理学家经过反复测查和验证，发现了个性的5个主要因素，被称为个性的“五大”因素：①外倾性。它又包括三个方面：社会交往能力、领导能力和果断性、活动性。②随和性。它也包括三个方面：热心、善良和诚实。③认真尽责。也包括三个方面：认真、负责和勤奋。④情绪稳定性。包括情绪稳定、自信、适应性三个方面。⑤求新求异性。包括求新、兴趣和聪明。

（3）多向性。人的个性是一个很复杂的系统，每个人的个性，就是一个独特构造的世界，都自有一个独特结构的有机系统。构成人的个性整体的各种元素之间往往是不同质的，甚至是背反的。这种多向性和双向性，使一个人的心理表象显得丰富多彩，难以把握。他可以有时表现得很崇高，有时则表现得卑琐；有时显得勇敢，有时则显得畏怯；有时聪明，有时愚蠢；有时果断，有时寡决；等等。心理学家詹姆士说，人的各种个性特点的组合，往往是一种奇特的不规则的旋律，对大多数人来说，完整的个性是由许多最独特的特点以“不规则的旋律”构成的。可以说，任何人的个性特征都是多种类型的综合体，交织着积极的、消极的多种心理因素的冲突。原印度总理英迪拉·甘地在谈到阿里·布托（原巴基斯坦总统）时，曾评价道：他身上集中了许多自相矛盾的东西，你越研究他，对他就越捉摸不透，迷惑不解。意大利记者法拉奇在《风云人物采访记》一书中则说：“了解英迪拉·甘地是一件令人烦恼的事，企图用单一的色彩或仅仅从一个方面描绘她的性格是不能成功的，因为构成她性格的因素太多，而且各不相同。许多人不喜欢她，说她骄傲自大，玩世不恭，野心勃勃，冷酷无情；指责她思想上的近似主义，两面作风，常常蛊惑人心。但也有许多人喜欢她，甚至爱上她，说她坚强、勇敢、慷慨和富有天才，赞扬她理智、公平、诚实。”巴尔扎克在致阿柏朗台斯公爵夫人的信中，真实地描绘了自己：“就我所知，我的性格最最特别。我观察自己，如同观察别人一样；我这五尺二寸的身躯，包含一切可能有的分歧和矛盾。有些人认为我高傲、浪漫、顽固、轻浮、思考散漫、狂妄、疏忽、懒惰、懈怠、冒失、毫无恒心、爱说话、不周到、欠礼数、无礼貌、乖戾、好使性子，另一些人却说我节俭、谦虚、勇敢、顽强、刚毅、不修边幅、用功、有恒、不爱说话、心细、有礼貌、经常快活，其实都有道理。说我胆小如鼠的人，不见得就比说我勇敢的人更没有道理。再如说我博学或者无知，能干或者愚蠢，也是如此。没有什么使我大惊小怪的。”（《西方古典作家谈文艺创作》第340页，春风文艺出版社）列宁在评价托尔斯泰时指出："托尔斯泰的作品、观点、学说、学派中的矛盾的确是显著的。一方面，是一个天才的艺术家，不仅创作了无与伦比的俄国生活的图画，而且创作了世界文学中第一流的作品；另一方面，是一个发狂地笃信基督的地主。一方面，他对社会上的撒谎和虚伪作了非常有力的、直率的、真诚的抗议；另一方面，是一个'托尔斯泰主义者'，即是一个颓唐的、歇斯底里的可怜虫，所谓俄国的知识分子，这种人当众捶着自己的胸膛说：'我卑鄙，我下流，可是我在进行道德上的自我修养；我再也不吃肉了，我现在只吃米粉团子。'一方面，无情地批判了资本主义的剥削，揭露了政府的暴虐以及法庭和国家管理机关的滑稽剧，暴露了财富的增加和文明的成就同工人群众的贫困、野蛮和痛苦的加剧之间极其深刻的矛盾；另一方面，狂信地鼓吹'不用暴力抵抗邪恶'。一方面，是最清醒的现实主义，撕下了一切假面具；另一方面，鼓吹世界上最卑鄙龌龊的东西之一，即宗教，力求让道德信念的僧侣代替有官职的僧侣，这就是说，培养一种最精巧的因而是特别恶劣的僧侣主义。"(《列夫·托尔斯泰是俄国革命的镜子》,《列宁选集》第 2 卷第 370 页）真所谓"横看成岭侧成峰"。正是由于人的个性具有多向性的特点，所以在分析、评价人的个性素质时，切忌简单化、绝对化，而应深入地、全面地、细致地予以考察分析，这样才有可能揭示其"庐山真面目"，才能有的放矢地开展工作。当然，个性结构的多向性，并不意味着各种方向的心理属性都半斤八两地共处于一体，其中必有一种方向的心理属性占统治地位，它决定着一个人个性的主导性倾向和本质属性。

（4）独特性。也即个性的差异性，它是各自在先天遗传素质的基础上，由于后天的生活经历不同，因而在构成个性不同侧面的组合上存在着质与量的差别。正如一棵树上没有两片完全相同的叶子一样，世界上也没有两个完全相同的人，每一个人的精神面貌，都有其特殊性，都记录着他个人生活的历程。

2. 个性的形成

个性的形成是由许多复杂的因素相互作用、相互影响的结果，综合起来，主要有两个方面：

（1） 遗传因素

遗传是指个体从祖先那里所获得的一些天赋的特征，遗传因素是个体与生俱有的某些解剖生理特点，它主要包括人的身材、相貌、性别、秉性、肌肉的组成和反射、能量水平、生物节律以及感觉器官、运动器官、神经系统和脑的特点等等，遗传因素是个性形成的物质前提，没有这个前提，个性的形成和发展是不可能的。

根据遗传心理学研究，个性确实具有一定的遗传基因，我们时常会发现某个人像他父亲一样脾气暴躁，或某个人像他母亲一样多愁善感，也在一定程度上印证了我们个性中的多少特征来自遗传。一般来说，在每个人身上或多或少，或早或晚都能够隐约地见到其个性中的某些方面相似于他的父亲或者母亲，或者其他的家族成员。一些科学家的研究表明，如果从父母一方获得的遗传物质DNA可以确定子女的身体特征，那它也会影响他们个性的某些方面。因此，像羞怯、胆怯、冲动或者外向这些个性表现都是从母亲或父亲的基因中遗传下来的。英国剑桥大学的一些学者研究得到的结论是：母亲的基因对孩子智力的发展起着决定性作用，而父亲的基因则主要影响易感性和情绪。

近期一些对儿童进行的研究提供了确凿的证据支持遗传在决定个体的个性特征方面起着十分重要的作用。研究表明，一些特质如害羞、畏惧、不安等特征在很大程度上是由于内在的基因特点所决定的，也就是说，一些个性特征实际上是由与影响我们身高和五官组合相似的基因编码决定的。还有一些研究者曾对100对刚出生就分开，并在不同地域成长的同卵双胞胎进行了研究，结果发现，他们（她们）在很多方面是共同的。比如，有一对双胞胎分离了39年，在相距72公里的两地成长，但研究者发现，他们驾驶型号和颜色完全一样的汽车，抽同一商标的香烟，给自己的狗起相同的名字，而且常常去距离各自2千多公里以外的海滨度假。研究者发现50%的个性差异来自于遗传，而30%的娱乐和业余兴趣方面的差异来自于遗传。来自遗传方面的另一支持证据来自于对个体工作满意度的研究。这些研究揭示了一个非常值得注意的现象：个体的工作满意度是一个十分稳定的因素。即使自己的主管或企业发生了变化，工作满意度在一个人的一生中也还是比较稳定的。这种现象被认为满意度主要是由个体的内在因素所决定的，而不是由外界的环境因素决定的。

在日本，将人的血型同个性、命运联系起来的观点甚为普遍。许多婚姻介绍所往往把血型作为搭配男女候选人的依据；一些公司的部门由同一血型的员工构成；据“日本人力资源配置中心”员工介绍，很多公司招收员工都规定应聘者的血型；某妇女杂志将血型与节食联系起来，告诉人们不同血型有不同的减肥方案。

不过，从根本上来说，遗传因素并不能预定个性发展的方向和水平。1920年，美国牧师辛格在印度丛林中发现两个“狼孩”，带回后经测定。小的两岁，不久死去；大的约八岁，辛格给她取名为卡玛拉。这两个“狼孩”从狼窝里被救出来，习惯行为和狼一样，白天睡觉，夜间对着星空嚎叫；爬着走路，用手抓食，怕火、怕水，从不洗澡。由此说明，尽管具有人类的遗传因素，但由于缺乏后天的社会环境条件，就难以形成人的特定的个性。所以说，遗传因素仅仅为个性的形成和发展提供了必要的前提，提供了一种发展的可能性，而一个人的个性向什么方向发展，发展到何种水平，并不能由遗传因素所决定，而是由后天的社会生活条件所决定的。

（2）环境因素

国外有位心理学家曾观测了一对孪生女大学生前后四年的生活情况，发现她们外貌酷似，从小到大又生活在同一环境中，而且据她们的父母说，小时候两人的性格也差不多，但在大学生活中，却表现出明显的性格差异：姐姐比妹妹善谈吐，好交际，办事较果断、大胆、主动，每次谈话和回答问题时，总是姐姐先说，妹妹只是点头或摇头，偶然才进行一些补充。为何会有这种差异？原来，从念小学起，父母就关照“姐姐”要带好“妹妹”，10 多年的生活中，姐姐一直承担着照应妹妹的角色，终于塑造了她现在比较外向、活泼的性格，而妹妹多年来是在姐姐的照应下生活的，于是就养成了她比较内向、怕羞的“秉性”。这种情况，心理学就称之为“姐妹”或“兄弟”现象。日本心理学家大西宪明说：同卵双生子尽管遗传和家庭环境都相同，但仅仅因为在成长过程中一方是当“哥哥”，而另一方是当“弟弟”，结果一方就形成了哥哥似的豁达大度、从容不迫的性格，而另一方则形成了弟弟似的争强好胜、不甘示弱的性格。这一点也证实了性格受养育方式和后天社会环境的影响，甚于受遗传因素的影响。

环境因素在人的一生中对个性的形成与改变起着主要的影响作用。人出生后，由于所遭遇的外界环境条件各不相同，以及人的自我努力程度不同，各人在自己头脑中对所接受的信息的加工编码“方式”、“格局”以及所形成的“信息体系”也就千差万别，这就形成了人们在反映中的认识方式及其反作用于客观现实时的意向不同，从而构成了五光十色的个性差异。所以，个性是人与环境相互作用的产物。

影响个性形成与发展的环境因素主要有家庭、学校、工作单位，以及社会制度、民族风俗、传统文化、传播媒介等等。

家庭。家庭环境是个性差异的最初根源，是个性形成和发展的一个重要阶段。“家庭是孩子产生原始的自我感觉以及形成基本身份、动机、价值和信念的背景。”（M.罗森堡、R.H.特纳：《社会学观点的社会心理学手册》，南开大学出版社 1992 年版，第 182 页）文学爱好者一般都知道北宋著名文学家苏东坡，他具有多面性天才的丰富感、变化感和幽默感，他的作品散发出生动活泼的个性，这一切同他最初的家庭环境是分不开的。苏东坡父亲苏洵很有文才，但没考取进士，就把全部心力寄托在对苏轼和苏辙两个儿子的培养上。在父亲的熏陶与教育下，苏东坡从小刻苦学习，青年时期就具有广博的历史文化知识和多方面的艺术才能，造就了他独特的个性：感觉强烈、思维清晰、文笔优美、行动果敢。

愈来愈多的研究显示，幼年期的环境是很重要的，尤以母亲的角色最为关键，被视为孩子健全发展的根本因素。不同类型的母亲会造成孩子不同的个性倾向乃至病况，从身心疾病到说话障碍；从忧郁症到反社会行为。日本心理学家诧摩武俊曾列出一张母亲态度与儿童性格之间关系的图表，说明家教作风对儿童性格的影响。

母亲态度	儿童性格
支配的	服从、无主动性、消极的、依赖的、温和的。
照管过甚	幼稚的、依赖的、神经质的、被动的、胆怯的。
保护的	缺乏社会性，深思的、亲切的、非神经质的、情绪安定。
溺爱的	任性的、反抗的、幼稚的、神经质的。
顺应的	无责任性的、不服从、攻击的、粗暴的。
忽视的	冷酷的、攻击的、情绪不安、创造力强。
拒绝的	神经质的、粗暴的、企图引人注意、冷淡的。
残酷的	执拗的、冷酷的、神经质的、逃避的、独立的。
民主的	独立的、爽直的、协作的、亲切的、社交的。
专制的	依赖的、反抗的、情绪不安、自我中心、大胆的。

现在，越来越多的心理学家、社会学家都认为，家庭的潜移默化教育对一个人个性的形成有着不可思议的力量。在家庭中，双亲及其长辈，是孩子最亲近、最直接的老师，不少著名人物的成长，都与这些真正的“启蒙老师”有着极为直接的关系。例如，列宁的母亲、普希金的奶妈、高尔基的外婆、苏东坡的父亲等等，都曾用最美好的诗歌、音乐、故事、神话，滋润了孩子的心田。

由于家庭教育的不同，孩子的个性往往会有很大的差异。有的家庭对孩子过分娇生惯养，使孩子任性放纵，独立性差；有的家庭管教过严，经常打骂孩子，使孩子畏缩拘谨，逆来顺受，或形成倔强脾气。同时，父母的品行，同样也会对子女起到心理感染作用。

“狼孩”卡玛拉早期 8 年同狼生活在一起，回归人类社会后，经过 9 年的系统教育，心理状况仅达四岁儿童的发展水平。心理学研究认为，卡玛拉是由于失去了早期教育的关键期，所以没有能够产生人类正常的心理反映。第二次世界大战时，有位日本青年横井庄一为逃避服兵役，躲进深山老林独自过了 28 年的野人生活。回到人间后，仅仅用了 82 天时间就基本恢复了原先具有的各种能力，还结了婚。因为对横井庄一来说，不存在“关键期”的失落问题。

奥地利动物学家劳伦茨首次发现，小鹅孵出后，天生会跟着它第一眼看到的对象走，将它当作自己的妈妈，这种本能称为“母亲印刻”。这个时期比较短，如小鸡的母亲印刻约四天左右，这就是说，四天内小鸡见不到自己的妈妈，以后即使相逢，也不会去相认。人作为高等动物，也存在着“关键期”，俗语说“三岁看到老”，也就是这个意思。萨勒所做的糖果实验也在一定程度上反映了儿童时期的个性心理特征对未来的影响。萨勒对一群都是 4 岁的孩子说：“桌上放 2 块糖，如果你能坚持 20 分钟，等我买完东西回来，这两块糖就给你。但你若不能等这么长时间，就只能得一块，现在就能得一块！”这对4岁的孩子来说，很难选择——孩子都想得2块糖，但又不想为此熬20分钟；而要想马上吃到嘴，又只能吃一块。实验结果：2/3的孩子选择宁愿等20分钟得2块糖。当然，他们很难控制自己的欲望，不少孩子只好把眼睛闭起来傻等，以防受糖的诱惑，或者用双臂抱头，不看糖或唱歌、跳舞。还有的孩子干脆躺下睡觉——为了熬过20 分钟！1/3的孩子选择现在就吃一块糖。实验者一走，1 秒钟内他们就把那块糖塞到嘴里了。经过12年的追踪，凡熬过20分钟的孩子（已是16岁了），都有较强的自制能力，自我肯定，充满信心，处理问题的能力强，坚强，乐于接受挑战；而选择吃1 块糖的孩子（也已16岁了），则表现为犹豫不定，多疑，妒忌，神经质，好惹是非，任性，顶不住挫折，自尊心易受伤害。这种从小时候的自控、判断、自信的小实验中能预测出他长大后个性的效应，就叫糖果效应。

儿童在童年期对家庭的生理和心理依赖是一生中最强烈的时期，从儿童一出生起，家庭就赋予他包括种族、宗教、经济、道德、文化等等多种社会特征，而这些特征中的每一项都可能对他日后的个性形成和发展产生重要的影响。

学校。除家庭教育外，学校教育对个性心理的影响也不可忽视。在现代社会，学校是将儿童从家庭引向社会的第一座桥梁。学校通过有计划、有组织、有目的地向学生系统地传授社会规范、价值观念、科学知识、生活技能、行为方式，为完善个体的个性特征奠定必要的基础。现代社会的学校教育一般长达9年以上，在这期间，学校除了向学生传播各种知识与技能，还会灌输主流意识形态与价值观念。同时，由于学校有着独特、完整的机构，它是社会的一个缩影，儿童在这里如同身居特殊的社会结构，扮演着学生、同学、朋友等社会角色，并在课堂上和其他公共场合进行着各种形式的社会互动。这种互动不仅发生在学生之间，还发生在教师与学生之间，进而直接影响着学生个性心理的发展。学校的影响作用主要可以通过以下途径而实现：第一，教师的言传身教的影响。研究表明，教师的个性心理倾向对学生常常具有不可忽视的影响力。尤其是青少年正处于世界观形成时期，理性思考与感情选择时常处于冲突之中，在个性方面，表现出既有强烈的自主愿望，又有偶像崇拜的心理倾向，而这种“偶像崇拜”很有可能投射在教师身上。所以，不管教师愿意还是不愿意，自觉还是不自觉，这种心理影响力总是客观存在的。即使是某些“无突出个性”的教师．也必然会对学生形成相应的影响。第二，学生组织与学生团体的影响。处于各种学生组织或团体中的成员，都不可避免地会受到系统的有关组织性与纪律性的教育，接触到某些权威性的行为模式，这一些都会关系到他们今后成人时的行为倾向。同时，学生通过参加各种团体活动，会逐渐培养起组织能力与社会活动能力，形成某种特定的个性心理特征意识。第三，教材及有关参考读物的影响。在一般情况下，学生对社会的认识，主要是通过书本而获得的。他们从书本中了解到各种社会制度的分类与本质特征，了解到什么是社会，了解到人与人之间的关系，了解到种种有关的社会知识。这些外界的信息被提炼、加工与吸收，塑造出具有特定个性的个体。第四，社会调查与社会实践的影响。书本知识所能提供给学生的信息毕竟是有限的，甚至可能是片面的。所以，越来越多的教育学家认识到课堂教学与社会实践结合的必要性。在我国，不仅高等院校，包括一些中学都十分重视安排一定的时间组织学生深入社会，开展有关课题的社会调查。实践证明，这样做有助于学生加深对社会、对国情的了解，有助于对某些问题的认识由感性朝理性的飞跃，有助于造就更为完善的人格。

工作群体。如果说家庭、学校主要影响着儿童与青少年的个性心理特征的话，工作群体则是个体个性心理进一步发展和趋向成熟的重要环境。不少研究者发现，在人们的工作条件、工作经验和他们所持的态度及价值观之间存在着某种必然的联系。科恩的研究表明，工作的某些结构性特点会使工作者产生自主性或遵从性的价值特征。一般说来，在工作中体验到的自由度越大、工作越复杂和越具挑战性，工作者越可能给予个人自由和自我定向以高度评价；反之，越可能重视遵从性。坎特则进一步在工作情境的三个结构特点的基础上，提出了一个有关个体在组织中的态度和行为的理论。这三个特点是：机会结构、权力结构和伙伴结构的社会结构。在坎特看来，工作者个体对他们的工作情况的适应性以及他们对工作的介入和疏远程度，基本上是他们在这三个结构维度中所处位置的一个函数。比如，处在向上流动机会很少的工作情景中的工作者，倾向于限制自己的抱负，试图在工作之外的活动中寻求满足，创造频繁的伙伴关系；而处于权力低的组织情景中的个体，可能变得更小气、更霸道和更权威主义；如果一个人在工作群体中处于少数人的地位，则很难受到他人重视，较为孤立并可能受到非正式群体的排斥。

社会文化。社会文化一般包括政治、经济、宗教、文化、风俗、习惯、民族传统等等。不同的文化结构对人的个性心理乃至行为方式影响往往具有明显的差异。社会文化所建构的规范、态度和价值观一代代流传下来，一直保持着稳定性，意识形态也是在某种特定的文化背景中培养起来的。例如，居住在新几内亚三个不同地区的部族，由于文化结构的不同，他们的行为方式与人格倾向也有显著不同。居住在山区的人，传统上一向和平相处，男女老幼很少差别，大都性格温和，待人亲切，因而居民之间都很合作；居住在河岸边的人，传统上残酷好斗，不论男女，性格都极相似，因而居民之间常常相互攻击，不合作，占有欲望很强；居住在湖边的人，还处于母系社会，男女性别分化得很明显，女性支配男性，握有经济大权，男子在家带孩子，自卑腼腆。北美人在书籍、学校教育、家庭和朋友中始终如一地贯穿着勤奋、成功、竞争、独立以及新教伦理等主题，因而，北美人相比那些在重视他人关系、鼓励合作、强调家庭首位的文化中成长起来的人来说，更容易具有雄心勃勃和进取心等特点。

在一般的社会文化中，对于那些行为越轨者常常采用惩罚的方法。如果犯的图财害命案，则理所当然受到刑事处罚，但在非洲的纽沃尔和波里尼西亚的罗托玛，他们的重点是放在维持与别人友好相处上。当某人触犯了他人时，犯错误的人根本不受惩罚，而且处理的方式也是保障社会和睦并使此人在本群体内保持其正常地位。

同样，许多研究表明，在不同的社会制度下，由于社会文化方面所存在的差别，因而人们在思想意识，行为倾向等方面也必然会表现出明显的不同。

大众传播媒介。我们每天所获得的信息都是通过大众媒介直接或间接传递的。大众媒介包括电视、广播、电影、报纸、杂志和书籍。在15世纪古腾贝格发明印刷机之前，口语是传递信息的主要方式，要想把信息传到有关人员那里也许要用几个星期、几个月甚至几年的时间。例如，1812年发生的新奥尔良战役中，当驻扎在遥远的路易斯安那的士兵正在进行激战的时候，战争其实早已宣布结束了，可是作战双方却无法及时得到这一消息。如今，我们可以通过电视、广播很快了解到各种世界大事。杰克·鲁比开枪击中李·哈维·奥斯瓦尔德的场面，人们当天就看到了。可见，在现代社会，由于大众媒介的作用，“秀才不出门，能知天下事”已成为事实。

无容置疑，大众传播媒介对信息的普遍化起了重要作用。尤其是电视、广播、互联网的普及，使越来越多的公民能迅速而准确地了解各种问题、各个领导人以及政策选择的社会效果，它对于一个人形成与他人的共同感情，或是同他人保持认同意识，以及形成对某种特定的生活方式前景无限向往的想法等都能起到重要的作用。正是由于大众传播在影响、塑造人们的态度与心理倾向方面具有极为重要的作用，故越来越受到人们的重视。在都市化社会或工业化社会中，人们对于大众媒介信息源的依赖性变得越来越大。这种依赖性所采取的是满足某些需要的形式，如由都市环境的压力所带来的“幻想逃避”的需要和理解一个人的社会环境的需要等等。随着依赖性的增大，大众媒介所提供的信息对改变各种态度和信念的可能性亦将愈来愈大。都市环境客观上使人们彼此之间日益疏远，以致使传统的个人沟通方式遭到一定破坏。因此，处在这种环境中的个人在了解社会、解释现实方面日益依赖于大众媒介，使大众媒介在态度形成和态度改变方面起着越来越重要的作用。

除以上几种结构外，政党组织、教会、社区、同辈集团也都在不同程度上对有关社会成员的个性心理过程产生着影响。当然，个体的个性心理发展趋向还取决于自身对种种外来信息的认识与加工程序。正是由于这种内化过程的不同，才有可能在基本相似的社会环境中产生出丰富多彩的个性心理倾向。

就总体而言，遗传建构了个性形成的前提条件或外周限制，但个体的总体潜能取决于个性如何调整自己以适应环境的要求。

3. 个性的倾向性

指人对社会环境的态度和行为的积极特征，它是推动人进行活动的动力系统，是个性结构中最活跃的因素。决定着人对周围世界认识和态度的选择和趋向，决定人追求什么。包括需要、动机、兴趣、信念等等。

个性倾向性较少受生理、遗传等先天因素的影响，主要是在后天的培养和社会化过程中形成的。

个性倾向性中的各个成分并非孤立存在的，而是互相联系、互相影响和互相制约的。其中，需要又是个性倾向性乃至整个个性积极性的源泉，只有在需要的推动下，个性才能形成和发展。动机、兴趣和信念等都是需要的表现形式。

二、气质：一种稳定而典型的心理特征

1. 气质的一般概念

根据《辞海》的解释：气质是指人的相对稳定的个性特点和风格气度。气质是一种稳定而典型的心理特征，它突出地表现为人在心理活动方面的动力特点，这种动力特点，是个体与生俱来的高级神经活动类型在情感和动作方面的表现，它反映了一个人心理活动过程进行的速度、强度、稳定性和指向性。例如，有的人心理活动的发生快而强烈，外部表现十分明显。高兴时，手舞足蹈，喜笑颜开；生气时，怒发冲冠，暴跳如雷。有的人心理活动的发生慢而微弱，喜怒哀乐等反映都不明显，或不形于色。在认识上，有的人倾向于外部事物，对新事物容易发生兴趣；有的人则倾向于内在世界，常常玩味于内心体验。这些表现于人们活动中的不同特点，通称为气质。

气质是在人的生理素质的基础上，通过生活实践，在后天条件影响下形成的，并受到人的世界观和性格等的控制。它的特点一般是通过人们处理问题、人与人之间的相互交往显示出来的，并表现出个人典型的、稳定的心理特点。这种典型的心理特点很早就表露在儿童的游戏、作业和交际活动中。据斯特拉霍夫的研究，在 39 名作为研究对象的小学生中，有 34 名明显地表现出所述的气质类型。其中多血质的有 9 名，胆汁质的 10 名，粘液质的 9 名，抑郁质的 6 名。气质类型的早期显露，说明气质较多地受个体生物组织的制约；也正因为如此，气质在环境和教育的影响下虽然也有所改变，但与其他个性心理特征相比，变化要缓慢得多，具有稳定性的特点。

2. 气质的类型及其特点

每个人都会有多种不同的气质特点，但这些特点并不是偶然地彼此结合，而是有规则地互相联系着，从而构成一种特定的气质类型。自古以来，中外有关学者便已开始对人的气质类型进行了探讨，并提出了各种各样的见解，其中比较有影响的大致有：

1）阴阳说

阴阳说最初出现于我国战国秦汉时期一部以医学为主的百科全书《黄帝内经》中。该书以阴阳五行立论，将气质类型分为两大类；又基于阴阳含量之多少进一步把人的气质分为五种：太阴之人、少阴之人、太阳之人、少阳之人及阴阳和平之人。因“凡五人者，其态不同”，故又称为“五态人”。

该五态人又各有其具体的心理特征，具体表现如下：

太阴之人：贪而不仁，下齐湛湛，好内而恶出，心和而不发，不务于时，动而后之。

少阴之人：小贪而贼心，见人有亡，常若有得，好伤好害，见人有荣，乃反愠怒，心疾而无恩。

太阳之人：居其于于，好言大事，无能而虚说，志发于四野，举措不顾是非，为事如常自用，事虽败而无悔。

少阳之人：好自贵，有小小官，则高自宜，好为外交，而不内附。

阴阳和平之人：居处安静，无为惧惧，无为欣欣，婉然从物，或与不争，与时变化，尊则谦谦，谭而不治，是谓至治。

2）体液说

最初由古希腊医生希波克拉底所提出，他认为，人体内存在着血液、黄胆汁、黑胆汁、粘液等四种体液，这四种体液在不同个体身上存在的比例有所不同，由此也就形成了不同的气质类型。在人体四种体液共存的比例中，血液占优势的为多血质，黄胆汁占优势的为胆汁质，粘液占优势的为粘液质，黑胆汁占优势的为抑郁质。

现代心理学家通过观察研究，把人们表现出来的各种特点，如感受性、耐受性、灵活性、情绪的兴奋性以及认识的内向性和外向性等特征，加以不同程度的组合，对人的气质进行了分类，其中影响较大的仍是一些心理学家沿用传统的希波克拉底所提出的四种气质类型，对人的气质特点进行了如下区分：

（1）多血质：感受性低，兴奋性、平衡性强，灵活性高，反应速度快，外向性。由此而影响的行为表现为：活泼好动，反应灵活，行动迅速，善于交际，适应环境变化，对新事物敏感；但兴趣容易转移，缺乏毅力，对事物的认识不深刻。

（2）粘液质：内倾性，感受性低，情绪兴奋性弱，反应不灵活，情绪稳定。具备这些心理特性组合的个体其行为表现大致为：性格安静，遇事谨慎，富于实干精神；注意力集中且不易转移，动作迟缓，对新事物缺乏热情，不善辞令。

（3）胆汁质：外倾性，反应速度快，但缺乏灵活性，感受性低，可塑性小，情绪兴奋性强。具备这些心理特征组合的个体其行为表现大体为：精力旺盛，情绪容易激动，控制力差，态度坦率，容易与人发生冲突；办事果断；常常刚愎自用，傲慢不恭。

（4）抑郁质：感受性强，反应性弱，内倾。具备这些心理特征组合的个体其行为表现主要有：感情细腻，观察敏锐，行动缓慢、刻板，感情脆弱，脾气古怪，缺乏自信心，在困难面前容易优柔寡断，悲观失望；为人小心谨慎，思考透彻，喜欢沉溺在内心体验之中。

实际上，生活中只有极少数人是上述四种气质类型的典型代表，多数人是介于各种类型之间的中间型。作为人心理活动和行为动作方面的动力特点的综合，气质本身无好坏之分，任何一种气质类型都有其积极方面和消极方面。多血质的人既灵活、机敏，又情绪多变；粘液质的人既沉着、冷静，又缺乏活力；胆汁质的人既生气勃勃，又暴躁、任性；抑郁质的人既情感稳定，又孤僻、羞怯。在评定人的气质时，不能认为一种气质类型是好的，另一种气质类型是坏的。每一种气质都有积极和消极两个方面，在这种情况下可能具有积极的意义，而在另一种情况下可能具有消极的意义。如胆汁质的人可成为积极、热情的人，也可发展成为任性、粗暴、我行我素的人；多血质的人情感丰富，交际能力强，容易适应新的环境，但注意力不够集中，兴趣容易转移，缺乏耐心等。抑郁质的个体工作中耐受能力差，容易感到疲劳，但感情比较细腻，作事审慎小心，观察事物敏锐，对问题的思考比较仔细、深刻。同时，气质也不能决定一个人活动的社会价值和成就的高低。据研究，俄国近代四位著名作家恰恰是四种不同气质的代表：普希金具有明显的胆汁质特征，赫尔岑具有多血质的特征，克雷洛夫属于粘液质，而果戈里属于抑郁质。尽管气质类型各不相同，却并不影响他们同样在文学上取得杰出的成就。气质只是属于人的各种心理品质的动力方面，它使人的心理活动染上某些独特的色彩，却并不决定一个人性格的倾向性和能力的发展水平。所以气质相同的人可以成为对社会作出重大贡献、品德高尚的人，也可以成为一事无成、品德低劣的人；可以成为先进人物，也可能走向反面。

3．气质与管理

人的气质对行为、实践活动的进行及其效率有着一定的影响，因此，了解人的气质对于教育工作、组织生产、培训干部职工、选拔人才、社会分工等方面都具有重要的意义。气质类型虽然不能决定一个人社会活动的内容和方向，但它往往能够影响一个人的活动性质和工作效率。对不同的工作由相应的、不同气质类型的人来承担，往往能够取得事半功倍的效果；反之，当一个人所具有的气质特点不符合工作要求时，他就难以适应工作需要。例如，让一个粘液质的人去担任会计工作（性格安静，遇事谨慎，也即能坐得住），他会感到轻松愉快；如果让一个多血质的人去承担（活泼好动，猴子屁股坐不住），就会成为负担。相反，如让一个粘液质的人担任推销员（反应不灵活，不善辞令），就会遇到一系列困难；而多血质的人反应灵活，善于交际，就容易胜任这一工作。对于一些特殊的职业和工种，如宇航员、驾驶员、高空作业人员、运动员、医务人员、消防人员、外交人员、演员等等，对气质特点都有特别的要求，如气质特征不相符合，就难以适应所从事的工作。为此，有关部门的领导者、管理者在人员选拔、使用时，应当注意对象的气质特点与工作要求或职业要求是否相匹配，以既不贻误个人，又不影响组织工作。

此外，开展思想政治工作时，也要注意根据人们的不同气质特点，采取不同的工作方法。例如，在对职工进行批评帮助时，就要考虑到不同气质类型的人对挫折的承受能力。一般来说，胆汁质、多血质的个体承受挫折的容忍力较大，故而可以对他们进行较为严厉的批评，以帮助他们认识错误，改正缺点。而抑郁质的人，感情脆弱，对挫折的容忍力比较小，更需要和风细雨式的帮助；并且由于他们多疑、敏感，应特别注意方式方法。

还有，在组织领导班子时，也应注意不同气质类型成员的合理搭配，取长补短，提高整体工作效能，防止出现“三个诸葛亮，抵不上一个小皮匠”的情况。

4．气质的测量

对气质的测量可以采用多种多样的方式，如观察法、实验法、测验法等。相对而言，测验法既比较简单，又比较合理、可靠，故较常被人们所采纳。测验法主要根据一些气质量表来测定人的气质，这种气质量表目前国内外种类颇多，其中陈会昌的气质 60 题测验是一种既通俗又使用方便的有较大可靠性的问卷测验，在实际使用中颇受欢迎。

气质测验 60 题如下：(马建青：《辅导人生——心理咨询学》山东教育出版社，1999 年版．第 354、355 页)

(1)做事力求稳妥，一般不做无把握的事。

(2)遇到可气的事就怒不可遏。想把心里的话全说出来才痛快。

(3)宁可一个人干事，不愿很多人在一起。

(4)到一个新环境很快就能适应。

(5)厌恶那些强烈的刺激，如尖叫、噪音、危险镜头等。

(6)和人争吵时，总是先发制人，喜欢挑剔别人。

(7)喜欢安静的环境。

(8)善于和人交往。

(9)羡慕那种善于克制自己感情的人。

(10)生活有规律，很少违反作息制度。

(11)在多数情况下情绪是乐观的。

(12)碰到陌生人觉得很拘束。

(13)遇到令人气愤的事，能很好地自我克制。

(14)做事总是有旺盛的精力。

(15)遇到问题总是举棋不定、优柔寡断。

(16)在人群中从不觉得过分拘束。
(17)情绪高涨时，觉得干什么都有趣；情绪低落时，又觉得什么都没有意思。
(18)当注意力集中于一事物时，别的事很难使我分心。
(19)理解问题总比别人快。
(20)碰到危险情景，常有一种极度恐怖感。
(21)对学习、工作，怀有很高的热情。
(22)能够很长时间做枯燥、单调的工作。
(23)符合兴趣的事情，干起来劲头十足；否则就不想干。
(24)一点小事就能引起情绪波动。
(22)讨厌做那种需要耐心、细致的工作。
(26)与人交往不卑不亢。
(27)喜欢参加热烈的活动。
(28)爱看感情细腻、描写人物内心活动的文学作品。
(29)工作时间长了，常感到厌倦。
(30)不喜欢长时间谈论一个问题，愿意实际动手干。
(31)宁愿侃侃而谈，不愿窃窃私语。
(32)别人总是说我闷闷不乐。
(33)理解问题常比别人慢些。
(34)疲倦时只要短暂的休息就能精神抖擞。
(35)心里有话宁愿自己想，不愿说出来。
(36)认准一个目标就希望尽快实现，不达目的，誓不罢休。
(37)学习、工作同样一段时间后，常比别人更疲倦。
(38)做事有些莽撞，常常不考虑后果。
(39)老师或他人讲授新知识、技术时，总希望他讲得慢些。
(40)能够很快地忘记那些不愉快的事情。
(41)做作业或完成一件工作总比别人化时间多。
(42)喜欢运动量大的剧烈体育活动，或者参加各种文艺活动。
(43)不能很快地把注意力从一件事转移到另一件事上去。
(44)接受一个任务后，就希望把它迅速解决。
(45)认为墨守成规比冒风险强些。
(46)能够同时注意几件事物。
(47)当我烦闷的时候，别人很难使我高兴起来。
(48)爱看情节起伏跌宕、激动人心的小说。
(49)对工作抱认真严谨、始终一贯的态度。
(50)和周围人的关系总是相处不好。

(51)喜欢复习学过的知识，重复做能熟练做的工作。
(52)希望做变化大、花样多的工作。
(53)小时候会背的诗歌，我似乎比别人记得清楚。
(54)别人说我“出语伤人”，可我并不觉得这样。
(55)在体育活动中，常因反应慢而落后。
(56)反应敏捷、头脑机智。
(57)喜欢有条理而又不甚麻烦的工作。
(58)兴奋的事常使我失眠。
(59)老师讲新概念，常常听不懂，但是弄懂了以后很难忘记。
(60)假如工作枯燥无味，马上就会情绪低落。

在回答上面 60 道题时，你可以根据自己的情况打分：

非常符合自己情况的：记 2 分

比较符合自己情况的：记 1 分

介于符合与不符合之间的：记 0 分

比较不符合自己情况的：记–1 分

完全不符合自己情况的：记–2 分

气质测验答卷

胆汁质	题号	2	6	9	14	17	21	27	31	36	38	42	48	50	54	58	总分
	得分																
多血质	题号	4	8	11	16	19	23	25	29	34	40	44	46	52	56	60	总分
	得分																
粘液质	题号	1	7	10	13	18	22	26	30	33	39	43	45	49	55	57	总分
	得分																
抑郁质	题号	3	5	12	15	20	24	28	32	35	37	41	47	51	53	59	总分
	得分																

凯尔西气质类型调查问卷：

选择答案 a 或者 b，填在后面答卷的相应位置。根据所提供的记分标准算出得分。你的答案没有正确和错误之分，因为无论你选择哪一个，总有一半的人同意你的选择。

1.电话铃响的时候,你会 — a.马上第一个去接 b.希望别人去接

2.你更倾向于 — a.敏锐而不内省 b.内省而不敏锐

3.对你来说,哪种情况更糟糕 — a.想入非非 b.循规蹈矩

4.同别人在一起,你通常 — a.坚定而不随和 b.随和而不坚定

5.哪种事更使你感到惬意 — a.作出权威判断 b.作出有价值的判断

6.面对工作环境里的噪音,你会 — a.抽出时间整顿 b.最大限度地容忍

7.你的做事方式 — a.果断 b.某种程度地斟酌

8.排队时,你常常 — a.与他人聊天 b.仍考虑工作

9.你更倾向于 — a.感知多于设想 b.设想多于感知

10.你对什么更感兴趣 — a.真实存在的东西 b.潜在的东西

11.你更有可能依据什么对事物作出判断 — a.事实 b.愿望

12.评价他人时,你易于 — a.客观,不讲人情 b.友好,有人情味

13.你希望通过什么方式制定合同 — a.签字,盖章,发送 b.握手搞定

14.你更愿意拥有 — a.工作成果 b.不断进展的工作

15.在一个聚会上,你倾向于 — a.与许多人甚至陌生人交流 b.只与几个朋友交流

16.你更倾向于 — a.务实而不空谈 b.空谈而不务实

17.你喜欢什么样的作者 — a.直述主题 b.运用隐喻和象征手法

18.什么更吸引你 — a.思想和谐 b.关系和睦

19.如果一定要使某人失望,你通常 — a.坦率,直言不讳 b.温和,体谅别人

20.工作中,你希望你的行动速度 — a.确定 b.不确定

21.你更经常提出 — a.最后确定的建议 b.暂时,初步的建议

22.与陌生人交流 — a.使你更加自信 b.使你伤脑筋

23.事实 — a.只是说明事实 b.是理论的论证

24.你觉得幻想家和理论家 — a.有些讨厌 b.非常有魅力

25.在一场热烈的辩论中,你会 — a.坚持你的观点 b.寻找共同之处

26.哪一个更好 — a.公正 b.宽容

27.你觉得工作中什么更自然 — a.指出错误 b.设法取悦他人

28.什么时候的你感觉更惬意 — a.作出决定之后 b.作出决定之前

29.你倾向于 — a.直接说出你的想法 b.听别人发言

30.常识 — a 通常是可靠的 b.经常值得怀疑

31.儿童往往不会 — a.做十分有用的事 b.充分利用想象力

32.管理他人时,你更倾向于 — a.坚定而严格 b.宽厚仁慈

33.你更倾向于作为一个 — a.头脑冷静的人 b.热心肠的人

34.你倾向于 — a.将事情搞定 b.探究事物的各种潜质

35.在多数情况下,你更 — a.做作而不自然 b.自然而不做作

36.你认为自己是一个 — a.外向的人 b.自闭的人

37.你更经常是一个 — a.讲求实际的人 b.沉于幻想的人

38.你说话时 — a.详细而不泛泛 b.泛泛而不详细

39.哪句话更像是赞美 — a.这是一个逻辑性强的人 b.这是一个情感丰富的人

40.你更易受什么支配 — a.你的思想 b.你的体验

41.当一件工作完成时,你喜欢 — a.把所有未了解的零星事务安排妥当 b.继续干别的事情

42.你喜欢什么样的工作 — a.有最后期限 b.随时进行

43.你是哪种 — a.很健谈的人 b.认真聆听的人

44.你更容易接受 — a.较直白的语言 b.较有寓意的语言

45.你更经常注意 — a.恰好在眼前的事物 b.想象中的事物

46.成为哪一种人更糟糕 — a.过分心软 b.顽固

47.在令人难堪的情况下,你有时表现得 — a.过于无动于衷 b.过于同情怜悯

48.你在做出选择时倾向于 — a.小心翼翼 b.有些冲动

49.你更喜欢 — a.紧张而不悠闲 b.悠闲而不紧张

50.工作中的你倾向于 — a.热情与同事交往 b.保留更多的私人空间

51.你更容易相信 — a.你的经验 b.你的观念

52.你更愿意感受 — a.脚踏实地 b.有些动荡

53.你认为自己更是一个 — a.意志坚强的人 b.心地温和的人

54.你对自己哪种品格评价更高 — a.通情达理 b.埋头苦干

55.你通常希望事情 — a.已经被安排,确定 b.只是暂时确定

56.你认为自己更加 — a.严肃,坚定 b.随和

57.你觉得自己是个 — a.好的演说家 b.好的聆听者

58.你很满意自己能够 — a.有力地把握现实 b.有丰富的想象力

59.你更注重 — a.基本原理 b.深层寓意

60.什么错误看起来比较严重 — a.同情心过于丰富 b.过于冷漠

61.你更容易受什么影响 — a.有说服力的证据 b.令人感动的陈述

62.哪一种情况下你的感觉更好 — a.结束一件事情 b.保留各种选择

63.较令人满意的是 — a.确定事情已经做好 b.只是顺其自然

64.你是一个 — a.容易接近的人 b.有些矜持的人

65.你喜欢什么样的故事 — a.刺激和冒险的 b.幻想和豪勇的

66.什么事对你来说更容易 — a.使他人各尽其用 b.认同他人

67.你更希望自己具备 — a.意志的力量 b.情感的力量

68.你认为自己基本上 — a.禁得住批评和侮辱 b.禁不住批评和侮辱

69.你常常注意到的是 — a.混乱 b.变革的机会

70.你比较 — a.按程序办事而非反复无常 b.反复无常而非按程序办事

将你选择的答案 a 或 b 填入下面的空格中：

	a	b		a	b		a	b		a	b		a	b		a	b		a	b
1			2			3			4			5			6			7		
8			9			10			11			12			13			14		
15			16			17			18			19			20			21		
22			23			24			25			26			27			28		
29			30			31			32			33			34			35		
36			37			38			39			40			41			42		
43			44			45			46			47			48			49		
50			51			52			53			54			55			56		
57			58			59			60			61			62			63		
64			65			66			67			68			69			70		

三、性格即命运

书生甲、乙进京赶考，路遇一支出殡的队伍。见到黑糊糊的棺材，书生甲心里凉了半截，心想，完了，活见鬼，赶考的日子碰到棺材，晦气之极。因此，情绪低落，走进考场，“棺材”影子一直在眼前浮现，挥之不去，于是，思维枯竭，果真名落孙山； 书生乙也看到了这个棺材，心里也是害怕，但是转念一想，棺材、棺材，咦！那不是有“官”又有“财”吗？好兆头，看来今天我要鸿运当头了，一定可以高中。于是他兴奋异常，情绪高昂，走进考场，文思泉涌，顺理成章一举高中。回到家里，书生甲、乙都对家人说：“棺材真的好灵呀！”这个小故事告诫人们，生活中的人们对任何一件事情的看法并无对错之分，只有积极与消极之分。不同的心态最后产生的结果截然不同，当人往坏处想时，就会一无是处，一蹋糊涂，机会瞬间即逝；相反，具有良好的心态往好处想时，就会挖掘出不同的机会，即使在危机关头也隐藏着一片生机，在崎岖的山路上也会看到坦途。

曾经有位美国记者采访晚年的投资银行一代宗师 J.P.摩根，问道："决定你成功的条件是什么？"摩根不假思索地说："性格。"记者再问："资金重要还是资本更重要？"摩根答道："资本比资金更重要，最重要的是性格。"摩根曾成功地在欧洲发行美国公债，采纳无名小卒的建议轰轰烈烈地大搞钢铁托拉斯计划，还曾力排众议推行全国铁路联合……他的奋斗史，他的开创性伟业，根本上是源于他倔强、坚强和敢于创新的性格。

1998 年 5 月，世界巨富沃伦·巴菲特和盖茨应邀去华盛顿大学演讲。有学生问了他们一个有趣的问题："你们是怎么变得比上帝还富有呢？"巴菲特先回答说："这个问题非常简单，原因不在智商。为什么聪明的人会做一些阻碍自己发挥全部功效的事情呢？原因在于他的习惯、性格和脾气。"盖茨非常赞同他的话："我认为沃伦的话完全正确。"

美国一家调查机构曾提供了这样一组数据：

每一项新的交易,其中 80%都要在给同一个对象打过第五次电话后才能谈成。

有 48%的销售员打了第一次电话后就失去了一个顾客源。

有 25%的人在打第二次电话后就放弃了。

有 12%的销售业务代表在打第三次以后放弃。

有 10%的人继续打电话，直到成功为止。

而这 10%的人正是美国收入最多的一部份人士，与一些名人、公司主管和专业人士并驾齐驱。看来，最赚钱的性格正是执着。执着的性格带来乐观的自信，每天的努力和不懈的坚持，虽然不能让人第一个抽到幸运签，却可以让人最后一个拿到财富的金钥匙，登上成功的客船。

1．性格及其特征

性格是指一个人在生活过程中形成的、对现实稳固的态度以及与之相适应的、习惯了的行为方式，它构成人的心理面貌的一个突出的方面。

性格是在一个人的生理素质的基础上，在社会实践活动中逐渐形成、发展和变化的。由于个体的家庭环境、生活道路、受教育水平和社会关系作用的不同，故而形成了众多丰富多彩的性格类型。

性格是十分复杂的心理构成物，它有多个侧面，包含多种多样的特征，是多层次的复杂结构。这些特征在每一个个体身上都以一定的独特性结合为有机的整体。恩格斯说："人物的性格不仅表现在他做什么，而且表现在他怎样做"。(《马克思恩格斯选集》第四卷，第 344 页）这就是说，性格表现一般包括两个方面的内容：其一，行为的现实；其二，行为的动机和方式。这里所指的行为方式，主要包括思维方式、情感方式、实践活动的方式等等。这两方面的内容都表现出人物的心理特征，这种心理特征在不同的情境中不断地、反复地出现，并表现出一定的稳定性，以至习惯化，逐渐形成特定的性格。

国内心理学界一般认为，性格的结构主要由四个方面的特征组成：

（1）表现人对现实态度的性格特征。属于这方面性格特征的，主要是在处理各种社会关系方面的性格特征，例如，对待社会、集体的态度，对劳动、工作、学习的态度，对待他人和自己的态度。对待社会、集体、他人的态度方面，主要有是否善于交际，富有同情心，为人正直或虚伪等；对劳动、工作、学习的态度上，主要有勤劳与懒惰，认真与马虎，细致与粗心，创新与守旧，节俭与浮华等；表现对自己的态度有谦虚与傲慢，自信与自卑等。

（2）性格的意志特征。指人对自己行动自觉调节方式和水平的个人特点。按照调节行为的依据、水平和客观表现，性格的意志特征可分为四个方面：首先，是否有明确的行为目标并使行为受社会规范的约束的意志特征，如，是自觉行动还是盲目行动，是具有明确目标还是盲目蛮干，是具有独立见解还是受人暗示，等等；其次，在自我控制方面，是具有很好的自制力还是经常受情绪冲动的影响，是主动控制自己还是消极的放任自流，等等；其三，在紧急困难的情况下，是沉着镇静还是张皇失措，是机智果敢还是优柔寡断，是大胆勇敢还是胆怯畏缩，等等；其四，在经常性的工作中，是严谨还是松懈，是坚持到底还是半途而废，是博采众议还是刚愎自用，是坚定不移还是摇摆不定，等等。

（3）性格的情绪特征。人的情绪状态常常影响着他的全部活动，当情绪对人的活动的影响，或人对情绪的控制具有某种稳定的、经常表现的特点时，这些特点就构成性格的情绪特征。性格的情绪特征主要表现在以下四个方面：其一，在情绪的强度方面，有的人情绪激烈，一经刺激就难以控制，有的人则情绪微弱，很大的刺激都不能使他产生情绪反应；其二，在情绪的稳定性方面，有的人情绪容易起伏波动，忽高忽低变化大，有的人情绪深沉、稳定，比较容易控制自己；其三，在情绪的持续性方面，有的人情绪活动持续的时间长，有的人则持续的时间短，一闪即过，不易被人觉察；其四，在主导心境方面，由于情绪活动的持续影响，常常给人构成某种心境，其中有积极的心境和消极的心境，欢乐愉快的心境常使人精神饱满，心情舒畅，抑郁低沉的心境常使人心烦意乱，对人的健康不利。

（4）性格的理智特征。人们表现在感知、记忆、思维、想象等认识方面的个体差异，称为性格的理智特征。

在感知（观察事物）方面，有的人仔细、精确，能保持观察判断的独立性；有的人则漫不经心，且易受人暗示。

在记忆方面，有的人记忆敏捷，能迅速地记住感知过的事物和材料。《三国演义》上记载：益州别驾张松欲将西川地图献于曹操，来到许都，不想受到曹操慢待，甚为不悦。曹操手下主簿杨修颇有才识，见张松讲话中有讥讽之意，将他邀到外面书房中，想同他舌战一番。交谈中，张松讲，久闻你家世世代代门庭显赫，为何不去辅助天子，而跑到曹操手下去当一小吏？杨修听了，满面羞惭，只好说，我虽职位不高，但丞相对我很信任，我早晚可得到丞相教诲，很有启发。张松讲，曹操文不明孔孟之道，武不达孙武之机，能有什么教诲？杨修曰，你居边隅，安知丞相大才？吾今令公观之。呼左右取书一卷，以示张松，松观其题目《孟德新书》，从头至尾，看了一遍，哈哈大笑曰，此书吾蜀中三尺小童，亦能暗颂，何为新书？此是战国时无名氏所作，曹操剽窃以为己能，止好瞒天下耳！并当场将该书从头至尾背诵了一遍，并无一字差错。杨修大惊曰，“公过目不忘，真天下奇才也！”张松过目能诵，说明他有极强、极为敏锐的记忆能力。1922 年 12 月，美国人内森·贝林在纽约创造了在世界上速记最快的记录，他在五分钟内，每分钟速记 300 字，准确率达到 99.64%，被誉为世界上最快的速记员。也有的人记忆持久，即能长久地保持识记的材料。

在思维方面，有的人全面深刻、灵活细致，喜欢独立思考；有的人则片面肤浅、粗枝大叶，喜欢借用别人的答案。

在想象方面，有的人想象主动积极、现实深刻，能与实际相联系；有的人则想入非非，脱离实际，是幻想主义者。

2．性格的类型划分

为了便于掌握人的性格，心理学家们试图从形形色色的性格中，概括出共同的特征，加以鉴别归类。从目前研究结果来看，比较通用的典型性格类型一般有两种：

A 型性格：这类性格的个体情绪特征不安定，社会适应性较差，属外向型；总是不断驱动自己要在最短的时间里干最多的事，并对阻碍自己努力的其他人或事进行攻击，群众关系较差，易与他人发生摩擦。这类性格也称为“行为型”或“注意人物型”。

A 型性格具体表现为：

（1）运动、走路和吃饭的节奏很快；

（2）对很多事情的进展速度感到不耐烦；

（3）总是试图同时做两件以上的事情；

（4）无法处理休闲时光；

（5）着迷于数字，他们的成功是以每件事中自己获益多少来衡量的。

B 型性格：这类性格的个体情绪特征和社会适应性都较为均衡，但主导性不强，很少因为要从事不断增多的工作或要无休止地提高工作效率而感到焦虑，属于较平凡的均衡类型，他们的交际能力不强，智能并不怎么发展，精力、体力各方面也都一般，故又称为“平均型”。

B 型性格具体表现为：

（1）从来不曾有时间上的紧迫感以及其他类似的不适感；

（2）认为没有必要表现或讨论自己的成就和业绩，除非环境要求如此；

（3）充分享受娱乐和休闲，而不是不惜一切代价实现自己的最佳水平；

（4）充分放松而不感内疚。

由于A型人经常处于中度甚至高度的焦虑状态中，他们会不断地给自己施加时间压力，总为自己制定实现目标的最后期限。这些特点导致了与之相应的行为结果。例如，A型人的工作速度很快，他们对工作数量的要求往往高于对质量的要求。由于A型人过于关注数量和速度，常常依赖过去的经验解决当前面临的问题，故而很少有创造性。他们不习惯根据环境的变化与发展来改变自己的反应方式，因而对他们的行为比较容易预测。尽管在组织中，A型人工作十分投入、勤奋，但他们常常难以占据组织中的高层职位，一些高级经营管理人员往往是B型性格者。究其原因，是因为A型性格者仅仅追求数量，而放弃对质量的追求，然而在组织中，高级职位往往会授予那些聪明而非匆忙，有创造性而非仅有好胜心的人，更何况这种性格类型的人人际关系比较糟糕。

日本一些学者认为，血型决定着一个人的性格。血型为什么能决定一个人的性格？日本的学者经过多年研究，认为血型有其有形物质和无形气质两方面的作用。气质是无形成分，血型的气质表现，就是这类血型的人特定的思维方式、行为举止、谈吐风度等，是生物遗传的结果。比如O型血的人的性格特征是热情、坦诚、善良、讲义气，办事雷厉风行、踏实苦干、效率高。B型血的人聪明、思路广、拓展力强、最怕受约束。血型与性格的关系，除了遗传因素决定其本质外，还受出生地、生长、学习、工作环境的影响，受着周围人和事的影响，所以性格才千差万别。

O型——现实浪漫主义者

O型血特征：

洞悉全盘大局后采取行动。一旦下定决心便很难再改变。对善意、恶意很敏感，以信赖感为主轴，有很彻底的同伴意识，喜欢成群结党。

O型血欣赏的类型:

喜欢对象是装扮入时且对自己身材容貌都颇有自信，个性活跃，谈吐热情又风趣等……

O型血恋爱讯号:

可以天南地北的聊、表现最好的自己、举出他们得意的事，设法给对方好印象，这是O型的象征。不过偶尔也会成为大傻瓜，扮演小丑的角色。

O型血相比其他类型最突出的特征：

(1)最酷最霸道。

(2)最狠，也就是说最土匪。

(3)最爱车子的引擎。

(4)最会杀人不见血，气死你。

(5)最伶牙俐齿。

(6)最敢爱敢恨，形之于外。

(7)最易入睡，但睡相很难看。

(8)最好养了，什么都敢吃。

(9)最喜欢喝酒。

(10)最喜欢登山和旅游。

A 型——崇尚完美主义者

A 型血特征：

有牺牲奉献的精神，具有协调性。积极服务别人，重视周遭气氛。喜爱孤独，易掩饰自己的真心，无法信任别人。

A 型血欣赏的类型:

喜欢对象是衣着朴素，做事认真且行动有力，头脑灵敏，信心果决。较关心家庭与投资理财等。

A 型血恋爱讯号:

害羞而内向的 A 型即使直觉上认为不错的人也不会毫不客气地邀约。一紧张就会面红耳赤的 A 型主要是怕对方知道忐忑不安的情绪。

A 型血相比其他类型最突出的特征：

(1)最闷。

(2)最容易自杀。

(3)最不长眼睛。

(4)最可爱，最可怜，最没人爱。

(5)最死缠活缠。

(6)最啰嗦也最唠叨。

(7)爱情最执着，爱你一万年吓死你。

(8)最喜欢抱棉被。

(9)食量最小，最喜欢喝柠檬汁。

(10)最不懂得玩了。

B 型——充满感情的行动家

B 型血特征：

个性爽朗、开门见山、没心眼、心肠软、有同情心，爱好横向关系的拓展。全凭直觉及印象，容易不顾一切地蛮干下去。不求结果，只在乎过程，极为重视现在。

B 型血欣赏的类型:

喜欢对象是穿着端庄、很有品味、言谈举止得宜、乐观积极、口绽莲花等。

B 型血恋爱讯号:

面对毫无关系初次见面的对象，B 型总是给人很好的第一印象。故在初次见面后还不能判断对方的态度。若对你明示他（她） 的兴趣的话或谈他（她）自己的事可就有希望坦白心意。

B 型血相比其他类型最突出的特征：

(1)最会扮猪吃老虎。

(2)最没有方向感。

(3)最懒，最会吃。

(4)最会吹牛，连自己都相信哩。

(5)最多情也最薄情。

(6)最不会拒绝别人。

(7)最喜欢裸睡。

(8)最爱喝咖啡。

(9)最喜欢东逛逛西买买。

AB 型——充满矛盾的自信家

AB 型血特征：

天生和平主义者，很热心地做一些对自己没有利益的事，或为了公众的事而奔波。行动尖锐，忽冷忽热，常被视为异端。经常走自我的道路，不会主动投入团体。

AB 型血欣赏的类型:

喜欢对象是穿着讲究、有品牌、清爽、朴素典雅、谈论有关学术性艺术性的话题。

AB 型血恋爱讯号:

冷漠且干脆的 AB 型即使直觉对方不错，也绝不会把感觉说出来。呈现的态度非常冷漠、普通不过，好像漠不关心，其实当他仔细观察你的行动时，就表示他对你有好感了。

AB 型血相比其他类型最突出的特征：

(1)最矛盾最神经。

(2)最绝最精了。

(3)最奇怪，晴天打伞雨天晒被。

(4)最反复无常，晴时多云偶阵雨。

(5)最没决断力。

(6)最容易发疯起笑。

(7)最不知道侧睡时耳朵放哪儿。

(8)吃东西最不定时，最偏食。

(9)最喜欢喝“随便”。

(10)最喜欢到处跑。

3. 性格的表现与鉴定

诸葛亮曾说道：“夫知人之性，夫难察焉。美恶既殊，情貌不一，有温良而为诈者，有外恭内欺者，有外勇内怯者，有尽力而不忠者。然知人之道有七焉：一曰，问之以是非而观其志；二曰，穷之以辞辩而观其变；三曰，咨之以计谋而观其识；四曰，告之以祸难而观其勇；五曰，醉之以酒而观其性；六曰，临之以利以观其廉；七曰，期之以事而观其信。”（《诸葛亮文集》78 页，中华书局）

人的性格特征和类型是通过言行举止和外貌形态表现出来的。为此，观察一个人的性格表现，主要可从以下三个方面着手：

（1）性格在活动中的表现。这里所讲的活动主要指人们的工作、学习、劳动和文化娱乐活动等。有的人爱好交际，喜欢参加集体活动；有的人喜欢安静，爱个人单独活动；有的人在活动中喜欢充当领导角色，发号施令，指挥别人；有的人习惯于追随别人，甘愿接受别人指挥；在工作、学习和劳动中，有的人勤勤恳恳，做事情喜欢做到底；有的人松松垮垮，做事情常常半途而废，等等。

（2）性格在言语中的表现。一个人说话的多少，说话的风格、方式和说话的态度，常常在一定程度上反映着他们的性格特点。如有的人说话朴实、直率，有的人说话曲折、委婉；有的人健谈，有的人沉默；健谈者可能是性格开朗、善于交际，也可能表现他自负、爱出风头；沉默可能是因为没有思想，脑袋空空，也可能是孤僻、多疑、明哲保身，等等。

（3）性格在外貌上的表现。外貌表现主要是指一个人的面部表情、动作表情，以及衣着打扮等方面的表现，这些表现常常能够在某种程度上反映出一个人的性格特征。在面部表情上，人的面部表情是多种多样的，无论是笑还是哭，是怒还是乐，都能反映出人的不同性格。仅以笑为例，便可以分别出各种不同的内涵：如自满的、甜蜜的、幸福的、明朗的、愚蠢的、放肆的、得意的、温和的、真诚的、放荡的、暧昧的、做作的、勉强的、深情的以及冷笑、嘲笑、干笑、傻笑、皮笑肉不笑等等。此外，有些典型姿态也能突出个体的性格特征，如高傲者常挺胸腆肚、摇头晃脑；自卑者躬身低眼、微缩双肩；矫揉造作者姿态装模作样；坦诚者，举止自然大方，等等。

性格测定的方法，通常采用的有观察法、谈话法、调查法、个案追踪法、传记分析法、实验法等等。由于性格的复杂性，至今尚没有一种有效的测定性格的方法，为了使性格测定的结果比较符合对象的实际情况，往往需要采用综合研究法。所谓综合研究法就是将上述种种具体的性格测定方法结合起来，有计划地观察一个人的各种外部表现，把所获得的各类材料系统地加以整理与分析，最后找出贯穿于对象言行中的性格特征。

性格与气质的区别主要表现为三个方面：其一，气质是先天的，性格是后天的；其二，气质变化比较慢、比较难，性格变化相对来说较为容易；其三，气质无好坏之分，也不影响成才，而性格有道德意义。当然，气质与性格作为个性中的两个组成部分，又是相互渗透、相互制约的。

4．性格与管理

管理者在管理水平方面的差异客观存在，有人将管理境界分为四个等级：（1）被管理者感觉不到管理、管理者的存在，但一切工作、一切事务都有条不紊地进行，此为管理之最高境界，也即“无为而治”，管理已达到炉火纯青之程度；（2）感觉到管理、管理者的存在，愿意接受管理，对管理者颇有好感，此为管理之第二等级；（3）感觉到管理、管理者之存在，非自觉地接受着管理，对管理者敢怒而不敢言，此为第三等管理；（4）感觉到管理、管理者之存在，但不愿意接受，也敢于不接受管理，常常会偏离管理轨道，反管理者之道而行之，这是一种最糟糕的管理境界。上述四种管理状况，同管理者自身的性格条件有着密切的联系。

在性格特质与工作绩效之间关系中还有一项中间变量——工作要求，应当重视性格特点与工作要求之间的协调一致。可以说，员工对工作的满意度和流动的倾向性，很大程度上取决于个体的性格特点与职业环境的匹配程度。为此，管理者需要对员工的性格特征进行必要的鉴定。

5．性格的测定

性格测量手段种类多多，以下介绍两种比较重要、影响较大的测量方法：

内外向测验：(出处同上)

(1)在大庭广众面前不好意思。

(2)对人一见如故。

(3)愿意一个人独处。

(4)好表现自己。

(5)与陌生人难打交道。

(6)开会时喜欢坐在被人注意的地方。

(7)遇有不快事情，能抑制感情，不露声色。

(8)在众人面前能爽快地回答问题。

(9)不喜欢社交活动。

(10)愿意经常和朋友在一起。

(11)自己的想法不轻易告诉别人。

(12)只要认为是好东西立即就买。

(13)爱刨根问底。

(14)容易接受别人的意见。

(15)凡事很有主见。

(16)喜欢高谈阔论。

(17)会议休息时宁肯一个人独坐也不愿同别人聊天。

(18)决定问题爽快。

(19)遇到难题非弄懂不可。

(20)常常未等别人把话讲完，就觉得自己已经懂了。

(21)不善和人辩论。

(22)遇有挫折不易丧气。

(23)时常因为自己的无能而沮丧。

(24)碰到高兴事极易喜形于色。

(25)常常对自己面临的选择犹豫不决。

(26)不大注意别人的事。

(27)好把自己同别人比较。

(28)好憧憬未来。

(29)容易羡慕别人的成绩。

(30)相信自己不比别人差。

(31)注意别人对自己的看法。

(32)不大注意外表。

(33)发现异样情况容易想入非非。

(34)即使有亏心事也很快被遗忘。

(35)总是把家里收拾得干干净净。

(36)自己放的东西常常不知在哪里。

(37)做事很细心。

(38)对于别人的请求乐于帮助。

(39)十分注意自己的信用。

(40)热情来得快，消退得也快。

(41)信奉“不干则已，干则必成”。

(42)做事更注意速度而不是质量。

(43)一本书可以反复看几遍。

(44)不习惯长时间读书。

(45)办事大多有计划。

(46)兴趣广泛而多变。

(47)学习时不易受外界干扰。

(48)开会时喜欢与人交头接耳。

(49)作业大多整洁、干净。

(50)答应别人的事情经常会忘记。

(51)一旦对人有看法不易改变。

(52)容易和人交朋友。

(53)不喜欢体育运动。

(54)对电视节目中的球赛尤有兴趣。

(55)买东西前总要估量一番。

(56)不惧怕从来没有做过的事情。

(57)遇有不愉快的事情可以生气很长时间。

(58)自己做错了事，容易承认和改正。

(59)常常担心自己会遭遇失败。

(60)容易原谅别人。

上述试题中，凡单数题，回答“是”记 0 分，“否”记 2 分，“不置可否”记 1 分；凡双数题，回答“是”记 2 分，“否”记 0 分，“不置可否”记 1 分。将所有题目的得分相加得出总分，总分的含义为：90 分以上为典型外向型；81—90 分为较外向型；71—80 分为稍外向型；61—70 分为混合型(略偏外向)；51—60 分为混合型(略偏内向)；41—50 分为稍内向型；30 分以下为典型内向型。

外向型的典型特征为：活泼、开朗、善于交际、感情外露、不拘小节、独立性强、容易适应环境，易冲动。内向型的典型特征为：抑郁、安静、处世谨慎、富于想象，优柔寡断、动作缓慢、不善交际、应变能力弱。

A 型性格的测量：

根据美国学者佛里德曼和罗森曼的研究，A 型性格与人的生理健康密切相关。由于 A 型性格者具有外显的行为模式，心理上经常处于一种紧张、急躁、忙乱的状态，情绪反应比较强烈，故而容易患失眠、偏头痛，引发心血管疾病，还会影响消化道功能。一些研究表明，A 型性格者冠心病的发病率是 B 型的两倍，心脏病的复发率是 B 型的五倍以上。为此，对 A 型性格的鉴别引起广泛重视。以下是一份诊断是否属于 A 型性格的自陈式问卷(引自张春兴：《现代心理学》上海人民出版社，1994 年版，第 568—569 页)

(1)你说话时会刻意加重关键字的语气吗?

(2)你吃饭和走路时都很急促吗?

(3)你认为孩子自幼就该养成与人竞争的习惯吗?

(4)当别人慢条斯理做事时你会感到不耐烦吗?

(5)当别人向你解说事情时你会催他赶快说完吗?

(6)在路上挤车或饭馆排队时你会感到激怒吗?

(7)聆听别人谈话时你会一直想你自己的问题吗?

(8)你会一边吃饭一边写笔记或一边开车一边刮胡子吗?

(9)你会在休假之前先赶完预定的一切工作吗?

(10)与别人闲谈时你总是提到自己关心的事吗?

(11)让你停下工作休息一会儿时你会觉得浪费了时间吗?

(12)你是否觉得全心投入工作而无暇欣赏周围的美景?

(13)你是否觉得宁可务实而不愿从事创新或改革的事?

(14)你是否尝试在时间限制内做出更多的事?

(15)与别人有约时你是否绝对遵守时间?

(16)表达意见时你是否握紧拳头以加强语气?

(17)你是否有信心再提升你的工作绩效?

(18)你是否觉得有些事情等着你立刻去完成?

(19)你是否觉得对自己的工作效率一直不满意?

(20)你是否觉得与人竞争时非赢不可?

(21)你是否经常打断别人的话?

(22)看见别人迟到时你是否会生气?

(23)用餐时你是否一吃完就立刻离席?

(24)你是否经常有匆匆忙忙的感觉?

(25)你是否对自己近来的表现不满意?

自测者只需在每个题目后回答是或否,如果有半数以上题目的答案为“是”,那么你就具备了A型性格的特征:答“是”的比例越高,越呈现典型的A型性格特征。

四、能力:能够直接影响活动效果的心理要素

1. 能力及其类型

能力是顺利完成某种活动所必须具备的个性心理特征,它总是和人的活动密切联系着,并直接影响着活动的效果。有些心理特征虽然与完成一定的活动有关,例如谦虚谨慎,骄傲自大等,但由于它们并不是直接影响活动的基本条件,故不能称之为能力。只有那些直接影响活动效果的心理特征,如一定的观察力、决断力、想象力,等等,才叫做能力。

能力可以通过后天的训练得到提高与发展。比如游泳、舞蹈、绘画、音乐等就是一种能力的专业训练,通过训练可以得到一定程度的提高。同时,绘画训练可提高模仿能力,音乐训练可提高听力能力,舞蹈训练可提高柔韧度,当老师的逻辑思维能力和语言概括能力比较强,作主持人的语言速度可以得到很好的控制,等等。

任何一种单一的能力,都不能保证某种活动的顺利完成,要完成某一活动,必须要有多种能力的结合。一般来说,人们把在活动中多种能力的有机结合,称为才能。例如,一个优秀的组织管理者就应该具备多种能力:深刻的观察力,敏锐的思考力,果断的判断力,以及与此相适应的语言表达能力,组织活动能力,情感体验能力，宣传鼓动能力，等等。

人的能力大体可以分为两大类，即心理能力和体质能力。心理能力指从事心理活动所需要的能力，它包括算术——快速而准确进行运算的能力，言语理解——理解读到和听到的内容以及词汇之间关系的能力，知觉速度——迅速而准确辨认视觉上异同的能力，归纳推理——鉴定一个问题的逻辑后果并解决这一问题的能力，演绎推理——运用一般规则于具体问题，做出符合逻辑的解答的能力，空间视知觉——当物体的空间位置变化时能想象出物体形状的能力，记忆——保持和回忆过去经历的能力等 7 个维度。对于那些技能要求较少而规范化程度较高的工作，体质能力状况具有十分重要的意义。根据研究，体质能力大体包括以下内容：动态力量——在一段时间内重复或持续运用肌肉力量的能力，躯干力量——运用躯干肌肉以达到一定肌肉强度的能力，静态力量——产生阻止外部物体力量的能力，爆发力——在一项或一系列爆发活动中产生最大能量的能力，广度灵活性——尽可能远地移动躯干和背部肌肉的能力，动态灵活性——进行快速、重复的关节活动的能力，躯体协调性——躯体不同部分进行同时活动时相互协调的能力，平衡性——受到外力威胁时依然保持躯体平衡的能力，耐力——当需要延长努力时间时保持最高持续性的能力。上述能力之间的相关性很低，也即一个人在某一项能力方面得分高但可能其他项能力得分较低，为此，管理者需要根据工作的性质与要求，选择具有相应体质能力的员工，以提高工作绩效。

2. 能力的个别差异

能力的个别差异问题很早就引起人们的注意和研究。管理者掌握能力的个别差异，是贯彻“人尽其才，才尽其用”的重要依据，是能够做到量才录用、按能授职，充分发挥人才优势的保证。

（1）能力的类型差异。刘邦打败项羽，夺得天下后，召开盛大庆功宴会，在即席讲话中说道：“夫运筹帷幄、决胜千里，吾不如子房；镇国家、抚百姓，不绝粮道，吾不如萧何；率百万之众，战必胜，攻必克，吾不如韩信。……”。刘邦这里提到的张良、萧何、韩信三人，在能力方面正是属于三种不同的类型。三国时，东吴孙策临终关照其弟孙权：“倘内事不决，可问张昭；外事不决，可问周瑜。”显然，孙策非常了解张昭与周瑜在能力方面的所长。一般来说，人们在知觉、记忆、言语、思维等方面，都表现出个别类型差异，从而影响到能力的类型差异。

（2）能力发展水平差异。能力发展水平的差异主要是指智力上的差异，它表明人的能力发展有高有低。心理学研究表明，就一般能力来看，在全世界人口中，智力水平基本呈常态分布，即智力极低或智力极高的人很少，绝大多数的人属于中等智力。以下列表是美国心理学家推孟(L.M.Terman)抽取 2～18 岁的 2904 人进行测验得出的智商情况。可以看出，表两端的百分数都很小，而中间部分很大。

不同智商水平的人数分配百分数

智商	百分比 / %	级别
139 以上	1	非常优秀
120~139	11	优秀
110~119	18	中上
90~109	46	中智
80~89	15	中下
70~79	6	临界智力
70 以下	3	智力低常

心理学家根据智力发展水平把儿童分成三个等级，即超常儿童、常态儿童、低常儿童。

超常儿童是指智力发展明显超过同龄儿童平均水平者，这些儿童智力一般在130分以上，基本心理特征表现为：浓厚的认知兴趣，旺盛的求知欲；思维敏捷，理解力强，有独创性；对事物有敏锐的感知力与良好的观察力，注意力集中，记忆力强，有坚持性。低常儿童是指智力发展明显低于同龄儿童平均水平者。推孟认为，智商70以下的都可以称为智力低常。按程度的不同，可将低常儿童分为三级：迟钝(智商在 50 ~ 69)，愚笨(智商在 25 ~ 49)，白痴(智商在 25 以下)。低常儿童的主要特征为：知觉速度缓慢，范围狭窄，记忆能力差，语言发展迟缓，词汇贫乏，思维概括能力差，生活自理能力差。造成智力低常的原因很复杂，主要是先天因素与后天因素两方面。先天因素包括遗传和非遗传性的；后天因素如脑疾病、脑损伤、剥夺学习机会等。介于两者之间的绝大多数就是常态儿童。

美国心理学家麦科比(E.E.Maccoby)曾于20世纪70年代对1600人的性别与能力关系作了研究，得出以下三点结论：(1)在语文能力方面，女生一般优于男生；(2)在数学能力方面，男女生无明显差异；(3)在空间关系(方位与方向)判断方面，男生一般优于女生。根据麦科比的研究，以及此后其他教育心理学家们的验证，一般认为，小学阶段之后，女生在语文方面的优势逐渐消失，而男生在数学能力方面的优势却继续增加。这种学业性向的性别差异转变的现象，到中学以上直至大学阶段就更趋明显。

（3）能力发展早晚差异。清光绪八年（1882年），十岁的梁启超由父亲梁宝瑛带着住在新会县李兆镜家，准备参加二月间举行的县试。一天，梁启超起得特别早，走进后花园，见杏花可爱，伸手折了一支，这时，梁父同李秀才正好下楼，梁启超急忙将花塞进衣袖，但为时已晚，还是被他们发现了。梁父感到在友人面前丢了脸，便斥责“乱折乱摘，成何体统!”要梁启超向李秀才赔礼。李秀才忙说：“区区小事，何必认真，赔礼可不必。不过，我早闻世侄是个神童，想借此试试，罚他对一联。”梁父顺水推舟，便答应了。李秀才便出了上联“袖里笼花，小子暗藏春色。”梁启超抬头看见堂前悬挂有一面用来驱邪的“挡煞”(青铜镜)，灵机一动，出口成联“堂前悬镜，大人明察秋毫。”李秀才听了拍掌大笑，连称“妙哉!”梁启超可谓是“早慧儿童”。据我国历史记载，我国许多名人在幼年时期就显露其才华。曹植七岁能作诗，李白“五岁读六甲，十岁观百家”；杜甫“七龄思即壮，开口咏《凤凰》”；王勃十岁能赋，李贺七岁能辞章。明末爱国诗人夏完淳五岁知五经，九岁擅辞赋古文，十七岁壮烈牺牲。近年来，全国各地更是涌现出一些早慧儿童，成为小画家、小音乐家、小文学家等。在中国科技大学，自1978年以来已招收多期少年班大学生，他们都是十四五岁就上了大学。能力早期显露的事例，国外也不乏其例。莫扎特三岁时已在钢琴上弹奏简单的和弦，五岁开始作曲，八岁试作交响乐，十二岁创编歌剧；控制论的创始人维纳，四岁自由地阅读书籍，七岁能阅读但丁和达尔文的著作，九岁破格升入高中，十一岁写出论文，十四岁大学毕业，十八岁就获哈佛大学哲学博士学位。贝多芬七岁举行音乐会，歌德八岁能阅读五国外文。

也有的人智力显露较迟，即大器晚成，缺乏早期成就的人，并不能认为将来不可能有所作为。事实上，大器晚成的人在古今中外不乏其例：姜子牙辅佐周武王，72岁才任宰相；著名画家齐白石40岁才表现出绘画才能；达尔文的《物种起源》一书是五十多岁时才写成的；人类学家摩尔根发表基因遗传理论时已60岁了；苏联学者伊·古谢娃40岁才学文化，后跟儿子一起毕业于农业大学，很快获哲学副博士学位，73岁完成博士论文。导致大器晚成这种现象的原因很多，有因所专攻的学术领域具有某种长期性，不能一蹴而就，需长期努力；有的因早期不够努力，后期加倍勤奋的结果；或者是因外部环境的制约等。

此外，各种不同能力在发展速度上也有所不同，某些能力发展得较早，有的却很晚；到了老年，各种能力衰退速度也是不一样的。有研究表明，知觉能力发展较早，也首先开始下降，其次是记忆力，然后是思维能力。比较、判断能力80岁开始急速下降，动作反应速度在18～29岁发展到最高峰，在以后年龄阶段中仍保持较高的水平。

最早出现音乐能力的年龄阶段

	3岁以前	3~5岁	6~8岁	9~11岁	12~14岁	15~17岁	18岁以上	合计
男	22.4	27.3	19.5	16.5	10.7	2.4	1.2	100%
女	31.5	21.8	19.1	19.6	6.5	1.0	0.5	100%

不同学科最佳创造的平均年龄

学科	最佳创造平均年龄(岁)	学科	最佳创造平均年龄(岁)
化学	26~36	声乐	30~34
数学	30~34	歌剧	35~39
物理	30~34	诗歌	25~29
使用发明	30~34	小说	30~34
医学	30~39	哲学	35~39
植物学	30~34	绘画	32~36
心理学	30~39	雕刻	35~39
生理学	35~39		

不同能力的发展水平

年龄	10~17 岁	18~29 岁	30~49 岁	50~69 岁	70~89 岁
知觉	100	95	93	79	46
记忆	95	100	92	83	55
比较、判断	72	100	100	87	69
动作反应速度	88	100	97	92	71

3．影响能力发展的因素

影响能力发展的因素综合起来主要有：第一，个体素质。这是能力发展的基础，但不是能力本身；第二，知识和技能。知识是能力形成的理论基础，技能是能力形成的实践基础。不过，一个人在校学习成绩的好坏，与智力水平的高低不能等同。例如，达尔文和黑格尔在学校读书时学习成绩都不佳，而后来却成为著名的生物学家和哲学家。著名数学家巴伯基和文学家玛阿特是同班中成绩最差的，教师经常把他俩叫到全班面前，对大家说："大家瞧，这两个人是最没有出息的，希望大家不要成为他们这样的人。"而后来，恰恰是这两个"差等生"成为举世闻名的人物；第三，社会实践制约着能力的发展。有一故事说，古代有两个贵族做数字游戏——谁说出的数字大谁赢。其中一人绞尽脑汁，说出了最大数字："三"，另一贵族冥思苦想了许久，表示认输。在生产力极其低下的原始部落里，这个故事也许是可信的。人的能力是在社会实践中获得和发展的，既受个体生活史的制约，又受社会历史条件的制约；第四，教育。教育不仅是传授知识与技能的过程，同时也是能力培养的过程，例如运算能力、阅读能力、思维能力、想象能力、组织能力，等等；第五，主体积极性。这是能力发展的内部动力。此外，社会环境（包括家庭环境）、生活水平、人际关系、个人兴趣、爱好等，对能力的培养和提高也都有着重要影响。

4．能力差异与管理

在管理活动中，研究能力差异的目标在于实现量才录用、合理分工；人尽其才，才尽其用。当能力与工作要求相匹配时，员工的工作绩效便会得到提高。具体而言，特别需要注意把握好两个环节：第一，根据工作性质、职业需要，合理配置人力资源。对员工心理能力和体质能力方面的要求，取决于该工作本身对能力的要求，如飞行员需要有很强的空间视知觉能力，高楼建筑工人需要有很强的平衡能力。仅仅关心员工的能力或仅仅关心工作本身对能力的要求都是不够的，员工的工作绩效取决于两者之间的相互作用。当这两者匹配不良时，就可能会影响工作绩效。美国心理学家布兰卡特（Blanchard）举例道：美国建立第一个农业大工厂时，需雇佣一批保安人员，因当时劳力过剩，工厂规定最低标准为高中生。按此标准雇佣的保安人员，因文化水平较高，故觉得整天只检查进门证件，太单调、乏味，大材小用，不安心工作，工作不负责任。后改为雇佣只受过四、五年初等教育的人员任保安，既能胜任该项工作，工作态度也不错。此例说明人的才智、能力应与职业需要相适应；第二，根据能力的不同类型，扬长避短，合理使用。刘邦根据张良、萧何、韩信不同的能力类型，安排相应的职位，使其“能岗匹配”，充分发挥出各自潜在能力；马谡也可说是一个人才，曾为诸葛孔明出过不少颇有价值的谋略，如南征孟获时，孔明向马谡问计：“吾奉天子诏，削平蛮方。久闻幼常高见，望乞赐教。”谡曰：“……夫用兵之道，攻心为上，攻城为下；心战为上，兵战为下。愿丞相但服其心足矣。”孔明叹曰：“幼常足知吾肺腑也。”后“七擒七纵”孟获，使南人“誓不再反”。马谡之才，在于“运筹帷幄，决胜千里”，带兵打仗，非其所长。而孔明却让他领一支军马去守街亭，使其“人才错位”，最终酿成“失、空、斩”悲剧。

能力与工作或者说能力与岗位的适应性直接影响到员工的绩效水平和满意度水平，对管理者来说，就需要重视在这两者之间进行合理匹配。首先，要对工作性质及特点以及个体需要具备什么能力才能承担并完成工作任务等信息有充分而又确切的了解，并通过测验、面试和评估等方式获得申请者在所需能力方面的水平如何；其次，组织中在职者的晋升和调职决策应能反映出候选人的实际能力，应与新员工一样，评估任职者在具体工作中应具备的关键能力，并将这些要求与组织中的人力资源相匹配；最后，通过对工作进行微小调整使其与在职者的能力更为匹配，这种调节常常是在对工作的基本活动方面不造成明显影响的情况下进行的改变，目的在于让在职者更好地发挥其内在的工作潜力。

思考：

一次，一位著名的漫画家应邀参加一个朋友举办的鸡尾酒会。有人请他给在场的每一个人画一幅漫画。画家寥寥数笔就勾勒出一幅，很快就给每个人画了一幅肖像。当他把这些漫画拿到众人面前辨认时，每个人都很快认出了别人，但对自己的那幅却很难辨认出来，为何？

第四章　组织行为与知觉

测验一个人的智力是否属于上乘，只看脑子里能否同时容纳两种相反的思想，而无碍于其处世行事。

——托利得定理

一个新闻系的毕业生正急于寻找工作。一天，他到某报社对总编说："你们需要一个编辑吗？"

"不需要！"

"那么记者呢？"

"不需要！"

"那么排字工人、校对呢？"

"不，我们现在什么空缺也没有了。"

"那么，你们一定需要这个东西。"说着他从公文包中拿出一块精致的小牌子，上面写着"额满，暂不雇用"。总编看了看牌子，微笑着点了点头，说："如果你愿意，可以到我们广告部工作。"

在人际交往过程中，尤其是在初次交往时，能否给交往对象留下良好的人际知觉，将直接影响到人际交往的效果。这位新闻系的大学生以其周密的准备，展示了自己乐观、进取、机智和多才的素养，给总编留下了美好的"首因效应"，从而把握住了就业机会，为自己赢得了一份满意的工作。

人的心理状况的发生以及由此而导致的行为方式，往往同行为主体对环境或某行为对象的看法相关，而这种看法主要是通过个体的知觉作用所形成的，就此而言，对外部事物的知觉是人们行为的重要基础，它影响着个体在不同情境下的行为方式。如果主体的知觉是对客观对象真实的反映，就会作出适当的行为；反之，假使个体的知觉是对客观对象歪曲的反映，就会导致不适当的行为。这意味着，人们的行为是以他们对现实的知觉为基础的，而不是以现实本身为基础的，或者说，我们并不是看到现实，而是对自己所看到的东西作出解释并称它为现实，从而使现实世界往往表现为人们"知觉到"的世界。这也许是人类的理性所不愿看到的，但我们又无法完全改变知觉与现实之间的这种有时一致有时不一致的关系。在组织管理过程中，管理者承担着引导员工行为趋向的职责，为此，需要实际研究人的知觉这种心理过程的活动规律，认识知觉同外部环境之间的微妙关系，从而能在管理实践中承担起更加主动的行为引导者的职责。

一、知觉及其影响因素

知觉一般指外界刺激作用于人的感官过程中，人脑对外界所形成的整体的看法和理解，它为我们对外界的感觉信息进行组织和解释。知觉过程包含着一组相互关联的程序：获取感官信息、理解信息、筛选信息、组织信息。知觉可以理解为个体对客观对象的一种整体性的认识或反映。当我们确定对某一对象“不喜欢”时，它所包含的内容不会是客体的个别属性，而应当是一种综合性的反映。值得注意的是，面对同一对象，不同的知觉者往往会作出不一致的评价，尽管客体所展示的内容具有一贯性与稳定性。例如，一个班级的全体学生在填写对某任课教师评价表时，可能会截然不同，一些学生对该教师的评价是优，而另一些学生则会填上差。原因何在？这里涉及到一个知觉选择的问题，即面对很多信息，知觉者会根据自己的需要过滤掉大多数的信息，而只注意几种自己感兴趣的信息，从而得出不同的知觉结论。

知觉以感觉为基础，它是对感觉材料的加工和解释。同时，知觉还要借助过去发生的经验，知觉过程中还有思维、记忆等心理因素的参与，因而知觉对事物的反映比感觉要深入、全面、完整。

知觉是个相当复杂的过程，涉及到很多因素，正是这些因素的存在与作用，导致知觉的形成以及各自的趋向。

1．知觉主体

在一项对食物知觉的实验中，所选择的被试饥饿状况不同，一部分被试在一小时之前刚吃过东西，另一些被试已十个小时没进食。在实验时，提供被试一组主题模糊的图片，要求被试说出图片中的物品是什么。结果后者因饥饿的原因大多将图片内容知觉为食物，而刚吃过东西不久的被试认为图片内容为食物的比例要少得多。心理学家通过实验发现，饥饿的被试比不饿的被试完成更多的与食物有关的词，例如，饥饿的个体更容易将 me____填成 meat 或 meal。

一个家财万贯的富有者，可能会有更多的不安全感，对于一名家徒四壁者，不安全感可能是一种奢侈品。一家小饭馆老板，看到边上又接连开出几家饭店，自然会产生一种危机感，而对于周围的居民来说，则会觉得生活更为方便。在组织情境中，一位能力平平的上司会把下属的出色表现视为对自己职位的威胁，而自身能力很强又相当自信的领导者，则会将能力杰出的下属视为自己的左膀右臂而委以重任。对于一个非常渴望升迁的职员，当他直接面对自己的上司时，会不由自主地产生一种紧张感，将自己的注意力高度集中，上司随意性的一句评价，他都会非常在意，细加品味；而对一位根本无意升迁的个体而言，他在上司面前的知觉感肯定是截然不同，对上司给予自己的评价也不会特别在意。

2．知觉客体

观察对象的情况往往也能影响到知觉的倾向与内容。一个一贯表现优秀的人，一次见义勇为与不良分子搏斗，人们都会予以认可和接受；而一名平时表现不尽如人意者，即使他也有同样的表现，可能会被人认为有着其他目的，或者干脆就不相信。有时，人们还会将相互之间联系密切的对象放在一起知觉，“物以类聚，人以群分”的说法正是表达了知觉客体对知觉者的某种具有绝对化倾向的印象。此外，人们还习惯于把相似性的人们作为一个整体进行知觉，如对于女性、男性，或对于美国人、日本人、法国人，或对于北京人、上海人、广东人等在某些方面具有共性的群体成员，往往倾向于认为这些群体成员非常相似，而忽视了这些对象之间存在着千差万别的事实。对接触对象的比较，也常常会影响知觉效果。有这样一项实验：安排一些男性大学生同女性约会，然后让这些大学生去观看流行电视剧《查理的天使》，剧中的那些天使都是特别漂亮的年轻女郎。在看了这部电视剧后，那些大学生对约会的兴趣大大减弱，这大概是因为“天使”的出现给大学生们的知觉提供了一个严格的评分标准：同这些美丽的天使相比，那些约会对象实在是相形见绌。有的年轻女性交上一位相貌平平的女伴，可以更突出自己的美貌。

3．知觉情境

对特定对象的知觉，总是会受到对象所处环境的影响。一位年轻的女子身穿泳装在假日海滩上漫步，我们会觉得很协调。但同样这位女子同一装束出现在大学校园，就会引起大家的特别注意乃至议论。尽管知觉者与知觉对象都没有发生变化，但由于情境不一样，知觉也有了很大的不同。同样一名对象，当他坐在公园长椅上打瞌睡，没人会觉得不妥；而当他以同样的姿势坐在办公室打瞌睡，就会引起大家的注意并受到主管的干预。就大环境而言，由于社会文化背景的差异，同样的装束或行为表现在不同的国家也会形成不同的知觉效果。

在工作和管理情景中，人们相互感知和对外界信息的加工，是适应环境、交往合作、组织领导、沟通信息、决策判断和组织运作的基本过程。因此，知觉作为个体对信息进行选择、组织、储存和解释的过程，成为激励、群体作业、领导和组织管理的重要前提。人们对于信息的加工，可以分为“直接加工”和“间接加工”，前者是有控制、有意识地感知与接收信息，例如，在面试中通过主动询问专门的问题，了解求职者的心理特征；后者则是自动地、无意识地加以感知和吸取信息，例如，面试中从求职者的非言语行为、神态、表情、姿势等获得有关的信息。管理心理学把知觉看成一个信息加工过程，包括注意、组织、解释和判断等阶段。

二、人：社会知觉的主体与客体

一般知觉是指个体对自然界中各种物体的知觉，而社会知觉则是指对个人、群体、组织等社会对象的知觉，包括个体对个体、个体对群体、群体对个体、群体对群体以及组织对个体之间、群体之间关系的知觉。由于社会知觉主要是指人对人的知觉，所以知觉过程除受社会因素的制约外，还受到人的主观因素的影响。社会心理学家奥斯古德发现个体在与他人交往时往往会从三个维度去描述和知觉对象：①评价：好或坏；②力度：强或弱；③活动：主动或被动。在这三个维度中，评价维度一旦确定，其余两个维度随之确定。罗森伯格等人注意到人们常常从社会特征和智慧特征两方面评价他人，而且，如果提供给认知者较多关于被认知者社会特性的资料，将影响认知者对被认知者喜欢与否的评定，比如，向认知者提供较多关于被认知者智慧特性的资料，会影响认知者对认知对象作是否尊敬的评定。

具体分析，社会知觉主要有对他人知觉、人际知觉、角色知觉和自我知觉等四个方面内容。

对他人知觉。指在人际交往实践中，通过各种途径获取有关对象的必要信息之后，经过自己的加工和解释，所形成的对知觉对象的一种整体性认识。最终的知觉结果如何，主要取决于三项要素：①知觉对象的外部形象和行为特征。通过对一个人的相貌、穿着、行为举止等方面信息的获取，可以大致了解知觉对象的年龄、职业、身份、个性等情况。一个人的外部特征，在初次与人接触时，往往能够给人留下比较深刻的印象。②知觉者的主观特征。知觉者自身的经验、动机、需求、情绪、态度、价值观等心理因素，都会对知觉过程发展趋向产生重要的影响。③情境特征。情境因素不仅会强化或弱化知觉对象有关信息，也会对知觉者的心理产生微妙的作用，影响其观察、分析和判断的能力，从而影响知觉结果。

人际知觉。指人与人在交往过程中，根据他人的行为表现，去推测和判断对象的心理活动背景的认知过程，由知觉者、被知觉者和情境等因素相互间发生复杂的作用关系。人际知觉的一个主要特点在于有明显的情感因素参与到知觉过程，由此可能发生人际知觉的偏差，并进而导致人际交往行为的偏差，给工作、生活、学习带来诸多消极影响。为此，需要重视加强自身理性思维的培育，增强自知和分析、把握别人行为的能力，不断提高人际知觉的准确性。

松下认为，高明的人在于懂得欣赏别人的所作所为，而不是去挑剔他。对部属的业绩，最少也应以四分缺点、六分优点的态度去观察评价，这才是懂得欣赏部下的好上司。每个人都有优点和缺点。固然不会有十全十美的人，但更主要的是，也不会有一无是处的人。所以，作为领导者观察自己的部下时，会发现形形色色的各式人物，而且他们有着形形色色的优点和缺点。身为一个管理者，如果总觉得员工这里不行，那里不行，以鸡蛋里挑骨头的态度来观察部属，不但部属不好做事，久而久之，他会发现周围没有一个可用的人了。所以，当他想要派任务时，一定觉得不放心而犹豫不决。而且，如果一个人总是挨批评，他的情绪一定会大受挫折，信心也会在不知不觉中丧失殆尽。一旦整个人在精神上萎靡不振之后，就算有高超的智慧、才能，也将难以发挥。所以，管理者如果能从欣赏的眼光来观察员工的优点，那他的部下将因受人尊重而振奋，对上司交付的工作，也能愉快地去完成。如此，不但能发挥惊人的工作效率，甚至还能挖掘出优秀的人才。不只上下级关系如此，这道理对普遍的人际交往也是实用的。松下说："根据我多年的经验，有些人喜欢赞扬部属的优点，有些人喜欢挑剔缺点，比较之下，往往前者的工作推行都较顺利，业绩也不会太差。那些爱挑剔毛病的上司结果正好相反。所以唯有懂得欣赏别人的长处，才能领导更多的人。当然，我不是说只注意部属的优点，而忽略他的缺点。应该适度地指出其缺点，从四分缺点、六分优点的角度去观察，这样才是一个懂得欣赏部属的上司。应该假定每个人都有60%的优点，40%的缺点。如果反过来，假定部下有60%的缺点，而只有40%的优点，这个人显然不是个好上司。"松下认识到，不论是白天上班的，还是夜晚值勤的，不论是流水线上作业的，还是办公室里起草文书的，每一个人都值得尊重，每一个人都值得感谢。人人靠大家，大家靠人人。

角色知觉。指通过他人所表现出来的各种行为而对其所承担的角色的知觉。一个人在组织或群体中总是扮演着各种各样的角色，只有在正确地知觉这些角色的情况下，才能成功地实现角色期待。一旦角色知觉发生偏差，必然会影响到角色行为，从而获得消极的角色评价。角色知觉的正确与否，取决于多项因素，包括角色期望是否明确、是否准确，个体对角色的经验与能力，以及环境对角色行为的影响等等。

自我知觉。指一个人通过对自己行为的观察而对自己心理状态、自己与他人关系、自己在组织系统中或群体中的作用和地位的认知过程。心理学家奥尔波特提出，由自我知觉而形成的自我意识经历了这样几个发展阶段：对躯体的我的意识；对自我同一性的意识；对自我尊重的意识；对自我扩展的意识；自我意象的形成；理性运用者的自我形成；自我追求的形成；作为理解者的自我形成。"人贵有自知之明"，一个人要通过自我知觉形成正确的自我意识和自我认识是非常重要，也是具有相当难度的。

三、知觉偏见：非理性的情感认识

人际交往是一个相互知觉、相互认识的过程，在认识对方、形成有关他人印象的过程中，由于认识主体与认识客体以及环境因素的复杂作用，往往有可能会产生种种认识方面的偏差，有些个体有意或者无意、自觉或者不自觉地以一种极端单纯化、类型化的思想方法去看待某些对象，形成人际交往中的偏见，从而导致人际关系陷于各种误区，阻碍了人际关系的正常建立与发展。

戈登·奥尔波特在其名著《偏见的本质》一书中写了这样一段对话：X先生：犹太人的毛病就是他们只顾及自己的团体。Y先生：可根据福利基金会的记录，从捐款人数与捐款数量的比例看却表明他们比非犹太人更慷慨。X 先生：那正表明他们总是力图用钱赢得别人的好感，用钱跻身于教会事业，除了钱他们什么也不想，怪不得犹太银行家那么多。Y 先生：但新近研究表明银行界中犹太人所占的比例小多了。X 先生：正是这样，他们不从事令人敬佩的业务，只干点电影业或开夜总会之类的事。

从这段话中我们可以看出：带有偏见的 X 先生是在说："不管你摆出什么事实，讲出什么道理，我心意已定。"他不去批驳 Y 先生提出的资料，而是歪曲事实，为憎恨而发起攻击。一个怀有深深偏见的个体对与自己所持有的刻板印象相反的信息往往具有很强的免疫力。这种刻板印象是将同一特征归属于团体的每一个人，而不管团体成员中的实际差异。例如，相信黑人天生就有节律感，相信犹太人贪财，就会认为所有黑人都有节律感，或者认为所有犹太人都在四处奔波，积蓄财产。当然，刻板印象并不是一种恶意的行为，它常常只是简化我们对世界看法的一种方法，而且我们每个人都或多或少地有过这种行为。当我们听到"大学教授"、"中学校长"或"个体老板"这样的字眼时，大多数人的头脑里都会出现一个固定的形象。当基于经验的刻板印象正确无误时，就会成为我们认识外界复杂事物的一条适当的捷径。但如果它蒙蔽了我们，使我们看不到群体中的个体差异时，那它就是不适当的，并具有潜在的危险。

人际交往中的知觉偏见常常带有明显的情感色彩，因而属于非理性的范畴。一般而言，一个怀有深深偏见的个体，在人际知觉过程中，所凭借的往往是主观上的情感，而不受任何客观信息的束缚。《韩非子·说难》记载：卫国的国君卫灵公开始时宠信弥子瑕，一次，弥子瑕听说母亲生病，擅称君命，偷坐卫灵公的专车去探望母亲。按当时卫国法律，弥子瑕应受刖刑处置，然卫灵公非但没按刑律处罚，反而感叹道："孝哉！为母之故，忘其犯刖罪。"又一次，两人游于果园，弥子瑕摘了一个熟桃吃了两口后觉得味道不错，便递给了卫灵公，卫灵公又感叹道："爱我哉！忘其口味以啖寡人。"弥子瑕失宠后，赞赏变成了斥责："是固尝矫吾车，又尝啖我以余桃。"原先被认为是好事，一下子都成了罪过。爱憎这种情感因素成了判断是非的标准。

人际交往中的知觉偏见，主要有以下一些表现：

1. 外貌效应。乌鸦问：我到底有什么罪过呢？我是大自然的清道夫，功劳实在大矣！可是仅仅因为我浑身乌黑，叫声不悦耳，就被人们认作不祥之兆，见面就朝我们"呸呸"吐口水。人类创作的寓言里，我们成了爱虚荣的傻瓜，成为被嘲笑的对象。蟾蜍说：我更冤了，一生默默无闻做了多少好事，吃掉了多少害虫啊！只因生相如此，便被人咒骂，遭人暗算，还给我们起了个恶心的浑名——癞蛤蟆。我们的名誉受到极大的侵害，连压根儿没影的坏事也安到我们身上，什么"癞蛤蟆想吃天鹅肉"，天可怜见，我们蟾蜍家族什么时候动过这种坏脑筋啊，全是人类自己干的勾当！岂止是天鹅肉，人简直什么肉都吃啊。

孔子弟子中有一个名叫宰予的，能说会道，利口善辩。一开始给孔子的印象不错，但后来渐渐地露出了真相：既无仁德又十分懒惰；大白天不读书听讲，躺在床上睡大觉。为此，孔子骂他是“朽木不可雕”。孔子另有一个弟子叫澹台灭明，字子羽，是鲁国人，比孔子小 39 岁．子羽的体态和相貌很丑陋，想要事奉孔子。孔子开始认为他资质低下，不会成才。但他从师学习后，回去就致力于修身实践，处事光明正大，不走邪路；不是为了公事，从不去会见公卿大夫。后来，子羽游历到长江，跟随他的弟子有三百人，声誉很高，各诸侯国都传诵他的名字。孔子感慨地说：“我只凭言辞判断人品质能力的好坏，结果对宰予的判断就错了；我只凭相貌判断人品质能力的好坏，结果对子羽的判断又错了。真是‘吾以言取人，失之宰予，以貌取人，失之子羽’啊！”

“人不可貌相，海水不可斗量。”这是一句非常具有哲理性的格言。荀子在《非相篇》中也说过：“故相形不如论心，论心不如择术。形不胜心，心不胜术。术正而心顺之，则形相虽恶而心术善，无害为君子也；形相虽善而心术恶，无害为小人也。君子之为吉，小人之为凶。故常短、大小、善恶形相，非吉凶也。”这段话是《非相篇》的主题，归结起来，有两个基本思想：一是一个人的形体外貌不能决定一个人的思想品质、道德水平，即所谓的“形不胜心”；二是认为不能根据一个人的外貌长相来判断个体的命运和前途，也不能判断一个人的行为倾向性。但是，在人际知觉中，人们又常常会犯下“以貌取人”的错误，这反映了理性与非理性的相悖。心理学家阿伦森说道：“如果你问一些教师或雇主这样一个问题：‘一个男人的英俊或一个女人的漂亮对他（或她）的晋级、加薪或学习成绩是否有影响？’大多数人都会发笑，并说这个问题太荒唐。但如果问他们是否注意到了自己学生或雇员的外貌吸引力，那他们可能会承认（如果他们很诚实）自己注意到了。无论有意或无意，学生或雇员的外貌吸引力确实影响了教师或雇主对他们的判断。

其实，从儿童时代的早期经验里我们就已学到：一个对美的特殊定义与美德相关联。一些儿童读物的作者已经教育了我们，像灰姑娘、白雪公主和睡美人这样温柔和迷人的女主角，以及那些追求并得到她们喜爱的王子们，他们看上去都很像，都具有共同的特点：秀气的鼻子、大眼睛、轮廓分明的嘴唇、无暇的皮肤以及苗条健美的身材。卡雷・戴恩和艾伦• 伯斯蔡德的研究发现，甚至早在幼儿园时期，孩子们对同伴的外貌吸引力就有了反应。他们首先让一些独立的判断者（研究生们）对幼儿园孩子的外貌吸引力作出评价。然后他们确定在孩子中谁喜欢谁。他们发现外貌吸引力是非常重要的。在男孩子身上得到了最清楚的结果：有吸引力的男孩比无吸引力的男孩更受到其他孩子的喜爱。此外，孩子们还认为无吸引力的男孩比有吸引力的男孩具有更强的攻击性。当问到哪个同学曾“吓唬过他们”时，他们说的往往都是那些无吸引力的男孩。在这次实验中，研究者并没有观察这些幼儿园孩子的实际行为，所以他们没法测试这种可能性。

心理学家做过一个搭车试验：一位戴金丝眼镜、手持文件夹的青年学者，一位打扮入时的漂亮女郎，一位挎着菜篮子、脸色疲惫的中年妇女，一位留着怪异头发、穿着邋遢的男青年。结果显示，漂亮女郎、青年学者的搭车成功率很高，中年妇女稍微困难一些，那个男青年就很难搭到车。艾勒·弗瑞芝和她的助手们评定了700多个年轻人的吸引力，并且追踪了他们被雇佣的历史。这段历史是从他们刚刚获得商务管理的硕士学位到这之后的十年之间。结论是很清楚的。对于男士来说，那些有外貌吸引力的人最初的工资会高一些。此外，这种影响力并不随着上司对他们的了解而减弱。并且那些有吸引力的男人们在整个十年之间比他们那些吸引力小的同事们持续地拥有更高的工资。对于女人来说，吸引力并不影响她们的初始工资，但在她们工作了一段时间之后，它开始起作用。吸引力用五分制来评定，研究者们计算出每一分大概值2150美元，这样，从理论上讲，如果你做了整形手术并且使得你的外貌得分由2上升到4,那么你每年就可以多挣4300美元。伦敦吉尔德霍尔大学研究人员 killings 指出：长相一般的秘书比起漂亮的秘书，收入要少15%。研究还发现，被认为是缺乏吸引力的男子较英俊的同事少赚15%；姿色较差的女子亦较美丽的同事少赚 11%。肥胖对男性的薪酬没有影响，但女性却因肥胖受损失，所得报酬较减肥的同事少5%。该研究访问了1.1万人，年龄为33岁左右。

英国伦敦一所大学所做的研究发现，身材高的推销员赚到的钱比身材矮的同事多1/4。调查人员追踪了17733名1958年3月以后出生的人，结果显示，不同人对美的标准是大致相同的。在所有行业当中，身材高的男人比矮的男人赚到的钱要多1000英镑到1万英镑不等，而矮个头女性平均收入少5%。前苏联心理学家鲍达列夫曾向72个人调查，他们是怎样理解人的外貌的：9人回答，方方的下巴是意志坚强的标志，宽大的前额是智慧的标志；3 人认为粗硬的头发表示倔强的性格；14人认为人胖表示心地善良；2人认为肥厚的嘴唇是憨厚朴实的标志，等等。

克瑞斯·唐斯和菲力浦·雷奥还曾仔细调查了由真正的法官们在真实的法庭上所处理案件的罚金和监禁，包括了915个女性被告和1320名男性被告，他们由于或轻或重的罪行而被指控。研究人员的发现非常有趣并且在某种程度上使人宽慰。在罪行较轻的案件中，法官们对那些有外貌吸引力的男女被告更为宽大，比起那些相对而言没有吸引力的被告们，他们被处以较低的罚金或较短的监禁。但是，在处理实际的重罪案件时，外貌的吸引力不起任何作用。这样，答案便是：即使是那些训练有素的法官，他们也有被外貌影响的危险；但是，当罪行很严重时，他们良好的判断力就会战胜这种不相关变因的潜在影响。

《三国演义》中的那位庞统庞士元先生，按东吴鲁肃的评价："此人上通天文，下晓地理，谋略不减于管、乐，枢机可并于孙、吴。往日周公瑾多用其言，孔明亦深服其智。"极力向孙权推荐。待鲁肃邀请庞统入见孙权，权见其人浓眉掀鼻，黑面短髯，形容古怪，心中不喜，后谓统曰"公且退，待有用公之时，却来相请。"礼貌地将这样一位其貌不扬的人才拒之门外。而当庞统转而去投刘备时，以三顾茅庐而闻名于世的那位刘皇叔尽管早知"伏龙、凤雏，两人得一，可安天下。"但当凤雏先生站在他面前时，见统貌陋，心中亦不悦，勉强道"荆楚稍定，苦无闲职。此去一百三十里，有一县名耒阳县，缺一县宰，屈公任之。如后有缺，却当重用。"将这样一位具有治国定天下才能的人物，打发到偏远的小县城去当七品芝麻官，显然也是因为受到了外貌效应的感染。直至张飞、孙乾目睹庞统大才后，禀报刘备，刘玄德才大惊曰"屈待大贤，吾之过也。"随即令张飞往耒阳县敬请庞统到州内，玄德下阶请罪，拜庞统为副军师中郎将。

一般来说，人们当然不会理智地接受"以貌取人"，但实际上，在人际交往过程中，人们又常常不自觉地受着"外貌效应"的困扰。据调查，大多数招聘者都认为，注重仪表修饰的人，更可能关心他们的工作。研究显示：外表有吸引力者一般会被预期的雇主理解为更聪明、更守信用、更有进取心。作为求职者，无论在衣着、姿势、言谈还是面部表情或者其他动作上，都应当尽量给人留下良好的印象。《中国青年报》一项调查显示：71.5%的受访者认为社会"以貌取人"非常普遍；49.4%的人相信"改变外貌=改变人生"。我国每年整形手术高达 350 万例，该数据还有直线攀升的趋势。据武汉《楚天都市报》报道，30 岁以上的大龄单身女性成整形主力，且多次整形的人数比例超 50%。

2. 首因效应（优先效应，第一印象）。媒体策划专家有一句名言：要给人好印象，你只需要 7 秒钟。心理学发现，与一个人初次会面，45 秒钟内就能产生第一印象。通过大量的分析，研究者们得以成功描绘出影响第一印象形成的因素：第一印象的形成有一半以上内容与外表有关。不仅是一张漂亮的脸蛋就够了，还包括体态、气质、神情和衣着的细微差异。第一印象有大约 40%的内容与声音有关。音调、语气、语速、节奏都将影响第一印象的形成。第一印象中只有少于 10%的内容与言语举止有关。

在心理学中，首因效应是指社会交往与认知过程中，最初的印象对人的认知具有极其重要的影响。心理学家 S.E.阿希曾于 1964 年做过一项实验：他向两组被试展示表明人的性格特征的性格类型表，问他们对这些人物抱有何种印象。他给予 A 组的是性格表 A，性格排列为：聪明—勤奋—易冲动—爱评论—顽固—嫉妒；B 组获得的为性格表 B，性格排列为：嫉妒—顽固—爱评论—易冲动—勤奋—聪明。A、B 两份表的内容完全相同，仅提示顺序相反，使被试印象截然不同。A 组认为：表中人物幸福、善于交际、机智过人、有自制力；B 组则认为：表中人物小气、饶舌，缺乏自制力。据此，阿希得出两条结论：其一，印象形成是所有人格要素综合作用的结果；其二，在这些人格要素中有一种是左右印象形成的主要因素，最早出现的中心词决定着第一印象。

1948年，社会心理学家卢钦斯对阿希的观点提出了批评。他认为，决定人们对他人认知的关键因素并不是“中心词”，而是人们的知觉顺序。也就是说，在卢钦斯看来，第一印象是由人们所最先接触的人格修饰词所决定的。在他的实验中，卢钦斯用了两段文字描写一个叫詹姆的学生一天中的部分生活片断。其中一段是写詹姆和朋友一起上学去，他在路上晒太阳，在商店和一个熟人聊天，问候一个他最近才认识的姑娘；另一段写詹姆独自一人从学校走回家，在树阴下歇凉，在商店里默默地排队购物，没有去问候那个新近结识的姑娘。这两段文字描写了两种截然不同的人格特征：第一段暗示詹姆是一个性格外向的人，而第二段则使人觉得他是个性格内向的人。卢钦斯以不同顺序对这两段材料加以组合：一种是将描写詹姆性格内向的材料放在前面、描写他性格外向的材料放在后面；另一种顺序则正好相反。接着，卢钦斯将材料让两组水平相当的中学生被试阅读，并让他们对詹姆的性格进行评价。实验结果表明，先阅读的那段材料对被试进行的詹姆性格的评价起着决定的作用。但是，卢钦斯也发现，如果事先提醒被试避免作出草率的判断，并告诉他们要考虑到全部有用的信息，首因效应就会减弱。

其实，阿希和卢钦斯的观点并不矛盾。在社会认知过程中，可能“中心词”和接收顺序都在不同程度上左右着人们对他人的认知，并不存在“非此即彼”的关系。

人际交往的事实证明，第一印象往往是相当牢固和鲜明的，它对人们相互之间的认识与今后的交往会产生很大的影响。一位领导者在下属面前的第一次亮相，常常会在下属心目中形成一个基本的看法，并且不太容易改变。一些有经验的教师，往往特别重视第一堂课，因为这是自身形象的第一次亮相；第一次与心上人约会时，应当注意衣着打扮，仪态谈吐，以求得心上人的欢心；参加就职面试时，力求最大限度地调动其自身的应答智慧和良好形象，以争取面试顺利通过；刚到一个新的环境时，总是十分注意调节自我言行，使周围人们感到自己和蔼可亲，容易相处；等等。这种考虑与做法，对于建立良好的人际关系、改善与优化自我形象有着积极意义。研究表明：见面初的四分钟，是会见者相互形成印象的关键时期。仅仅十秒钟内，双方即开始对对方的职业、社会等级、道德品质、智力状况作出判断，这种判断的依据，乃是他们所看到的穿戴、眼神、举止，他们所听到的讲话的快慢、声调、音量，以及实际所说的内容，由此会形成持久性的印象，这四分钟就是交往的“关键期”。所以，初次见面给人印象不佳，会见者多半会错误地认定你有别的消极品质，更糟糕的是，你可能找不到第二次机会来纠正这一错误印象。

为什么首因效应会影响人们形成深刻的印象呢？根据注意力递减的理论，随着人们注意力的转移，列表上排位靠后的项目受到较少的关注，因此，这些项目对判断的影响力较少，而我们通常是几乎无法控制所获信息的顺序，无论这些信息来自何处。

尽管“首因效应”在人际交往中有着不可忽视的作用，但这种印象毕竟不是很可靠的。第一，任何一个人都是层次丰富、结构复杂的综合体，都不可能通过一次性接触就被人一目了然。了解一个人，是一个由表及里、由浅而深的长期过程；第二，任何个体都不是一成不变的，主体对环境的适应，环境和经历对主体的影响，都会使人发生变化，从而形成一些新的特点，如：童言无忌，年少气盛，不平则鸣；挫折多了，或外圆内方，或干脆成为一块鹅卵石。“路遥知马力，日久知人心”，这一格言告诉我们不要被第一印象束缚或左右自己的人际知觉。每一个人都希望自己在人际交往中给人留下一个好的印象。作为领导者，希望下属对自己有好感；作为一般员工，更希望在领导者心目中有一个好的印象；师生之间也是这样，至于热恋中的情人，就更不用说了。为此，我们一方面应特别注意在人际交往中的首次亮相，尽可能给对方送去一个美好的第一印象，并在以后的交往过程中，不断完善这一印象；另一方面，对自己所接收到的第一印象信息，要有理智的认识，不能被其牵着鼻子走。

3．近因效应。指交往过程中最后给人留下的印象。它是由卢钦斯于 1957 年在《降低第一印象影响的实验尝试》一文中提出的。在此文中，他以另一种方式重复了有关詹姆性格的实验。具体的做法是，在让被试阅读有关詹姆性格的两段描写文字之间，有一时间间隔，即先读一段后，让被试做数学题或听历史故事，完后再读第二段。实验结果与前述实验正好相反，这时对被试进行的詹姆性格的评价起决定作用的已不是先阅读的那段材料，而恰恰是后阅读的那段材料。

既然优先效应与近因效应都客观存在，那么，究竟在那种情况下优先效应起作用，何种情况下近因效应起作用呢？卢钦斯认为，在关于某人的两种信息连续被人感知时，人们总倾向于相信前一种信息，并对其印象深刻，即此时起作用的是优先效应；而在关于某人的两种信息断续被人感知时，起作用的则是近因效应。怀斯纳则认为，优先效应和近因效应究竟何者起作用，取决于认知主体的价值选择和价值评价。他在 1960 年所进行的一项实验中，使用了两套刺激语作实验，一套是前述阿希实验的 7 种人格修饰语，另一套是测验被试选择能力和比较能力的测验表。让被试对两套刺激语进行评价，然后计算被试对人物人格修饰语的评价值和每对测验表中各项内容的评价值之间的关系。结果发现，被试对人物性格特点的评价取决于对测验表各项内容的评价，即被试究竟喜欢哪一种人格特点取决于他们的价值观念。此外，也有人认为，认知者在与陌生人交往时优先效应起较大作用，而认知者与熟人交往时，则近因效应起较大作用。

4．晕轮效应。又称光环效应，指人际交往中，认知者对交往对象形成整体印象之后，影响到对此人的具体特征的认识和评价的一种心理现象。如看到一个人穿戴整齐清洁，印象不错，便推而广之，可能认为他做事细心，有条理，甚至负责任；反之，若对某人印象欠佳，则往往忽略了他的优点，如看到不修边幅者，印象不佳，可能会认为他工作散漫，办事马虎。学生们在评价他们的老师时，时常会陷入这种晕轮效应。他们可能将某种自己喜爱的具体特征（如热情）予以突出化、样板化，并使他们对老师的整体评价受到这一特质的影响。比如，他们现在接触到的某老师具有文静、认真、严格、幽默、知识渊博、举止潇洒等特质，但由于他在热情方面不够突出，则他的其他方面的特点也不会引起学生的充分注意，对该老师的整体评价可能并不高。这种心理现象类似刮风天气之前晚间月亮周围的大圆环（月晕或称晕轮）是月亮光的扩大化一样，故称为晕轮效应。

苏联心理学家博达列夫曾主持过一项实验：他分别向两组被试大学生出示同一个人的照片，但对照片上的人物作了不同的介绍。他对第一组的被试说道，照片上是一个恶贯满盈的罪犯；而向第二组的被试介绍说，此人是一个著名的科学家。然后让两组被试对照片上的对象进行描述。结果第一组的评价是：深陷的眼窝，证明了他内心的仇恨；突出的下巴，意味着他沿罪恶道路走到底的决心。而第二组的评价则是：深陷的双眼，表示了他的思想深度；突出的下巴，体现了他在认识道路上克服困难的意志力。这一研究证实，人们在认识对象时，往往会由此及彼，根据对一个人的整体印象来推断其具体的心理特征。

社会心理学家凯利在 1950 年也主持过一项有关晕轮效应的实验。他告诉学生，教经济学的教授因有其他事情，故临时请了一位研究生代课。他先对两组学生介绍说，该研究生是个既好学又有教学经验和判断能力的人。然后对其中一组学生说，此人为人热情；对另一组学生却说，此人比较冷漠。介绍之后，凯利让这位代课教师在两个组分别主持了一次 20 分钟的课堂讨论，然后，再让学生陈述对他的印象。实验结果发现：（1）两个组的学生对代课教师的印象大相径庭：一组认为老师有同情心、体贴人、有社会能力、富有幽默感等；另一组却认为老师严厉、专断。这表明，两个组的学生对老师的印象都夹有自己的推断成分在内，或由热情的特点推断出一系列优点，或由冷漠的特点推断出一系列缺点。（2）两个组的学生对老师的印象进一步影响到他们的发言行为：印象好的那组积极发言者达 56%，而印象不好的那组积极发言的只有 32%。

戴恩等人曾分别让被试看相貌漂亮、相貌一般、相貌丑陋三种对象的照片，然后要求被试评定这些人若干其他特征。结果发现，容貌漂亮的人得到了很高的评价，长相难看的人则评价较低，见下图：

晕轮效应的作用（%）

特 征	相貌漂亮者	相貌一般者	相貌丑陋者
人格的社会合意性	65.39	62.42	56.31
职业地位	2.25	2.02	1.70
婚姻状况	1.70	0.71	0.37
做父母的能力	3.54	4.55	3.91
社会与职业幸福程度	6.37	6.34	5.28
总的幸福程度	11.60	11.60	8.83
结婚的可能性	2.17	1.82	1.52

晕轮效应实际上是个人主观臆断的泛化、扩张和定型的结果。在对人的认知过程中，由于晕轮效应的感染，一个人的优点一旦被极端化，其缺点也就隐退到光的背后被掩盖了。

再推而广之，“一人得道，鸡犬升天；城门失火，殃及池鱼，”这种一荣俱荣、一损俱损的共生现象可谓是晕轮效应的延伸。一些人官场得意之日，也常常是他的妻子儿女兄弟朋友发迹之时，一个人得了道，不仅老婆、儿子变得不同凡响，连祖上也可以沾光；而一旦倒霉，则株连九族。

晕轮效应在管理交往活动中会带来消极的作用。一位领导者对下属的看法很可能受到该下属本人的相貌、举止、性格、家庭背景、外部评价等因素的影响。这种偏差不仅影响领导者对下属的行为，而且有可能最终影响下属的发展。如果一个下属因领导者的这种偏见而不被看重或受到歧视，就有可能影响其工作积极性。

此外，还有“定型效应”，即对某一类人或某种群体的固定看法等，也都属偏见的表现形式。

形成偏见的原因是什么？研究进化问题的一些心理学家认为，动物对在基因上与其相近的动物具有强烈的认同感，而对在基因上与其不同的其他动物具有强烈的惧怕感和厌恶感，即使这些动物并没有伤害他们。因而，偏见可能是与身俱来的，是人类生物进化机制的一个有机部分。正是这种机制使得人们热爱家庭、热爱同胞，而对外人怀有敌意。但另一方面，作为人类，我们区别于低等动物；人类的本性可能是善良、开放、合作的。如果正是这样，那么偏见就不是与身俱来的，而是包括家庭、社区、媒体等文化因素在有意无意中教育和影响了我们，使得我们将一些负面的特征强加在那些与我们不同的人们身上。

歌德说过："误解与成见，往往会在世上铸成比诡计与恶意更多的过错。"能否以辨证客观的态度看人，并规范自己认识人的方法，反映着一个人的思想修养程度，并且直接影响着人际交往的成功与失败。尤其是对于领导者来说，避免知觉偏见的影响与束缚，正确地、全面地、发展地看待与认识下属，对于及时发现人才、合理使用人才，对于充分调动一切积极因素，其意义是不言而喻的。

四、归因理论：对行为的因果关系的探索

某公司对各部门中层管理人员进行了一项调查，其中有这样两个问题："你认为目前的成功取决于哪些方面的原因？""你认为阻碍你进一步晋升更高职位的最主要的原因是什么？"调查结果显示：80%的中层管理者认为自己的知识水平和在工作中取得的成就是他们晋升到管理层职位的最主要原因。当被问及哪些因素阻碍了他们晋升更高管理职位时，56%的管理者将其归咎于自己没有与"恰当的人"建立关系，23%的人说是由于自己缺乏足够的教育、智力或专业领域方面的知识。可见，相当部分的被调查者将成功归因于内部因素（自己的知识和工作中的成就），而把失败归咎于外界因素（"恰当的人"）。这项调查所涉及到的就是有关归因理论。

归因理论主要探讨人的行为及其因果关系，即如何解释和说明自己或别人行为的原因。在归因理论家海德看来，人们的外在行为表现，究其原因，不外乎内因和外因两种。内因指内在原因，即个体自身具有的一些特征，包括人格、情绪、能力、性格等等；外因是指外在原因，包括环境条件以及他人的影响等。不过，内因和外因对人们行为表现所起的作用是各不相同的，但两者相辅相成，共同制约着人的外在行为的发生和变化。因此，在人的行为表现的原因中总是既包含着内因又包含着外因，两者之间不存在着有无之别，而只有主次之分。当我们观察某一个体的行为时，总是试图判断它是由于内部原因还是外部原因造成的。内因行为是指那些个体认为在自己控制范围之内的行为，外因行为则是指由外部情境因素所引起的行为。对于期终考试没及格的学生甲来说，如果你认为这次考试亮红灯主要是由于该学生学习不努力，这就是内部归因；如果你认为甲的不及格是因为这次老师出的题目太偏、太难，那么你进行的就是外边归因。将某一行为归因于内部原因还是外部原因，往往取决于两个因素，即一致性和一贯性。所谓一致性是指，该对象发生的行为是否具有普遍性。在上例中，如果甲学生所在班级大多数同学这次考试都没及格，这意味着一致性高，我们就有理由对甲的不及格情况进行外部归因；而如果不及格只是个别现象，绝大多数学生考试成绩都相当不错，我们就会将甲的红灯归因于内部。所谓一贯性主要是看对象纵向活动情况。如果甲平时学习一贯认真努力，成绩优良，这次发生失误，则可能有着其他方面的原因；假使他学习表现历来懒散，不及格现象家常便饭，那么可以断定这次不及格是固定模式的一部分。一般来说，行为的一贯性越高，将其归因为内部作用的倾向越大。

由上可见，归因过程所探讨的内容同组织管理的要求具有一致性。因为作为管理者而言，不仅需要了解和掌握对象的各种显在表现，还需要进一步探求各类行为发生的原因，由此才能采取适当的措施对积极的行为予以强化，对消极的行为进行引导或处罚。正是由于归因对组织管理具有重要意义，很多行为学家对归因问题作了大量研究，并提出了各种相关的理论。

1. 凯利的三维归因理论。该理论又称共变理论或方差分析归因模式，由美国社会心理学家凯利于 1967 年提出。所谓三维归因，就是将人的行为原因置于行为者本身的特点、行为对象的特点、行为者与行为对象进行交往时所处的情境这样三个维度，对认知对象的稳定属性进行推导。在凯利看来，归因他人行为需要遵循以下三条原则：第一，差异性原则。如果将结果归因于那样一种事物，只有当它出现时结果才出现，它不存在，结果便不出现，此时，可以认为差异性高；反之，则差异性低。第二，一致性原则。在所有的认知者都以同样的方式作出反应时，一致性高；反之，则一致性低。第三，一贯性原则。行为者的反应必须前后一贯，不因时因地而异，此时为一贯性高；反之，则一贯性低。凯利认为，只有满足以上三条原则，才能把某种行为后果归因于某种属性，即究竟是归因为行为者本身的特点，还是归因为行为对象的特点，或者归因为行为者和行为对象交往时的情境。导致行为的原因只可能是出自三个方面，因此与行为原因相联系的三种特征的组合也只可能是这样三种：其一，一致性低，一贯性高，差异性低，即与众不同，总是如此，不因人而异，此时行为的原因在于行为者自身；其二，一致性高，一贯性高，差异性高，即与众相同，总是如此，因人而异，此时行为的原因在于行为所指对象的特点；其三，一致性低，一贯性低，差异性高，即与众不同，偶尔如此，因人而异，此时行为的原因在于行为发生时的情境。

凯利三维归因理论

差异性	一致性	一贯性	归因
高	高	高	行为对象的特点
低	低	高	行为者本身的特点
高	低	低	行为情境

2. 维纳的成败归因理论。这一理论由美国心理学家维纳等人于 1972 年提出。归因理论研究的创始人海德曾提出人的行为原因主要有能力、努力、难度和机遇

四种，并将其分为两类，一类是行为者的主观原因，一类是行为者所不能控制的外部因素。维纳把海德的四种原因概括为可控性和稳定性两个维度，就可控性来看，努力和能力是可以控制的，而机遇和难度则不可控制；从稳定性来看，能力和难度是稳定的，而努力和机遇则是不稳定的。在这里，控制维度表示对成败的情绪反应。如果把失败归因于可控性因素，归因于自身的内在因素，会使人情绪反应增强，产生内疚和无助感；如果把失败归因于不可控因素，归因于外因，则会产生愤怒和敌意。如果把成功归因于可控性因素，归因于自身的原因，会使人产生胜任感、自信和满意；如果把成功归因于不可控因素，归因于外因，则会产生惊奇、感激的情绪反应。稳定维度表示成败后会影响对成功期望的程度，影响个体以后的工作积极性。把失败归因于不稳定性因素，即归因于不努力和运气不佳，会增加对成功的期望，可以提高工作积极性；把失败归因于稳定因素，即归因于能力不足和工作难度较大，则会降低对成功的期望，从而弱化积极性。如果把成功归因于稳定因素，即归因于能力强或任务容易，会使人提高以后的工作积极性；如何把成功归因于不稳定因素，即归因于机遇好或自身的努力，则既可以提高也可能降低以后的工作积极性。

正是由于人们对成功与失败的不同归因会对自身心理和行为产生很大影响，不仅会使人产生不同的情绪，还会进一步影响到以后的工作积极性，为此，应当引起管理者的重视。管理者在管理过程中，首先应当对自己在工作中的成功与失败进行正确归因；其次对员工的成功与失败进行正确的归因引导。

归因理论对人们行为归因过程的解释是以人们的归因活动总是用理性的方式进行假设为前提的，然而在归因实践中，人们的归因行为并非总是纯粹理性活动的产物，认知者有时会偏离标准的归因过程，有时可能会歪曲某些本来是正确的标准程序，从而常常会发生归因失真现象。当人们在评价他人或自我行为时，尽管有充分的证据支持，但还是会发生低估外部因素的影响而高估内部或个人因素的影响，如当足球比赛失利时，教练将其归因于球员的能力低下，表现不尽如人意或失误太多，而对球场气氛，对手技战术安排合理，发挥比较出色等外部因素视而不见；一旦获胜，则归因于内部因素包括教练的指挥能力和队员表现出色，而不去注意对手实力较弱或发挥失常。有时也会反之，高估外部因素的作用而低估内部或个人因素的作用，如比赛失利，认为是对手实力太强，或裁判吹了“黑哨”或运气不佳。这些问题的发生有的源于认知过程本身固有的局限，有的源于认知者的动机。

第五章　组织行为与态度

在有争议的问题上达到正确的判断，主要依赖于我们在倾听和参与辩论时，头脑中具有的态度。

——赫伯特•斯宾塞

一头毛驴，掉到了一个废弃的陷阱里，很深，根本爬不上来，每天还不断地有人往陷阱里面倒垃圾。开始,毛驴抱怨自己真倒霉，死也不能死得舒服点。可是有一天，它决定改变自己的态度，于是，它每天都把垃圾踩到自己的脚下，从垃圾中找到残羹来维持自己的生命。终于有一天，这头毛驴重新回到了地面上。此寓言告诉我们：人虽然不能决定自己的命运，但可以决定自己对待命运的态度。面对人生中的困难，只要持有一种积极的、向上的人生态度，你将成为命运的主宰者。

一、态度及其来源

有关态度的含义，有关学者从不同侧面作了分析，其中有三种观点具有代表性：其一，认为态度是一种评价或一种情感反应，它以瑟斯顿和奥斯古德为代表；其二，认为态度是一种与态度对象有关的特定反应的准备，它以奥尔波特为代表；其三，认为态度是一种包含了认知、情感和意动成分的复合体，是由相互联系的、对态度对象或问题进行理解、感知并且有所行动的方式所组成的持久系统，它以克雷奇为代表。（参见伦纳德 · 伯克威茨：《社会心理学》第 66 页，吉林人民出版社 1988 年版）

一般来说，态度是个体对于客观事物、人和事件的某种评价性反应，它反映着一个人对某些事物的感受，例如，“我喜欢这份工作”，“我讨厌这个人”等。态度是一个复杂的综合体，它是由认知、情感和行为三个部分所组成。其中，认知成分是态度形成的基础，如果没有对态度对象的认识，就难以形成对该对象的态度；情感成分可以说是态度结构中的核心部分，一个人的态度往往会通过情感化形式表现出来，正是由于不同的情感体验，从而形成了不同的态度；行为成分则是态度含有的一种内在倾向，也即一定的态度能够导致可以预见的相应的行为，当然，在有些情况下，态度与行为的表现也可能会不一致。

态度的形成具有后天性，它主要通过家庭环境、学校环境、社会环境从父母、教师、同学、同事、朋友以及其他交往对象那里学来的。早在未成年时，一些引起我们注意的交往者，不管是尊敬的、崇拜的还是恐惧的对象，他们的种种态度就开始潜移默化地影响着我们，并在不知不觉中予以接受并加以模仿，努力与他们保持态度与行为上的一致。这种过程会一直持续下去，当然会逐渐渗入更多的自我意识。

二、态度的特征

态度的特征主要有：

社会性。态度不是先天遗传而获得的，它是个体在社会生活中，通过与他人相互交流、相互作用而逐步形成，并不断发展与变化的。在态度形成过程中，家庭、学校、组织、群体、舆论以及文化传统等都会对态度的性质与发展趋向产生潜移默化的影响作用。为此，要了解和改变个体的态度，不可脱离特定的环境条件。

指向性。态度表示抽象的、虚幻的，任何一种态度都具有特定的对象和内容，比如对工作的态度、对学习的态度、对集体的态度、对他人的态度、对自己的态度、对不正之风的态度、对改革开放的态度等等。正是由于态度都是具体的，它总是在活动过程中表现出某种特定的内容，所以我们可以通过各种具体的活动，来了解对象的态度表现。

稳定性。态度的形成需要经历相当的过程，对某种对象的态度形成以后，不会轻易发生改变，这就是态度的稳定性，为此需要重视对正确态度的培养。不过，态度的稳定性是相对的，在外部环境的刺激与内在需要、价值观念发生变化之后，态度也会发生相应的改变。态度的相对稳定性为我们正确引导与改变态度提供了依据。

三、对工作态度的调查

不同倾向的态度会导致不同的行为。“快乐的员工是生产率高的员工”，不同倾向的态度会导致不同的行为。对工作具有较高的满意度，自然会增强员工对工作的努力程度，而对工作的满意度低下，对员工的出勤率、流动率和工作效率都会带来消极的影响。有些个体可以采取离开组织的行为，去寻找一份新的工作；有的则消极地对付所承担的工作，包括经常性地缺勤和迟到，降低努力程度，增加错误率；等等。为此，组织行为有关态度的调查，主要应当考虑的就是员工对工作的满意度状况。

工作满意度的调查。工作满意度是指个人对他从事的工作的一般态度。一个人的工作满意度水平高，对工作就可能持积极的态度；对工作不满意的个体则可能对工作持消极态度。组织行为研究中所讨论的态度问题，主要就是指工作满意度。

员工对他的工作满意或不满意的评估依据涉及到大量的同工作相关的要素，主要包括：①工作环境。员工对工作环境的关注既是为了个人的方便与舒适，也是为了更好地工作。一般来说，员工总是希望自己工作的物理环境是安全的、舒适的，灯光、温度、声音等其他环境因素都令人感到身心愉快，工作场所离住所比较近，交通比较方便，工作设备性能完备，劳动防护设施完善。②人际关系环境。根据对人的需要状况的研究，人们从事工作不仅仅是为了满足生理需要，还希望能够通过这一活动满足社会交往方面的需求。由于人们每天有相当多的时间是在工作单位度过的，需要同上下左右的同事与其他人员交往，这样，相互之间的人际关系状况对个体而言就会具有非常重要的意义。如果相互之间关系融洽，不仅有利于工作的开展，还能由于满足了社交需要而提高对工作的满意度；反之，则会引起心理上的挫折感。③工作报酬。工作报酬的满意度主要因素并不在于工资收入绝对数量的多少，而是希望分配制度公正。如果员工认为自己的工作报酬符合公正的原则，就会有一种基本的满意感。当然，有关公正的标准往往含有相当程度的主观感觉，对此，管理者需要作必要的引导。④发展空间。主要指个体在能力方面发挥的余地如何。人们投身于工作，自然并不仅仅是为了获得物质方面的利益，同时还会伴随着其他方面的需求，其中包括个人的发展空间和工作成就感。由于这些方面的发展状况同个体在社会上的地位与影响有着直接的联系，故而不能不成为员工们关注的目标。当然，不同的个体对发展机会的考虑并不一样，一般来说，文化程度较高、物质条件较为优越的对象，可能会更看重这一因素，对这方面的状况更为敏感。⑤工作性质。这里主要是指个体所承担的工作同自己的个性、能力之间是否匹配。

正是由于员工对自己工作满意或不满意的评估会涉及到大量的工作因素，为此，在评估方法方面需要作具体考虑与运用。在具体操作过程中，单一整体评估法与由多种工作要素组成的总和评分法是两种应用最为广泛的评估手段。单一评估法只是要求对象回答一个问题，如“将所有的因素都考虑在内，你对自己目前的工作满意吗？”然后被试从数字 1—5 中圈出一个同自己感受比较一致的数字，这些数字分别代表“非常满意—比较满意—满意—不太满意—很不满意”这样几个层次。而工作要素总和评分法是一种比较复杂的评估方法，它首先要确认工作中的关键因素，然后询问员工对每一个因素的感受。典型的因素包括工作性质、上级主管、目前的收入、晋升的机会以及与同事之间的关系。根据标准量表来评价这些要素，然后将分数相加就产生了工作满意度的总分。

下面是一份有关员工态度调查的一般表格：

使用下面的评价标准回答每一个问题：

非常同意—5 分， 同意—4 分， 不确定—3 分， 不同意—2 分， 强烈反对—1 分

题 目	分数
1．这家公司的工作环境不错。	（ ）
2．如果我努力工作的话，我在这家公司会有很好的发展前景。	（ ）
3．这家公司在工资报酬方面比其他相关公司更具有竞争力。	（ ）
4．公司内部具有良好的公平竞争环境。	（ ）
5．公司所提供的各项福利待遇很有吸引力。	（ ）
6．我所承担的工作能够充分发挥自身的能力。	（ ）
7．目前的工作非常具有挑战性。	（ ）
8．我同上司之间相互信赖，可以随时向上司表达自己的想法。	（ ）
9．我和同事之间能够相互协作，关系融洽。	（ ）
10．这家公司的发展在行业中处于领先地位。	（ ）

通过将上述问卷表中对每一个条目回答的分数相加就可以得到一个人工作态度的总分。以这些分数为基础还可以得到班组、部门、组织员工满意度的平均数。

定期或不定期地进行工作态度调查可以帮助管理者及时了解员工对工作环境各项要素的真实感觉，畅通有效沟通的渠道。由于立场方面的不同以及其他因素的作用，例如管理者更多的是要考虑公司的发展，而员工有着自身利益的需求，由此会导致管理层与员工之间在有些问题上的认识往往并不一致。管理层也许认为公司员工的福利条件和工资报酬已经相当不错，但员工可能并不这么认为；管理者因工作太忙而忽视了同员工之间的交流与沟通，而员工对此却非常在意；管理层认为客观公正的政策在员工心目中却被认为是很不公正的；管理者通常更愿意接受那些适应组织要求的员工，并给予他们积极的评价，而有些员工则将独立性、自主性等看得很重；如此等等。这些情况的存在，将导致员工对组织和工作的消极态度，影响工作绩效。通过调查方式及时了解员工的想法和需求，可以防患于未然，避免工作态度方面的消极倾向。

在各个不同的组织系统中，影响员工工作态度的因素并不完全一样，为此，在进行工作态度调查时，需要根据员工的实际情况设定具体的、有针对性的态度调查项目，以能够比较准确、全面地了解员工的真实想法与要求。

四、态度的改变

态度不能决定行为，但它对个体的行为确实具有一定的指导意义，也就是说，态度与行为之间客观上存在着某种内在的关系，这一事实，使态度问题成为相关学者研究的一项重要课题，并提出了一系列的理论。

1．平衡理论。由心理学家海德所提出。他认为，我们的认知对象包括世界上各种人、各种事物和概念等，这些对象有的各自分离，有的则相互联结起来组合为一个整体而被我们所认知。海德将构成为一体的两个对象的关系，称作为单元关系，其关系可由类似、接近、相属而形成。我们对每种认知对象都有喜爱、厌恶、赞成、反对等情感与评价，海德将这类情感与评价称之为感情关系。个体对单元内两个对象的态度通常是属于同一方向的。例如，一个人喜欢张三，则对张三的穿着也很欣赏；不喜欢李四，则觉得李四的朋友也不好。这样，当个体对单元的知觉与对单元内两个对象的感情关系相调和时，其认知关系便呈现平衡状态。当个体对单元所持的态度趋于相反方向时，即会产生不平衡的状态。比如，当一个人喜欢张三但对张三所穿的衣服款式却无法赞同时，由此所导致的不平衡状态会引起个体心理紧张，而要解除这种心理紧张状态，只有两种方式：或是让自己也喜欢张三所穿衣服的款式，或是不再喜欢张三。这种解除心理紧张的过程，就是态度改变的过程。

2. 认知失调理论。由心理学家费斯廷格于 1957 年提出。该理论认为，一个人的两种认知元素之间的不一致，就是失调。认知失调主要有两个来源：其一来自决策行为，即需要在多个有相似价值的方案中作出选择；其二来自与自己的态度相矛盾的行为。这种认知的不一致或失调，会产生某种动机力量，使人们逐渐改变自己的态度。费斯廷格把个人，个人的意见、信念，以及与认知有关的环境称为认知元素，以这些认知元素为基本单位，将两个单位之间的关系分为协调、不协调和不相关三种。

例如：认知元素 A——我在大雨中不带伞走路。
　　　认知元素 B1——我的衣服湿了。
　　　认知元素 B2——我的衣服没有湿。

这里，认知元素 A 与 B1，成为协调的状态，而认知元素 A 与 B2 则成不协调状态。当个体发现自己所特有的两个或两个以上认知元素相互矛盾时，便出现认知不协调，导致心理紧张，进而产生一种解除这种不协调状态的动机。解除或减轻失调状态的方法，费斯廷格认为主要有以下三种：

①改变某一认知元素，使其与其他元素之间不协调的关系趋于协调。例如认知元素 A“我喜欢抽烟”与认知元素 B“抽烟可能导致癌症”是不协调的。对此，个体可以通过改变认知元素 A 为“我不再喜欢抽烟”，或改变认知元素 B 为“抽烟导致癌症的说法是没有根据的”，以达到认知协调。

②增加新的认知元素，以加强协调关系的认知系统。如上例认知元素 A“我喜欢抽烟”无法改变，则可增加新的认知元素 C“世界上抽烟而长寿者很多”，或认知元素 D“抽烟可减轻精神紧张，有利于心理健康”等，降低不协调的强度。

③强调某一认知元素的重要性。上例中，如果个体强调认知元素 A，他会说：“我喜欢抽烟，抽烟可以使我快乐这是最重要的，不要为将来可能患病而牺牲自己目前的乐趣。”如果强调认知元素 B，则个体会说服自己，“癌症是非常可怕的疾病，为了自己的健康和家庭的幸福，我虽然喜欢抽烟，但应该尽量地克制。”

费斯廷格的认知失调理论有助于解释认知矛盾，说明人们的行为与态度的变化，并强调了个体可以通过自我调节达到认知平衡。

3. 参与改变理论。心理学家勒温认为，个体态度的形成和改变，都受着群体活动性质的制约和影响。个体态度的改变，不能离开群体的规范和价值。为研究个体在群体活动中态度改变的情况，勒温做了如下实验。实验题目：不同的活动方式对美国家庭主妇改变吃杂碎的态度的影响。实验方法：把被试分为两组，一组为控制组，对该组被试采用演讲的方式，亲自讲解动物内脏的营养价值、烹调方法以及口味等，要求他们改变对杂碎的厌恶态度，把杂碎作为日常食品。另一组为实验组，勒温组织他们开展讨论，共同议论杂碎的营养价值、烹调方法、口味等，并且分析使用杂碎做菜可能遇到的困难，如丈夫不喜欢吃的问题、清洁问题等，最后由营养专家指导每个人亲自实验烹煮。实验结果：控制组有3%的人采用杂碎为菜，实验组有32%的人采用杂碎为菜。实验过程中，实验组的被试是主动参与群体的活动，他们在讨论中可以提出各种难题再解决这些难题，因而态度的改变就比较显著，速度也比较快；而控制组的被试是被动地参与群体的活动，他们很少把演讲的内容与自己相联系，因而态度改变就比较困难。对此，勒温提出了“参与改变理论”，该理论现已广泛应用于管理实践，并取得了一定的成效。

第六章　组织行为与群体

关于工作群体，和很明显的一点是，它们可以使 2+2=5。当然，它们也有能力使 2+2=3。

——S.P.R

德国动物学家霍斯特通过研究发现，鲦鱼因个体弱小而常常群居，团体追随最强健的一个领头鱼而集体行动。当领头的那只鲦鱼脑后控制行为系统被部分割除后，此鱼便失去了自然力，行动也会混乱，但其他鲦鱼却仍旧像从前一样盲目跟随它。这就是我们在管理中经常提到的“鲦鱼效应”，以此说明组织内的群体具有思维定性和行为惯性的特征。

群体是一种社会现象，整个社会就是由各种群体构成的。古希腊学者亚里士多德“人天生是城邦的动物”这一命题，肯定了人所具有的社会属性。社会生活中的任何一个人都不是孤立的，他只能生活在一定的组织里，隶属于一定的群体，例如工厂、机关、学校、军队、社区、乡镇、医院等等。一般说，个人和群体、组织这三者实际上是不可分割的整体，如果将组织比喻为一个完整的人体的话，那么，群体就是构成人体的各类系统（如消化系统、运动系统、循环系统等）和各种器官（如胃、肠、心脏、肝等），而个人则为最基本的细胞。

根据群集心理学的分析，任何个体在单独情况下所表现出来的心理与行为同在群集状态下的反映往往会有很大的差别，甚至会判若两人。这里，既有个体心理特征方面的原因，也与他所处的群体氛围也有着直接的联系。由于任何管理活动总是发生在特定的群体之中，无论谁都摆脱不了群体的影响与制约，因此，要真正了解和把握个体的心理与行为活动规律，就必须将一个一个的个体放在群体中进行考察。

一、群体及其类型

群体不是个体简单的结合。几个偶然聚在一起乘坐电梯的人，挤在一个车厢里乘坐公共汽车的乘客，在一家影院观赏电影的观众，都不能称为严格意义上的群体。有人认为，群体概念的关键取决于它的所有成员彼此之间必须以一种可观察到的和有意义的方式相联系；有的指出，个体间的互动关系使人群成为一个群体；另有人说，接受某一共同目标而努力奋斗的那些人便组成了一个群体；还有人提出，具有某种关系的成员们所得到的满足使这些成员组成为一个群体。上述种种说法，从不同的侧面揭示出了群体必须具备的一系列要素，其中包括整体性、互动性、目标性等等。

尽管有关群体的概念至今尚没有统一的说法，但从研究的要求考虑，我们还是可以为群体下个一般的定义：所谓群体，是指为了实现某个特定的目标，两个或两个以上相互作用、相互依赖的个体组合。根据这样的界定，要构成一个群体，需要具备三方面的基本特征：第一，群体至少由两个或两个以上的个体组成，群体规模的大小对于群体成员的心理与行为将会产生重要影响；第二，群体成员在心理与行为上存在着相互作用、相互影响的关系；第三，群体成员有着共同的目标追求，从而使相互间具有了某种利害关系，这是群体存在与发展的重要基础。

美国心理学家霍曼斯（G. C. Homans）认为，任何一个群体的社交行为，都必然包括三项基本要素：其一，任务活动。人们所从事的工作活动，这种活动一般比较容易为他人所觉察，例如，谈话、工作、学习、外交等等，它常常是组织衡量一个人工作效率的依据；其二，相互作用。指在完成任务时，人与人之间的行为影响，例如，彼此之间语言或非语言的相互沟通和接触，以及分析他人在做什么？与自己有什么关系等等；其三，情感活动。即个人之间以及个人与群体、个人与工作之间的情感反应，它虽然不容易直接观测到，但一般可以通过人们的活动和相互作用表现出来各个人的态度、感受、意见和观点。

此后，也有不少研究者接受了霍曼斯的分析，认为群体的存在一般地都离不开这三个要素。首先是群体必须要有工作任务，没有工作任务，群体的存在就失去了价值；其次，任务的完成在很大程度上将取决于人们对任务的认识、态度和情感，同时要保证工作任务的顺利完成又必须得到人们的相互协作和密切配合。在群体活动中，人们的情感方面交往往往占重要地位，它不仅同工作任务有关，而且与人们之间的交往状况相关；一般而言，交往产生感情，感情又会促进交往和协作。因此，群体行为对于完成组织目标起着决定性的作用。

按一般标准，群体可分为正式群体与非正式群体两大类：

正式群体(formal group)：指为了实现组织目标而组建的、结构确定的、职务分配很明确的群体。在正式群体中，群体成员有固定的编制，有明确的权利和义务，有正式的沟通渠道，一个人的行为是由组织目标所规定的，并且是指向组织目标的。正式群体有以下几种基本类型：命令型群体（command group）：根据组织结构规定，由直接向某个主管人员报告工作的下属组成，如大学一个系的系主任和全系教师组成一个命令型群体，一个机关的科长同科室成员也组成一个命令型群体；委员会（committee）：一种正式的组织团队，通常存在较长的时间，负责处理经常发生的问题，并作成有关的决策。例如大学里的教学委员会、学术委员会、学生会等，主要处理教学、科研、学生工作中经常遇到的问题。虽然这些委员会的成员经常更换，但委员会总是存在；任务型群体(task group)，或称项目群体，也是由组织结构规定，为完成某一项工作任务而在一起工作的人员。作为任务型群体的成员，该群体并不一定是他的专职工作部门，它可能只是为了完成某项特殊的目标或解决特殊的问题而跨越直接的命令关系，从组织的各个命令群体中抽调上来的人员所组成，一旦这个群体的目标实现、任务完成，该任务型群体的成员又回到自己原先的命令型群体中去，例如，克林顿总统曾成立过一个由希拉里•克林顿牵头的项目群体，以制定一项国民健康保健计划，工作完成后，便行解散。

非正式群体(informal group)是指那些既没有正式结构，也不是由组织确定的联合体，它们是由那些具有共同利益关系的组织成员为了满足社会交往的需要，在工作环境中自然形成的，例如，来自于不同部门的几名员工定期聚会就形成为非正式群体。非正式群体中也有一定的结构和行为规范，但这些行为规范不是明文规定，而是在群体成员的交往过程中自然形成的；群体中也有“领导者”，但没有严格的上下级关系，非正式群体中成员之间的关系往往带有明显的情绪化色彩。非正式群体也有两种基本类型：利益型群体 (interest group)：在利益型群体中，成员们都是为了某个共同关心的特定目标而走到一起来的；友谊型群体 (friendship group)：这种群体往往是在工作情景之外形成的，他们之所以形成群体可能是由于年龄相近、兴趣相同、爱好一致等等。

传统的管理科学虽然也重视对群体的研究，但只是将注意力集中于正式群体，而对非正式群体有所忽视。自霍桑实验之后，非正式群体开始受到人们的关注。非正式群体有时尽管没有一定的组织形态，但是由于非正式群体成员之间是以共同的观点、利益、兴趣、爱好为基础的，因此具有很强的凝聚力，非正式群体中的社会心理因素，往往对成员的行为起着重大的影响。

非正式群体的出现是一种相当普遍的现象，主要是出于为满足工作以外的某些心理需求而产生的。由于人的需要是多层次、多方面的，而正式群体的功能基本是立足于工作任务，而对群体成员工作以外的需要则不能予以满足。这样，人们只能通过形成种种非正式群体来满足这类需要，非正式群体由此应运而生。

同正式群体相比，非正式群体具有自身的明显特征：非正式群体是以相近的心理特征和共同的心理需求为基础而自发形成，例如个性、利益、观点等方面的一致性；非正式群体大都以满足成员个人需要为基础，以相互之间的情感为纽带，具有较强的凝聚力；非正式群体有着自身的、不成文的群体规范，并形成一种影响力极大的群体意识，对群体成员的行为起着重要的影响和规范作用；非正式群体有着自然形成的领袖人物，尽管没有经过正式的程序推举产生，但却具有很大的影响力。

非正式群体通过满足其成员社会交往需要而发挥着重要作用。人们往往由于工作场所贴近和工作联系频繁而形成工作之外较为密切的交往关系，如一起休闲，一起就餐，一起分享快乐与抱怨等等，人们愿意加入群体，旨在满足某种特定的需求，主要有：安全需要。个体通过加入一个群体，能够减少独处时的不安全感，因为个体加入一个群体之后，会增强自信心与力量感，在遇到挑战时更有勇气，遇到挫折时更有韧性。地位需要。一个人的地位如何，往往需要通过群体才能显示出来，而如果个体加入一个被别人非常看重的群体，其地位也会发生相应的变化。自尊需要。群体能够使其成员增强自我价值感，群体成员的身份不仅对群体外的人们产生相应的心理影响，同时能够使群体成员进一步认识自我，感受自己存在的价值，增强自信与自尊。情感需要。群体可提供成员更多的社会交往机会，个体在这种人际交往过程中，往往能够获得情感方面的满足。实现目标的需要。由于个人力量的有限性，有些目标依靠个人努力总是难以获得成功，而通过群体的共同努力，则可以使一些个体目标也能够实现。非正式群体的成员们通过开拓与发展自己的非正式沟通渠道，作为正式沟通渠道的补充，以了解与自身相关的种种事情；同时，管理人员有时也可利用非正式沟通网络来传递某些“非官方”的信息。

二、群体对个人行为的影响

特定数目的个体构成一个群体，一旦群体形成，便成为一个独特的、具有自己心理特点和行为规律的“个体”，而群体中的一个一个“分子”由于受群体心理的影响，受群体中其他“分子”的影响，往往会表现出个体在单独情境下的心理特征与行为倾向。这种表现既是个体适应群体的、实行自我保护的一种方式，同时也反映了个体心理活动的某种规律。

1．群体规范

在高尔夫球场上，当一方的合作伙伴上场时，他们不能相互交谈；在公共场合，雇员不能批评他们的老板；两个人在下象棋时，旁观者不能多言。为什么呢？答案是：规范。

所有群体都形成了自己的规范。所谓规范，一般指群体所确定的行为标准。这些标准为每个群体所认可，都必须遵守。大部分群体规范都是在群体内部自发形成的，并且潜移默化地影响着成员们的心理与行为的发展。群体规范让群体成员知道自己在一定的环境条件下，应该做什么，不应该做什么。群体之存在的基本条件之一是它的一致性，这种一致性表现为群体成员通过模仿、暗示、从众、服从等心理因素的影响，在行为、情绪和态度上的统一。在群体成员相互作用、相互影响的过程中，会发生一种类化过程，即彼此接近、趋同的过程，由此而形成了某种特定的群体规范。

群体规范形成并被群体成员认可之后，它们就成为以最少的外部控制对群体成员发生重要影响作用的手段。这种影响作用具有广泛性，大到成千上万人的集体行动，小到衣食住行、一言一行，都会表现出一致性。群体的正式规范是写入组织手册的，规定着员工应遵循的规则和程序。但组织中大部分规范是非正式的，例如，你用不着别人告诉就知道，在工作时间不能打私人电话，也不能无休止地与同事闲聊；同样，我们也清楚，在参加求职面试时，谈到自己对以前那份工作不满意的地方时，有些事情不应该谈，如在工作中难以与同事和上司处好关系；而有些事情谈起来就比较合适，如缺乏发展机会，工作没有挑战性等。

群体规范大体可以划分出三种类型：第一类群体规范主要与群体工作绩效方面的活动有关。群体通常会明确地告诉其成员，他们应该怎样工作，应当如何去完成自己的工作任务以及如何与别人沟通等等。这类群体规范对员工个人的工作绩效有重要影响，他们能够在相当程度上调整仅仅根据员工能力和动机水平所作出的绩效期望。第二类群体规范是有关群体成员形象方面的要求，包括如何着装，如有些组织制定了正规的着装制度，有些则没有，但即使没有这类制度，一些组织成员对于上班时间该如何着装也有些心照不宣的标准；此外，个人表现出对群体或组织的忠诚感也非常受到重视，在不少组织中，尤其是对专业技术人员和高层经营管理人员，公开寻找另一份工作会被认为是不合适的。第三类群体规范位非正式的社交约定，这类规范主要存在于非正式群体之中，一般用来约束群体内部成员的相互交往关系。

群体规范的作用大致表现为以下几个方面：①维系群体的作用。群体存在的一个重要标志在于群体成员在情感、认知与行为方面的一致性，而群体规范就是这种一致性的标准，它统一着群体成员的意见和看法，调节着他们的行为。没有群体规范，群体也就失去了其整体性，从而不复存在。由于群体是由许多个体结合而成的，要维持其整体性，就需要有一定的准则来约束其成员。一个群体的规范越标准化，成员的活动就越协调，关系就越密切，群体凝聚力也就越强。如果群体规范化的标准很低，群体就会很松散。可以说，没有群体规范就不会有群体的存在。②认知的标准化作用。1935 年，谢里夫利用游动现象的知觉作用，设计了一项实验，证明群体规范对于其成员的认知具有标准化作用。进行实验时，被试被带进一个暗室，坐在一张桌子面前，桌子上安放着一个电键。实验者告诉被试，房间变暗后，在前面不远的墙壁上会出现一个光点，只要光点一出现，马上按电键，以便让光点移动。然后让被试估计光点移动了多大的距离。实际上光点是不动的，但在黑暗的背景中注视一个微弱的光点，常常会使人产生“游动效应”。因此，在这种情况下判断光点移动的距离，是不受客观情况所影响的，而能够影响这种判断的，只能是群体规范。实验分别在两种情况下进行：第一种情况是被试先接受单独测验，然后再在群体条件下接受测验。在这种情况下，单独测验时个体之间判断的差别比较大，但是在群体接受测验时，判断差别迅速减少，各人的判断趋向于同一数值。第二种情况是个体一开始就在群体条件下测验，最后再单独测验。在这种情况下，可以发现群体影响不仅立即发挥作用，而且在被试单独测验时仍然会起作用。这两种情况都说明，在群体中产生的群体规范，制约着人们的认识活动，使群体成员在对某一事物的评价和看法上趋向于统一。谢里夫认为，群体规范是一种评价尺度，它可以用来评价行为、活动、信念或与群体有关的如何对象的可以被接受的程度以及必须加以反对的范围。③行为的规范作用。群体规范不仅约束着其成员的认知和评价，还约束着他们的行为，使他们表现出一定的群体行为特点。群体规范对行为的规范作用，主要是为成员划定了活动的范围，制定了日常的行为方式，告诉他们应该做什么，不应该做什么，怎样去做等等。

2. 群体压力与从众行为

群体对成员的作用主要是通过群体压力予以实现，在群体压力面前，成员往往会表现出从众(conformity)行为。

詹姆斯瑟伯用下面这段文字很传神地描述了人的一种从众现象：

突然，一个人跑了起来，也许是他猛然想起了与情人的约会，现在已经过时很久了。不管他想些什么吧，反正他在大街上跑了起来，向东跑去(可能是去马拉莫饭店，那里是男女情人见面的最佳地点)。另一个人也跑了起来，这可能是个兴致勃勃的报童。第三个人，一个有急事的胖胖的绅士，也跑了起来……十分钟之内，这条大街上所有的人都跑了起来。嘈杂的声音逐渐清晰了，可以听清“大堤”这个词。“决堤了！”这充满恐惧的声音，可能是电车上的一位老妇人喊的，或许是一个交通警说的，也可能是一个小男孩说的。没有人知道究竟是谁说的，也没有人知道真正发生了什么事。但是两千多人都突然溃逃起来。“向东!”人群喊了起来——东边远离大河，东边安全。“向东去!向东去!”一个又高又瘦、目光严厉、神色坚定的妇女从我身边擦过，跑到马路中央。而我呢?虽然所有的人都在喊叫，我却不明白发生了什么事情。我费了好大劲才赶上这个妇女，别看她已经快六十岁了，可跑起来倒很轻松，姿势优美，看上去还相当健壮。“这是怎么了？”我气喘吁吁地问她，她匆匆地瞥了我一眼，然后又向前望去，并且稍稍加大了步子，对我说：“别问我，问上帝去！”

一两个人，由于自己的某种原因开始跑起来，没多久，所有的人都跑了起来，为什么呢？因为别人在跑。按照瑟伯的故事，当跑的人终于弄清楚大堤根本没有决口时，他们会感到自己非常傻。但是，如果他们不遵从别人、不跑，而大堤真的决了口，他们就会感到自己更傻了！

那么，社会对从众与不从众这两者的喜爱或接受情况如何呢？斯坦利·沙赫特曾做过这样一项实验。在实验中有几组学生，每组都要讨论一个叫约翰尼·罗科的少年犯的犯罪史。组内每个成员都要阅读约翰尼的犯罪记录，读完后要求每个小组进行讨论，并从一张表格上所列的几个处理方案中选出一个。这张表格的处理方案从“最宽大处理”直到“最严厉的处理”共有好几种。一个小组有九名成员，其中六名是真正的被试人，三名是实验者的助手。这三名助手按照事先的安排，每人在组里扮演一个已事先精心演练过的角色。一个人扮演随大流者，他采取的态度是遵从六名被试人的多数意见；另一个扮演偏离者，他采取与小组成员的一般倾向正相反的态度；还有一个扮演游移者，他最初的态度与偏离者相同，后来在讨论过程中有逐渐滑向随大流者的从众态度。实验结果清楚地表明，遵从小组常规的随大流者最受欢迎，最不受欢迎的是偏离者。也就是说，在常规的团体中，从众者比不从众者更受欢迎。显然，在某些情况下，从众是符合人们心意的，不从众会引起麻烦。

群体压力与组织权威发布的命令不同，它不是自上而下明文规定的，也不是强制性地要求个体改变自己的行为。而是通过多数人一致的意见，形成压力以影响成员的行为。当一个人在群体中与多数成员意见不一致时，会产生一种心理上的压力，这种压力就称为群体压力。有时，由于群体压力非常大，以至使个人在强大的压力下（可以是真实的也可能是意想的压力）放弃自己的观点而采取和大多数人一致的意见，这种现象就叫作从众行为。一般地说，这种行为带有某种程度的被动性，它并非出于个体自愿，是一种在承受外在压力情况下迫不得已而作出的符合社会需求的行为。

1951 年，美国心理学家阿希（Solomon Asch）曾作过一项著名的实验，以证明在群体压力下，人们会产生“从众行为”。他事先设计了两张卡片，其中一张卡片上画着一条直线 X，另一张卡片上画着三条直线 A、B、C，三条直线的长度不同，差异非常明显，其中有一条直线和第一张卡片上的直线长度相同。然后把七、八名被试者组成一个小群体，让大家比较 A、B、C 三条直线中哪一条与 X 线等长。被试者只要大声说出第一张卡片上的那条直线与另一张卡片上三条直线中的哪一条直线长度相同就可以了。在这些被试者中，只有一名是真被试，其余均是事先串通好的“陪衬者”。试验前，阿希关照那些陪衬者故意作出一致的错误判断，并将真被试安排在最后发言。在正常情况下，被试都是能够正确地判断 X=B，错误概率小于 1%。但由于事先作了安排，结果就不同了。在假被试故意判断的压力下，真被试对自己的判断发生了怀疑，故也顺从了错误的判断。阿希曾组织了若干个这样的实验组，通过实验统计分析表明，在那些真被试中，有 35%的人放弃了自己的正确判断，而顺从了群体的错误判断。实验结束后，实验者对被试作了个别访问，询问其发生错误选择的原因，归结起来大致有三种情况：其一，被试观察确实发生了错误，因为把他人的反应作为参照点，引起了知觉上的歪曲；其二，被试自己的判断结论与他人不一致，但相信多数人的意见正确，所以附和了他人的意见；其三，被试明明知道他人的反应是错误的，但不愿与他人表示不同，故也跟着作出了错误的反应。实验者认为，只有第二种情况才是从众行为。“指鹿为马”、“皇帝的新衣”中所反映出来的现象，也包含着程度不同的“从众行为”。

一些心理学家通过对从众现象的进一步考察，认为在群体压力下，确实会有不少人产生从众行为，但这些人的从众情况是很不相同的，具体分析，大体有这样几种情况：一是表面从众，内心也从众。这是一种口服心服的状态，不但表面上接受大家的观点，内心也真实地觉得大家的见解是正确的。当个体处于这种心理状态时，其行为也会表现出主动性、积极性。二是表面从众，内心不从众。由于种种因素的作用，个体尽管很不赞同群体的意见或做法，但在表面上并不显露出来，相反表现出一种认同的态度，在这种心理背景下的行为具有被动性与消极性。三是表面不从众，内心却从众。由于自身的身份或地位比较特殊，考虑到公开表态后可能产生的影响，或者同群体内某些人之间微妙的人际关系状况，因而在公开场合并不赞同群体的意见和行为，但在内心或私下里却表示认同。四是表面不从众，内心也不从众。这种表里一致的行为常常容易导致同群体之间的冲突，使自己可能处于孤立状态，甚至脱离原来所在的群体。

从众是一种常见的现象。影响从众行为的因素很多，归结起来主要有：（1）情境因素。群体气氛较为宽松、民主的群体，不易发生表面从众，内心不从众的情况；而在群体气氛紧张、专断的条件下，则往往会强化个体的从众行为；另外，个体在群体中的实际地位如何，同他在从众方面的表现也会有直接的影响。（2）个性因素。指个人的智力、情绪等心理品质上的差异对从众行为的影响。一般情况下，那些智力较低、自信心较差、情绪不太稳定、自主性不强的个体，容易产生从众行为。（3）群体状况。群体松散，对群体成员的压力较弱，从众情况不会突出；群体凝聚力强，对成员会产生更大的压力，从而容易产生从众行为。此外，群体规模的大小，对成员的从众行为也会产生相应的影响，据分析，群体规模在7—8 人时，从众现象最容易出现。

从众现象同一定的文化背景也有所联系，一些民间谚语清楚地表明了这一点。在美国，人们常说“吱吱叫的轮子得到油”，日本人则说“冒尖的钉子遭锤打”，中国人也讲“枪打出头鸟”。罗德·邦德和彼德·史密斯曾用阿希方法在 17 个不同的国家做了 133 次实验，结果发现在集体主义的社会（如挪威、中国、日本）比在个人主义的社会（如美国和法国）人们更容易从众。不同性别的个体其从众性在各个国家略有不同，但基本一致，表现为女性比男性更从众。

此外，从众情况还同施加压力的团体的构成有关。一个团体若具备以下几点，更容易促使个体遵从它：①由专家组成；②对个人来说，团体成员是很重要的人物；③它的成员在某些方面与个人类似。

三、群体结构

任何类型的工作群体，都有着其特定的结构，这种特定的群体结构塑造着群体成员的行为，并使我们可以了解、解释和预测群体成员的行为状况、发展趋向以及学习有效管理群体，发挥群体的最大绩效。大致来说，群体结构主要内容包括群体角色、群体规模与群体构成三方面的内容。

1. 群体角色

角色（role）的概念最初来自舞台，例如，一个演员被指定扮演汉姆雷特的角色，这一角色以某些行为和品质为特征。这里运用角色这个词，是指人们对在某个社会性单位中占有某种位置的人所期望的一系列行为模式。莎士比亚在《皆大欢喜》剧本中写下了这样一段著名的台词：

全世界是一个舞台，
所有的男男女女不过是一些演员；
他们都有下场的时候，
也都有上场的时候，
一个人一生中扮演着好几个角色。

世界是一个大舞台，所有男人和女人不过是舞台上的演员。将这种比喻具体化，可以说，所有的群体成员都是演员，每个人都扮演着某种特定的角色。一个角色就是一种规则化的行为模式，它是通过人们对自己的和他人的期望及行动而建立起来的。正如乔纳森•特纳在《社会学理论的结构》一书中所说的“演员在舞台上有明确的角色，社会中的行动者也占据明确的地位；演员必须按照写好的剧本去演戏，行动者在社会中也要遵守规范；演员必须听从导演的命令，行动者也必须服从权势之人或大人物的摆布；演员在台上必须对彼此的演出作出相应的反应，社会成员也必须调整各自的反应以适应对方；演员必须与观众呼应，行动者也必须扮演各种不同的观众或‘一般他人’和概念化的角色；技能不同的演员赋予角色以独特的解释意义，行动者也由于各自不同的自我概念和角色扮演技巧而拥有独特的互动方式。”（《社会学理论的结构》第430页，浙江人民出版社1987年版）不过，如果我们每个人都只需要选择一种角色，并可以长期一致地扮演这种角色，对角色行为的理解将会简单得多。但实际上，在不同的环境下，不管在上班时，还是下班以后，我们都不得不扮演种种不同的角色。根据帕金森和希尔斯的说法，角色“是一个行为者倾向性的有机组成部分，这种倾向性构成并限定他在一个相互作用的过程中的参与”。每个社会个体所扮演的角色并不是单一的和一成不变的。甲是一名大型跨国公司的经理，在单位中，他要扮演多种角色，如：公司雇员，软件工程师，产品开发部经理。回到家里，甲可能是丈夫或妻子，对孩子来说，有可能是父亲或母亲，对自己的父母，则可能是儿子或女儿。同时，甲又是一名中共党员，社区志愿者，公民，业主管理委员会委员等。角色的本身虽然决定着角色体现者的某些共同特征，但它却不能决定每个角色体现者个人的活动和行为。因为每个角色体现者的个人行为倾向，都取决于个人所理解的角色理论及其角色内化的程度。而内化活动的本身有取决于角色体现者一系列的个性心理特点。因此，角色的行为往往是角色体现者的个性和对角色认知（内化）的统一。例如，一位优秀的管理者，由于他自身的素质和他对管理者角色的深刻理解，往往在他进入管理者的角色（职位）之后，能够获得良好的绩效。一个人对于自己在某种环境中应该作出什么样的行为反应的认识，主要来自于周围环境的种种刺激，包括朋友、书本、电影、电视、广播等内容的影响，以及自己在生活与工作中的种种感悟。

当个人对自己的角色认知同旁人对他的角色期待不一致时，便可能发生角色冲突。例如，对教师角色，人们的一般期望是“学高为师，身正为范”；对领导者，总是希望他们廉洁奉公，能力出众。如果学生发现自己的班主任在酒吧兼做招待员，一定会感到很惊讶，因为在他们的心目中，教师与酒吧招待员的角色期待差别太大了。此外，当个体面临多种角色期待时，也会发生角色冲突，也就是说，如果个体服从一种角色的要求，而难以同时服从另一种角色要求时，就会产生角色冲突。例如，有时对于家庭中的角色与工作单位里的角色两者很难兼顾，妻子与孩子希望他能够有更多的时间照顾家庭，多承担一些家庭的责任，以维护家庭的稳定；而作为担任公司总经理的他，身负重责，不得不夜以继日地投身于工作之中，难以腾出更多的时间照顾家庭，满足家庭对自己的期待，由此陷于深深的角色冲突之中。即使在组织内部，由于人们对同一的个体往往会有不同的角色要求，因而也不可避免地带来形形色色的角色冲突，这就需要予以选择或调节。例如，一个员工面临来自上司与同事给予他的多种角色期待，在此情况下，个体或是进行选择，以适应其中某一种角色要求，或是其他行为反应，使各种角色期待尽可能趋于一致。古人所说的“忠孝难以两全”也体现着一种深深的角色冲突。

角色冲突会给个体带来一种心理上的紧张感，这种角色紧张有害于个体的身心健康，因此一旦产生就应该设法消除。美国心理学家古德在《角色紧张》一文中提出了解决这种紧张感的具体方法：即从各种互为交叉的角色中挣脱出来，把有限的时间和精力用到那些对自己更有价值的角色上。而一个角色是否有价值则取决于这样三个方面：①该角色对个体的意义如何；②不扮演某些角色可能产生的积极和消极的结果；③周围的人对你拒绝某些角色的反应。

美国斯坦福大学的心理学家菲利普·津巴多（Philip Zimbardo）和他的同事曾进行了一项模拟监狱实验，他们在斯坦福大学的心理学系办公大楼地下室里建立了一所“监狱”，以每天 15 美元的价格雇佣了 24 名学生来参加实验。这些学生情感稳定，身体健康，遵纪守法，在普通人格测验中，得分属于正常水平。实验者对这些学生随意进行了角色分配，一部分人为“看守”，另一部分人为“罪犯”，并制定了一些基本规则。然后，实验者就躲在幕后，看事情会怎样发展。两个星期的模拟实验刚刚开始时，被分配做“看守”的学生与被分配做“罪犯”的学生之间，没有多大差别。而且，做“看守”的人也没有受过专门的训练如何做监狱看守员。实验者只告诉他们“维持监狱法律和秩序”，不要把“罪犯”的胡言乱语

（如“罪犯”说，禁止使用暴力）当回事。为了更真实地模拟监狱生活，“罪犯”可以像真正的监狱中的罪犯一样，接受亲戚和朋友的探视。但模拟看守 8 小时换一次班，而模拟罪犯除了出来吃饭、锻炼、去厕所、办些必要的其他事情之外，要日日夜夜地呆在他们的牢房里。“罪犯”没用多长时间，就承认了“看守”的权威地位，或者说，模拟看守调整自己，进入了新的权威角色之中。特别是在实验的第二天，“看守”粉碎了“罪犯”进行反抗的企图之后，“罪犯”们的反应就更加消极了。不管“看守”吩咐什么，“罪犯”都惟命是从。事实上，“罪犯”们开始相信，正如“看守”经常对他们所说的，他们真的是低人一等，无法改变现状。而且，每一位“看守”在模拟实验过程中，都作出过虐待“罪犯”的事情。例如，一位“看守”说，“我觉得自己不可思议……我让他们互相喊对方的名字，还让他们用手去擦洗厕所。我真的把‘罪犯’看作是牲畜，而且我一直在想，‘我必须看住他们，以免他们做坏事。’”另一位“看守”补充道，“我一到‘罪犯’所在的牢房就烦，他们穿着破衣服，牢房里满是难闻的气味。在我们的命令面前，他们相对而泣。他们没有把这些当作只是一次实验，一切好象是真的，尽管他们还在尽力保持自己原来的身份，但我们总是向他们表明我们才是上司，这使他们的努力收效甚微。”尽管参加这次实验的学生都是经过严格挑选的神智正常、情感稳定的人，但他们在实验中普遍表现出病态反应，为此，在实验进行了 6 天之后，研究人员就不得不终止了实验。

从这个监狱模拟实验中，我们可以看到，参加这次实验的学生，一开始也曾有原角色与新角色（看守或犯人）冲突的经历与体验，但很快地他们便进入到与他们原来的人格迥然不同的假设角色中，反映出环境对个体的角色塑造起着非常重要的作用。

2．群体规模

一些事实证明，小群体完成任务的速度要快于大型群体。不过，如果群体参与了解决问题的过程，则大群体比小群体表现得好。例如，12 个人以上的大群体更善于吸收多种不同的观点，因此，如果群体的目标是调查事件的真相，那么大群体应该是更为有效。而小群体善于完成生产性任务，因此，成员在 7 人左右的群体在执行任务时，会更加有效。

与群体规模大小相关的一项重要信息是社会惰化现象的存在。所谓社会惰化是指：一个人处于群体状态下的工作态度不如单独一个人工作时努力。根据传统的观念，群体精神对群体成员的工作态度会起到一种激励作用，从而会在总体上提高群体的生产力；至少，群体作为一个整体的生产力，能够达到群体成员个体生产力的总和。但一系列的发现使上述逻辑遇到了挑战。20 世纪 20 年代，德国心理学家瑞格尔曼在拉绳实验中，比较了个人绩效和群体绩效。他原先认为，群体绩效会等于个人绩效的总和，也就是说，3 个人一起拉绳的拉力是 1 个人单独拉绳时的 3 倍，8 个人一起拉绳的拉力是 1 个人单独拉绳时的 8 倍。但是，研究结果没有能证实他的推算。3 个人的群体产生的拉力只是 1 个人拉力的 2.5 倍，8 人群体产生的拉力还不到 1 个人拉力的 4 倍。类似瑞格尔曼的发现在其他一些相似的实验中也得到了证实：群体规模的增大，与个人绩效是负相关。就总的生产力来讲，4 人群体的整体生产力要大于 1 人或 2 人的生产力，但群体规模越大，群体成员个体的生产力却降低了。

导致社会惰化效应的原因众说纷纭，有的将其归结为人性本能的惰性，有的认为是由于群体责任分散而带来的责任感的弱化，也有的分析为当个人投入与群体产出之间的关系模糊使得个人贡献无法衡量时而造成的结果。不过，在不同的文化背景下，社会惰化现象表现并不一样。在个人主义价值观念比较突出的一些国家，社会惰化效应可能会比较突出；而在个人主义主要受群体目标激励的集体主义观念主导下，社会惰化情况就比较弱，甚至出现与社会惰化相反的情况，即集体的整体绩效要比成员单独工作时的绩效总和更高。

3．群体构成

一般情况下，群体活动总是需要多种技术和知识的结合与作用，才能顺利进行并完成组织目标。就此意义而言，由不同特质的个体如在性别、年龄、专业、学识、个性、观点能力、技能和见解方面各有特点的人员所组成的异质性群体，可能拥有更多的能力和信息，会增加群体有效地完成工作任务所需要的特征，创造出更好的工作效率。当然，这种异质性的群体会发生更多的冲突，但事实证明，在执行工作任务时，这种异质性群体比同质性群体会更有活力、更为有效。

根据群体人口统计学的研究，年龄和某个人加入某个特定群体或组织的时间等这样一些情况，可以帮助我们预测员工的离职率。特别值得注意的是，在那些经历不同的人所组成的群体中，由于群体成员之间沟通比较困难，因此，这种群体中的员工离职率较高。在这类群体中，冲突和权力之争一旦开始，就可能难以控制。在群体冲突越来越激烈的过程中，群体对其成员的吸引力会越来越小，他们离职的可能性就越来越大。研究标明，一个部门和工作群体的成员中，有一大部分是同时加入这个群体的，那么这些同类者之外的群体成员离职率较高；同样，如果同类者之间隔阂较深，他们的离职率也会上升。如果人们是在同一时间或大致同一时间进入某个组织的，那么他们就很可能愿意彼此加强联系，对群体或组织持相似的观点，愿意留在组织中。相反，如果群体成员进入这个群体的时间很不一致，群体内部的流动率可能会升高。

此外，群体内部其他方面的差异存在，与群体成员进入群体的时间这一点相比，更可能导致群体成员之间心理上的不平衡并使某些员工离职，这些差异包括：社会背景方面的差异，性别差异，教育水平差异等等。例如，一个群体成员皆为女性，这一点对预测离职率并不重要；但如果一个群体共 10 个人，而其中 9 个人为女性，仅一位男性，那么，这位男性员工离职的可能性就会比较大。

四、群体冲突

挪威人爱吃沙丁鱼，但是当渔民将捕捞的沙丁鱼运回港口时，发现大多数沙丁鱼已经死了，死鱼卖不上价，怎么办呢？聪明的渔民想出了一个办法，那就是将沙丁鱼的天敌——鲶鱼与沙丁鱼放在一起。每当渔民出海捕鱼时，总先准备几条活跃的鲶鱼，一旦把捕获的沙丁鱼放入水槽后，便把鲶鱼也放入水槽，鲶鱼因其活力而四处游动，偶尔追杀沙丁鱼，沙丁鱼因为鲶鱼的追赶而高度紧张，于是便四处逃窜，把整槽鱼搅得上下浮动，也使水面不断波动，从而氧气充足，由此保证了沙丁鱼活蹦乱跳地被运回渔港。因此，这种因冲突而产生活力的现象被称为“鲶鱼效应”。

1. 冲突及其类型

冲突一般表现为一种过程，这种过程的发生是由于一方感觉到另一方对自己关心的事情产生消极影响或将要产生消极影响，其中包括相互之间在目标方面的不一致，对事实的解释存在分歧，在行为期望方面的差别等等。

对于冲突在组织结构中的作用有着不同的看法。传统观点认为，所有的冲突都是不良的、消极的，都具有破坏团体、组织的作用，应当尽力避免。他们断定冲突是组织功能失调的结果，它是由于沟通不畅通、组织成员相互之间缺乏坦诚和信任，或管理者对员工的需要和期望目标不了解、不敏感等情况所造成的。这种传统的冲突观点在分析了冲突产生的原因后，设计了一套与之相对应的方法来对待引起冲突的个人行为。为了避免所有本质上不良的冲突，提高组织和群体的工作绩效，管理者必须认真研究冲突的原因，努力纠正组织系统中的功能失调。冲突的人际关系观点认为，对于所有的群体和组织来说，冲突都是与身俱来的，是不以人的主观意志为转移的。既然冲突无法避免，不可能被彻底消除，有时它还会对群体的工作绩效有益，为此，人际关系学派建议接纳冲突，使它的存在合理化。冲突的相互作用观点则认为，融洽、和平、安宁、合作的组织容易对变革的需要表现出静止、冷漠和迟钝。因此，它的主要贡献在于：鼓励管理者维持一种冲突的最低水平，这能够使群体保持旺盛的生命力，善于自我批判和不断创新。根据这一观点，认为冲突都是好的或都是坏的看法显然并不恰当，冲突是好是坏取决于冲突的类型。一些冲突支持群体的目标，并能提高群体的工作绩效，它们是具有建设性的、功能正常的冲突；另外有些冲突阻碍了群体的工作绩效，它们是具有破坏性的、功能失调的冲突。区别是功能正常或功能失调的冲突，其主要标准是看它对群体的影响，而不是它对任何群体成员的影响。例如，一名或部分群体成员可能认为某项活动属于功能失调，因为其结果令他或他们不满意。然而，如果这项活动促进了群体目标的实现，它就应当被认为是功能正常的。

2．冲突的过程

美国学者斯蒂芬·P·罗宾斯认为，冲突过程大致可以划分为以下5个阶段：

（1）潜在的对立或不一致。这一阶段存在可能产生冲突的条件，这些条件并不必然导致冲突，但它们是产生冲突的必要条件或曰冲突源。这些条件包括：①沟通情况。研究表明，由于文化背景、选择性知觉、缺乏有关他人的必要信息等情况的存在，会产生语义理解方面的困难，从而造成沟通障碍。此外，只有当沟通达到一定程度时，才会收到最佳效果；沟通过少和过多也会增加冲突潜在的可能性；还有，人们在相互之间传递信息时会进行过滤，来自于正式的或已有的通道中的沟通偏差也都提供了冲突产生的潜在可能性。②组织结构。研究表明，群体规模越大，任务越专门化，则越可能出现冲突；由谁负责活动的模糊性程度越高，冲突出现的潜在可能性就越大；管辖范围的模糊性也增加了群体之间为控制资源和领域而产生的冲突；当组织中不同群体追求的目标不同时，相互之间就会发生意见分歧，从而增加了冲突的可能性。③个人因素。主要指个人的价值观系统和个性心理特征，它们构成了一个人的风格，使得他不同于其他人，而这种不同也可能成为冲突的原因；有时一些非理性的偏见也会导致某种形式的冲突，如你可能莫名其妙地不喜欢某个人，以致对方说话的声音、微笑的神态、走路的姿势等等你都看不顺眼，觉得讨厌。当你同这样的对象共事，常常会不由自主地发生冲突。

（2）认知和个性化。当第一阶段所涉及到的条件对某一方关心的事情有一定程度的消极影响，则潜在的对立或不一致才会在第二阶段中将显现出来；只有当一方或多方认识到冲突或感觉到冲突时，前面所提到的条件才会导致冲突。在这一阶段，冲突问题开始变得明朗化了，双方将决定冲突的性质如何。因为对冲突的界定会极大地影响到可能解决冲突的方法。此外，情绪对知觉的影响也有着重要作用，一般来说，消极情绪会导致过于简单地处理问题，对对方的行为也会作出消极的解释。相反，积极情绪则增加了在问题的各项因素中发现潜在联系的可能性，以更开阔的眼光看待情境，所采取的方法也会更具有合理性。

（3）行为意向。指从事某种特定行为的决策。只有当我们判断出一个人的行为意向之后，才能知道他会作出什么行为。当然，行为意向与行为之间也存在着很多不同，因此，一个人的行为并不能准确地反映他的行为意向。处理冲突的主要行为意向大致有以下5种：①竞争。指一个人在冲突中寻求自我利益的满足，而不考虑他人的利益；②协作。指冲突双方均希望满足各方利益，并寻求相互受益的结果。在协作中，双方的意图是坦率澄清差异并找到解决问题的方法，而不是迁就不同的观点；③回避。指一个人可能意识到冲突的存在，但希望逃避它或抑制它，回避其他人与自己不同的意见；④迁就。指为了维持相互关系，一方可能愿意把对方的利益放在自己的位置之上，甘愿牺牲自己的目标而使对方达到目标；或者尽管自己不同意，但还是支持他人的意见；还有原谅别人的违规行为并允许他继续这样做；⑤折中。指冲突双方都放弃某些东西，而共同分享利益。在折中中没有明显的赢者或输者，他们愿意共同承担冲突问题，并接受一种双方都达不到彻底满足的解决办法。研究表明，人们在处理冲突的行为意向时，各人有各人的偏好，这种偏好是稳定而一致的，并且，如果把个人的智力特点和个性特点结合起来，可以有效地预测到人们的行为意向。因此，罗宾斯认为，更恰当地说，5 种处理冲突的行为意向是相对稳定的，而不是一个人为了适应恰当的环境而进行的选择。也就是说，当面对冲突情境时，有些人希望不惜一切代价获胜，有些人希望发现一种最佳的解决方式，有些人希望逃避，有些人希望施惠于人，还有一些人则希望共同分担。

（4）行为。行为阶段包括冲突双方进行的说明、活动和态度，也就是说，一方有行为，对方如何反应。冲突行为是公开地试图实现冲突双方各自的愿望。但这些行为带有刺激的性质，这种刺激常常与愿望无关。由于判断错误或缺乏经验，有时外显的行为会偏离原本的意图。

（5）结果。冲突双方之间的行为——反应相互作用导致了最后结果，这些结果可能是功能正常的，即冲突提高了群体的工作绩效；也可能是功能失调的，即冲突降低了群体的工作绩效。如果冲突能提高决策的质量，激发革新与创造，调动群体成员的兴趣与好奇，提供问题公开、紧张解除的渠道，培养自我评估和变革的环境，这种冲突就是建设性的。由于冲突允许百家争鸣，使得一些不同寻常的或由少数人提出的建议能在重要决策中增加分量，并因此提高了决策质量；冲突向现状提出挑战，并进一步产生了新思想，促使人们对群体目标和活动进行重新评估，提高了群体对变革的迅速反应力。在群体中，当成员之间存在冲突时，比他们总是意见一致更能促进工作效率的提高。调查者观察到这样一个现象：当群体分析了由群体成员个人作出的决策时，高冲突群体中的平均改进效果比低冲突群体的改进效果高出 73%。类似的结果还有，由兴趣不同的成员组成的群体相比同质群体来说，对各种问题的解决质量更高。一项研究表明，群体中的一致性越低，工作效率可能越高；对研究与开发方面的科学家进行的调查也发现，当其中存在一定数量的知识冲突时，他们的工作效率最高。当然，冲突对群体或组织绩效的破坏性结果也是客观存在的：不加控制的对立带来了不满，导致共同关系的解除。功能失调的冲突会降低群体凝聚力，使群体成员之间的明争暗斗成为群体的首要目标而群体目标则降到次位。在极端情况下，冲突会导致群体功能的停顿，并可能威胁到群体生存。

3．激发功能正常的冲突

如何激励组织系统中功能正常的冲突，这是一件颇有难度的工作。在高层管理者中，有相当一部分人是冲突的回避者，他们不喜欢听反面意见，不喜欢从相反方面谈论或思考问题。他们之所以能升到高层位置正是因为他们常常不会对上司的做法和行动提出异议。一名企业顾问曾指出，当自己的意见与上司的想法不一致时，北美企业中至少有70%的人会保持沉默，即使他们知道自己的想法更好，也会给上司留犯错误的机会。

也有一些组织在激励员工挑战现有系统并开发思路方面做了一系列新的尝试。如惠普公司对待不同意见的人进行奖励，即使他们的想法最后未被管理层采纳。IBM 公司有一个鼓励提出不同意见的正式系统，员工可以通过它向上司提出质疑，而不会受到处罚，如果意见仍得不到解决，该系统将提供第三方进行调解。一些注重激发功能正常冲突的组织都有一个共同特点，他们奖励持不同意见者而惩罚冲突的回避者。当然，对管理者来说，真正的挑战是当他们听到了自己不想听到的信息时，他们的态度会如何。一般来说，当一个人听到不同意见时，往往会不由自主地产生一种心理上的紧张感与受挫感，进而可能转化为一种想要反击的冲动。在这种情况下，作为管理者如何抑制自己的情绪，以一种平常心来对待这类反面信息，既不反驳指责，也不讽刺挖苦，而是平心静气地作进一步的沟通，这对于维护与发展组织内功能正常的冲突是非常重要的。

五、群体凝聚力

一位行善的基督徒，临终后想见天堂与地狱究竟有何差异,于是天使就先带他到地狱去参观。到了地狱，在他们面前出现一张很大的餐桌，桌上摆满了丰盛的佳肴，地狱的生活看起来还不错嘛!不用急，你再继续看下去。过了一会，用餐的时间到了，只见一群骨瘦如柴的饿鬼鱼贯地入座。每个人手上拿着一双长十几尺的筷子。可是由于筷子实在是太长了，最后每个人都夹不到。到了天堂，同样的情景，同样的满桌佳肴，每个人同样用一双长十几尺的长筷子。不同的是，围着餐桌吃饭的人们，他们也用同样的筷子夹菜，不同的是，他们喂对面的人吃菜，而对方也喂他吃，因此每个人都吃得很愉快。

所谓群体凝聚力是指群体成员之间相互吸引并愿意留在群体中的程度。研究表明，一般来说，凝聚力强的群体比凝聚力弱的群体更有效。但在实际组织活动中，凝聚力与群体工作效率之间的关系往往显得比较复杂。群体成员之间的关系融洽，有助于降低紧张情绪，提供一个顺利实现群体目标的良好环境，而顺利实现群体目标以及群体成员作为成功群体中一分子的感觉，有助于提高群体成员对群体的忠诚度。由此可见，群体凝聚力同群体绩效是相互影响的。

影响群体凝聚力的因素比较复杂，主要有：群体成员的同质性、满足个体需要的程度、不同领导方式的影响、不同奖励方式的影响、群体之间竞争的影响、群体社会地位的影响、信息沟通的影响、群体文化的影响、群体规模的影响等等。霍曼斯认为成本与报酬是解释社会交换形式最基本的范畴，成本指人们在社会交往行为中获得某种利益，或为实现某种目标而预先做出支付。报酬则指付出一定成本之后得到的回报。因此，群体凝聚力的形成、维系与发展都与成员在群体中的成本与报酬有关系。由于人们需要的多样化与复杂性，不仅有生存方面的物质需要，还有感情、心理、自我实现等方面的需要，如人与人之间的友谊、感情，获得尊重、承认，自我实现等；还有安全方面的需要，如使自己不受伤害、威胁，职位牢固，工作有保障，生活来源可靠等。如果群体能满足人们安全、社交等方面的需要，那么，即使物质生活差些，人们也会形成对群体的认同感。战后，日本企业实行“终身雇佣制”和与之相应的“资历工资制”，有的企业还为员工制订了从开始工作到退休的“终身”计划，使职工有了职业安全感，增强了对群体的归属意识，把自己的命运同企业的命运联系起来。日本经联团工业联合会在1991年春季对二千名职员和工人进行调查，其中80%的员工认为公司比家庭重要。

思考：

有句老话：上司并不总是对的，但他毕竟是上司。其言下之意是不要与自己的上司争执，因为他对你具有权威性。但如果你知道上司的行为实际上是错误的，你会如何？在这种情况下公开附和你的上司，是否表明你做人的正直标准降低了？如果压抑自己的不同意见，这种做法可能在策略上是精明的，但是否表明你缺乏原则性？

组织中的从众规范是非常强烈的。如果某个人公然向长期得到大家宽容的有问题的行为挑战，就可能被认为同大家过不去或对组织不忠诚。有一种观点认为，与群体和组织规范保持一致，有助于人们的团结，这种一致性能够促进合作，增强群体凝聚力，形成标准的群体行为，并强化组织的有效性。另一种相反的观点认为，貌合神离的从众无助于提高组织的运行效率，却会埋下日后发生冲突的种子。

1．在是非问题上，当你不同意上司的做法时，你会怎么办？

2．如果你是上司，你愿意听到你的员工公开反对你吗？如果是这样，你愿意你的员工以怎样的方式表达他们的观点？

为了避免鼓励员工不讲原则地与组织保持一致，同时鼓励员工对组织忠诚和群体凝聚力，组织应怎么做？

第七章　组织行为与激励

夫用兵之要，在崇礼而重禄。礼崇则智士至，禄重则义士轻死。

——《太公兵法》

挪威人喜欢吃沙丁鱼，尤其是活鱼。市场上活沙丁鱼的价格要比死鱼高许多。所以渔民总是千方百计地想法让沙丁鱼活着回到渔港。可是虽然经过种种努力，绝大部分沙丁鱼还是在中途因窒息而死亡。但却有一条渔船总能让大部分沙丁鱼活着回到渔港。船长严格保守着秘密。直到船长去世，谜底才揭开。原来是船长在装满沙丁鱼的鱼槽里放进了一条以鱼为主要食物的鲶鱼。鲶鱼进入鱼槽后，由于环境陌生，便四处游动。沙丁鱼见了鲶鱼十分紧张，左冲右突，四处躲避，加速游动。这样一来，一条条沙丁鱼欢蹦乱跳地回到了渔港。这就是著名的"鲶鱼效应"。

猎人甲一大早扛着猎枪、带着干粮外出打猎，傍晚时分，提着两只兔子兴冲冲返回家。远远看见家门关着。一直走到门口没见动静，便举手敲门。门开了，他妻子站在面前，一眼看见丈夫提着的猎物，冷冷地甩出一句话："就打了两只兔子？"甲虽没吱声，心里很不高兴："你以为兔子就那么好打？"第二天，甲依然一早出门，晚上却空着手回到家，妻子不满，丈夫无言。

猎人乙也是一早出门打猎，傍晚时提着两只兔子往家赶，远远看见家门开着，便加快了脚步。离家还有几十步距离时，妻子已跑着迎了出来，一下子扑到了乙的怀里，并惊叹道："哇！你真了不起，竟然打到了两只兔子！"乙心里美滋滋的："哼，这有什么，我还可以打得更多。"第二天，乙的猎物是四只兔子。

一个单位、一家企业，如何才能增强凝聚力？怎样才能提高成员的工作效率？这是每一位管理者都非常关心的课题，就管理心理学而言，这就是激励理论所要研究的问题。

一家酒店的老总在一次酒店行业发展研讨会上作报告时，有位听众问道："你在事业上取得了巨大的成功，请问，对你来说，最重要的是什么？"酒店老总没有直接回答，他拿起粉笔在黑板上画了一个圈，只是没有把圈画圆满，留下了一个缺口。他提问道："这是什么？"台下听众七嘴八舌地报出答案，都被一一否定。

最后，酒店老板说道，“其实，这只是一个未画完整的句号。你们问我为什么会取得辉煌的业绩，道理很简单，我不会把事情做得很圆满，就像画个句号，一定要留个缺口，让我的下属去填满它。”这就是一种通过“分权管理”来实现激励功能，让下属去补上老板决策后没能画完整的圆。留个缺口给他人，并非是管理者的能力不强，实际上，这是一种管理的智慧，是一种更高层次上的带有全局性的圆满。

一、激励的涵义

什么是激励？激励一词译自英语单词 Motivation，意指一个有机体在追求某些既定目标时的愿意和努力程度。它含有激发动机、激励行为、形成动力的意义。关于激励的定义。美国管理学家贝雷尔森（Berelson）和斯坦尼尔（Steiner）给激励下了如下定义：“一切内心要争取的条件、希望、愿望、动力等都构成了对人的激励。……它是人类活动的一种内心状态。”佐德克（Zedeck）和布拉德（Blood）则认为，激励是朝某一特定目标行动的倾向。爱金森（Atchinson）认为，激励是对方向、活力和行为持久性的直接影响。盖勒曼（Gellerman）认为激励是引导人们朝着某些目标行动，并花费一些精力去实现这些目标。沙托（Shartle）认为激励是“被人们所感知的从而导致人们朝着某个特定的方向或为完成某个目标而采取行动的驱动力和紧张状态”。

我们还可以在列出一些定义，但多数定义似乎都基本上强调了同样的内容——一种驱动力或者诱发力。显然，这些驱动力或诱发力都是基于未满足的需要。实现激励的关键在于是否能够满足个体的某些需要，就此意义而言，可以把激励看成为一个满足需要的过程：

未满足的需要→紧张→驱动力→寻求行为→满足需要→紧张缓解

当一个人受到激励时，他会努力工作。但是高水平的努力不一定能带来高的工作绩效，除非这种努力是指向有利于组织的目标。因此，我们不仅要考虑努力的强度，还必须考虑努力的指向，也就是说，我们所要追求的应当是指向组织目标并且和组织目标保持一致的努力。有些员工在工作期间也表现出高努力水平，但却与组织利益背道而驰，例如，一些员工在上班时间忙于做自己的私活，或者津津乐道地与朋友聊天，这也是高水平的努力，但同组织目标根本不一致。

作为人类心理方面特征的激励，它既是行为的钥匙，又是行为的键钮，按动什么样的键钮就会产生什么样的行为。激励状况决定着个体的努力程度，它对人们在其承诺的某一特定方面的行为具有始发、引导和支持的作用。现实生活中，一些能力并不怎么强的人，往往通过自己的主观努力而作出显著成就，晋升到较高地位，原因就在于他们通过强烈的内驱力的激发而获得的。激励是管理的一个过程，主要表现为利用有关动机的知识来影响人们的行为，管理中的金科玉律“赏罚分明”，正是为了激励、调动对象的积极性。可以说，每个人都需要自我激励，需要得到来自家人、朋友、同事、团体、组织等方面的激励和相互之间的激励。作为一名管理者，为了实现既定目标，必须注意培养和加强实施有效激励的能力。在一般情况下，激励表现为外界所施加的吸引力或推动力，激发成自身的推动力，使得组织目标变成为个人目标。

人是集体人、社会人，一个人的行为，必然会受到外界推动力或吸引力的影响，这种推动力和吸引力，通过个体自身的消化和吸收，产生出一种自动力，才能使个体由消极的“要我做”转化为积极的“我要做”。自动力越大，行为也就越积极，反之亦然。自动力之大小，虽与推动力或吸引力之强度有关，但也离不开个体自身的因素。同样，强度的推动力与吸引力，对于不同的人可能会产生强弱悬殊的自动力，对人的行为产生不同的影响。

一些行为科学家曾做了许多实验，以证明经过激励的行为与未经过激励的行为效果大不相同。例如，心理学家曾做过一个警觉性试验，试验是用一个光源调节发光强度，记录被试者辨别光强度变化的感觉以测定其警觉性。试验分为四个组：A 组为控制组，不施加任何激励，只是一般地告知试验的要求与方法；B 组是挑选组，应试者被告知，他们是经过挑选的、觉察能力最强，理应错误最少的成员；C 组是竞赛组，明确要以误差次数评定小组优劣与名次；D 组为奖励组，每出现一次错误罚一角钱，每次无误奖励 5 分钱。试验结果如下：

组 别	激 励 情 况	误差次数	名次
A	不施加任何激励	24	4
B	个人精神激励	8	1
C	组织精神激励	14	3
D	物质激励	11	2

从这一试验的结果来看，至少可以得出两个结论：第一，经过激励的行为与未经过激励的行为存在明显的差别。用个人精神激励法，其误差次数仅为未经激励小组的三分之一，用物质激励法，也是误差减少一倍以上，由此反映出激励的重要功能；第二，不同的激励方式对行为具有不同的影响。当然，我们不能简单地断言某种激励方式最为有效，因为这里还涉及到激励对象的具体情况，也就是说，对不同的激励对象，应当运用哪一种激励方式，这是一个需要具体探讨的课题。

一些行为科学家在对员工激励的调查研究中积累了大量的资料，认为，在激发成员动机方面存在着很大的潜力。哈佛大学教授威廉·詹姆士发现，按时计酬的职工只需发挥 20—30%的能力，即可保住职业而不被解雇；如果受到充分的激励，则职工的能力可以发挥到 80—90%，其中 50—60%的差距系激励作用所致。这一定量分析使人们很为吃惊。因为大多数企业的领导人与管理人员，每当出现困难，影响生产绩效与任务完成时，总是首先想到设备与工艺改进，而没有充分注意到在他们周围有如此巨大的能力未被利用。

当然，激励只是决定个体工作绩效的诸多因素之一，其他比较重要的因素还包括个体自身的工作能力、可供利用的资源、工作环境与条件（包括人际关系状况）等等。例如，作为一名大学教师，你有着很强的动机去追求事业的成功，希望自己在教学与科研方面有更出色的表现。但是这一动机的实现，还同你自身的能力、努力程度、科研条件、同事间的协作、学生的配合等因素相关，也就是说，主客观的众多因素都在一定程度上影响着个体动机的实现状况。

有人曾将激励比喻为冬季北方房屋里的暖气，因为热量会慢慢逃逸，炉内必须保持燃料循环补给才能维持房间温暖。激励也是一种供给不足的短缺资源，需要定期补充，也就是说，激励的理论和实践是一个不断进行、永无休止的过程，为此，需要不断地对激励进行理论上的研究和实践上的投入。

在管理实践中，激励是管理者、领导者需要精心把握的一种领导艺术，是衡量领导者、管理者能力的一项重要内容。经过多年对管理与激励问题的研究，各种各样的激励理论应运而生，每一种理论都从不同的侧面涉及到人类心理与行为的特定内容。目前比较有影响的激励理论主要有需要理论、公平理论、期望理论、双因素理论等。

二、需要与行为

南山坡住着一群兔子。在蓝眼睛兔王的精心管理下，兔子们过得丰衣足食，其乐也融融。可是最近一段时间，外出寻找食物的兔子带回来的食物越来越少。兔王发现，原来是一部分兔子在偷懒。而且，那些偷懒的兔子不仅自己怠工，对其他的兔子也造成了消极的影响。那些不偷懒的兔子认为，既然干多干少、干好干坏、干与不干都一个样，那还干个什么劲呢？便也跟着偷起懒来。

兔王决心要改变这种状况，宣布谁表现好谁就可以得到他特别奖励的胡萝卜。一只小灰兔得到了兔王奖励的第一根胡萝卜，这件事在整个兔群中激起了轩然大波。有几只老兔子前来找他谈话，数落小灰兔的种种不是，质问兔王凭什么奖励小灰兔？兔王说："我认为小灰兔的工作表现不错。如果你们也能积极表现，自然也会得到奖励。"于是，兔子们发现了获取奖励的秘诀：只要善于在兔王面前表现自己，就能得到奖励的胡萝卜。那些老实的兔子因为不善于表现，总是吃闷亏。于是，日久天长，在兔群中竟然盛行起当面一套背后一套的风气。许多兔子都在想方设法地讨兔王的欢心，甚至不惜弄虚作假。

为了解决兔子们弄虚作假的弊端，兔王在老兔子们的帮助下，制定了一套有据可依的奖励办法。这个办法规定，兔子们采集回来的食物必须经过验收，然后按照完成的数量得到奖励。一时之间，兔子们的工作效率为之一变，食物的库存量大有提高。但兔子们的工作效率在盛极一时之后，很快就陷入了每况愈下的困境。兔王感到奇怪，仔细一调查，原来在兔群附近的食物源早已被过度开采，却没有谁愿意主动去寻找新的食物源。

根据心理学的原理，产生行为的直接原因是动机。动机是引起个体行为、维护该行为，并将行为导向某一目标的过程。例如，一个人渴了，想要喝水，就会产生寻找饮料的行为，行为指向一定的目标，直至找到饮料为止。一个人工作中经常遇到困难，就会产生想学习、进修的动机，这一动机引导他寻找各种学习、进修的机会。

那么，促使动机产生的原因又是什么呢？心理学家认为主要有两个来源：一是内在条件，即需要。当个体缺乏某种东西时，便会产生需要。"缺乏某种东西"大致有两种情况：一种是缺乏个体内部维持生理作用的物质因素（如食物、饮料、药品等）；另一种是缺乏社会生活所必须的心理因素或文化因素（如成就、荣誉、尊重、归属或文化、业务进修等）。当一个人缺乏这些东西时，就会感到身心不安、紧张或不舒服，从而产生某种需要；二是外部条件，即外来的刺激。外部的刺激也会引起动机的产生，例如，一个职工提出辞职或不安心本职工作，可能是由于外单位优厚报酬的诱惑，或者是外单位工作条件比本单位强。当一个人看到自己的同学或同事在事业方面有了新的发展，走到了自己前面，也往往会形成激发自己进一步努力的动机。当外部条件不变时，内在的需要是一个人产生动机的根本原因。需要使一个人产生欲望和驱动力，这种驱动力就是动机，它是推动人们去从事某种活动的内在动力，并导致行为的产生。

同样的一种行为，可能隐蔽着不同的动机。弗洛姆在分析"勇敢"这一行为特征的动机背景时揭示道：勇敢的行为可能是受到野心所激发，因此一个人才会在某种状态下冒着生命危险而使他被赞誉的欲望得到满足；勇敢的行为也许是受到自杀的冲动所激发，这种冲动驱使一个人去寻求危险，因为他有意识或无意识地轻视自己的生命，想毁灭自己；勇敢的行为也可能由于完全缺乏想象力所刺激，因为他不知道会遭到危险；勇敢的行为也可能是为了真正献身于理想或目标而激发的，这种动机通常被认为是勇敢的原动力。（《自我的追寻》第 50 页）鲁迅先生对"反抗"行为的心理动机也作过具体的分析，他说："每一革命部队的突起，战士大抵不过是反抗现状这一种意思，大略相同，终极目的是极为歧异的。或者为社会，或者为小集团，或者为一个爱人，或者为自己，或者简直为了自杀。然而革命军仍然能够前行。因为在进军的途中，对于敌人，个人主义者所发的子弹，和集团主义者所发的子弹是一样能够制其死命的；任何战士死亡之际，便要减少些军中的战斗力，也两者相等的。但自然，因为终极目的的不同，在行进时，也时时有人退伍，有人落荒，有人颓唐，有人叛变。"（《非革命的急进革命论者》，《鲁迅全集》第 4 卷第 226 页）

按照心理学所揭示的规律，动机支配着人们的行为，而动机又由于某种需要引起。所以要探索人们的行为原因，激发人们的工作积极性，就必须研究需要。需要在我们的专业术语中意味着使特定的结果具有吸引力的某种内部状态。一种未满足的需要会给人带来紧张感，进而在躯体内部产生内驱力。这种内驱力会产生寻求行为，去寻找能满足需要的特定目标；如果目标达到，需要就会满足，并进而降低紧张程度。

需要理论主要阐述人们需要什么来满足生活需要，特别是与工作相关的需要，为此，它把焦点集中在人们满足需要的动机上，认为，当个体在生活中尚未达到某种水平的满足时，他就要受到激励，使这些被激励的对象处于一种紧张状态。为缓解紧张，他们会努力工作；紧张强度越大，努力程度就越高。如果这种努力成功地满足了需要，紧张感会减轻，这些需要将不再成为激励因素。由于我们感兴趣的是与工作有关的行为，所以这种减轻紧张程度的努力必须是指向组织目标的，也就是说，满足需要必须和组织目标相一致。

1. 需要及其基本特点

需要，一般指人体和社会生活中所必要的事物在人脑中的反映，或者说是个体对某种对象的渴求和欲望，它是人与人之间所共有的、一致的、带有普遍意义的、激起心理活动的动力。

需要的基本特征大致有：

第一，任何需要总是具有特定的对象。需要总是对于某种东西的需要，包括对于某种物质性物品的需要，对于某种精神性因素的需要，等等。

第二，一般的需要具有周而复始的周期性特点，而比较复杂的需要并没有周期性。但是在具备一定条件时，它们也会多次重新出现，当然，这不是简单的重复。需要的不断重新出现是需要形成和发展的重要条件。

第三，需要随着历史发展而发展，随着个体生理、心理的发展而发展，随着满足这种需要的对象范围的改变和满足它的方式的改变而发展的。奥地利心理学家阿德勒在分析人的需求发展时说道："它与身体的生长并行地发展着。它是生命自身的一种固有的需要……。我们所有的机能都遵循这个方向前进；不论是正确的或是错误的，它们总是为了征服、安全、增长而斗争。从负到正的冲动是永不停止的。从'低级'到'高级'的欲求永不休止。我们的哲学家和心理学家不论想出什么样的前提，——自我保存、快乐原则、平等——所有这一切，虽然表达得不清楚，但都是力图表现这种巨大的上升的内驱力。"肯定了人的生命永不休止的欲望与需求。马克思和恩格斯在《德意志意识形态》中指出："已经得到满足的第一个需要本身，满足需要的活动和已经获得的为满足需要用的工具又引起新的需要。"（《马克思恩格斯全集》第 3 卷第 32 页）这里，马克思、恩格斯把人的需求看作是一个无穷尽的追求过程，将需要的满足看成是暂时获得的平衡态，而且这种需要满足的本身又是追求新的满足的起点，也就是产生非平衡态的条件，由此出发，人又朝新的、更高层次的平衡态追求。在早期人类社会，人们的需要比较简单，大都是为了追求生理和安全的需要而活动，随着生产力的发展，人们物质文化水平的提高，需要变得越来越复杂，人们除了物质需要之外，还产生了多种多样的精神需要。例如，过去的乡村农民将“二十亩地一头牛，老婆孩子热炕头。”作为自己毕生追求的理想生活目标，而现在的新一代农民，则早已有了更为丰富、更为现代的理想生活模式。

第四，需要的特殊性。在日本的一家动物园，有位饲养员特别爱干净，对动物也特别有爱心，每天都把小动物住的小屋打扫得干干净净。结果动物们开动慢慢萎靡不振了，有的厌食消瘦，有的生病拒食，有的甚至死了。后来，通过观察才发现，那些动物都有自己的生活习性，有的喜欢闻混浊的骚气，有的看到自己的粪便反而感到安全等等。寓意：有效的管理必须针对组织内个体的需求，包容个体的差异性，并在此基础上灵活应对、多元管理。

生活于社会中的每一个个体，由于所处的社会地位、个人的生活经历、对外界事物的主观感受等情况的不同，因而在需要方面也往往表现出不同的追求。例如，大学毕业生在就业选择时，有的选择“红道”（即从政），有的钟情“黄道”（即经商或谋求高薪职位），有的义无返顾走上“黑道”（学术、科研）。

第五，需要的普遍性。尽管个体之间存在着许许多多的个性心理差异，但也有许多心理品质是一致的，即还存在着普遍性。对于需要来说，也是如此，人们所熟知的“爱美之心，人皆有之”，“食色，性也”，都反映了人类在需要方面所存在的共性。我们说，不论是属于生理性的需要，还是属于社会性的需要，之所以有时会超越时代、民族、阶级的限制，产生人类某些共同性的需要，主要有两方面的因素：其一，由于人们感受内外刺激和形成感觉的生理器官、结构和机制是基本相同的，这是多数人产生共同需要的生理基础。高尔基说过，一个人，甚至当他是个“彻头彻尾”的市侩的时候，仍然是爱美的，对美的渴望是一种健康的“倾向”，构成这种渴望的基础是属于生物学的一种对完美形式的追求。其二，人类的本性结构是人类心理结构的物质基础，既然人类的生理结构是相同的，那么，人们的心理结构和心理活动的规律也就必然有许多相同之处。所以，需要在一切正常人身上，也就必然有许多共同的特征。

第六，人的需要是有意识与无意识、理性与非理性的统一。传说中有个地主去拜访一位部落首领，想要块土地。首领说，你从这儿往西走作一个标记，只要你能在太阳落山之前赶回来，从这儿到那个标记之间的土地就都是你的了。结果，直至太阳落山地主也未能赶回来，因为他太贪心，走得太远而累死了。想要得到的太多，最终却什么也没能得到，相反还赔上了性命，这显然并不是一种理性的行为。弗洛伊德认为，人的心理结构由“本我”、“自我”、“超我”三个部分组成。“本我”即无意识，是一种性欲的原始、本能的永恒冲动，它遵循“快乐的原则”，强烈地寻求发泄和满足。在心理结构的三部分中，本我即无意识的欲望冲动是最根本的东西，它是人的先天的本质，是人的心理的根本要素。人们的任何言行都不是偶然的，都是某种意图的表现，但这种意图自己未必都能意识到，常常是无意识的。例如，一次，一位主持会议的人失口说出："人大体已到齐，现在宣布散会。"在弗洛伊德看来，这并不是偶然的，而是因为这位会议主持人无意识之中存在着一种"想尽快结束这个会"的心情。主持会议者有主持会议的义务，所以，即使个人不愿意，从责任上讲也不允许随意散会。"希望尽早开完这个会"这一反常的欲望却潜伏在无意识领域中，而主持人本身并未察觉。但是这种心情并非因此就消失了，它还会以舌误或做梦等形式表现出来。由此弗洛伊德认为，人的整个精神生活和由此而发生的行为，包括对需要的追求，都是无意识的，意识只是附加的东西。这样，根据弗洛伊德的理论，人类的需要同动物的需要也就不存在本质的差别。

应当肯定，在人类身上确实存在着某些难以令人理解的心理特征和行为，存在着属于无意识、非理性范围内的内容。据《佛本行集经》记载：商人慈者，家富有，仍不满足，要去海上寻宝，不顾母亲苦劝，随同500商人一起出海，航行中遇风浪，500人都淹死，惟慈者漂到一座岛上，来到一座银城，有四女子迎接，与其共享欢乐，三个月后，厌倦，悄悄出走，又来到一座金城，遇八女子，共享欢乐三个月后，不满足，出走来到颇梨城，遇16女，欢欢喜喜过了三个月，再次出走，来到琉璃城，遇32女，过了三个月，贪心未敛，出走后来到铁城，被夜叉捉住，将燃烧着的大铁轮套在他的头上，至此，慈者才后悔莫及。这种"贪得无厌"的心理倾向应该属于非理性范畴；其他如"男女搭配，干活不累"等现象也含有深刻的无意识内容。但人类心理特征和行为的主导性方面，往往表现出与动物完全不同的理性化倾向，例如，在"饮食男女"的需要方面，人与动物就有着本质的不同。动物出于自己的本能需要，在满足方式或所采取的手段上都是无所顾忌的；而作为社会化个体的人，生活在复杂的社会环境中，他在满足这些需要时，必须考虑到与他人的关系如何处理，如何调整自己的行为以适应于现存的社会制度，必须使自己的行为与社会规范及道德准则相一致。

同样是饮食，在动物那里表现为自然性的需要，而在人那里则打上了社会性需要的印记。对人来说，"饮食男女"既是自然性需要，又是社会性需要；自然性需要是以被扬弃的形式包含在社会性需要之中的。总之，对于人来讲，"饮食"不仅仅是为了充饥，也常常具有美食、炫耀、交易等倾向；"男女"不只是交配，还常常包含有婚姻、爱情、交易等内容。

马克思说过："人来源于动物界这一事实已经决定人永远不能摆脱兽性，所以问题永远只能在摆脱得多些或少些，在于兽性或人性的程度上的差异。"（《马克思恩格斯全集》第20卷，第110页）

2．激发需要的条件

需要是激励过程的起点，在管理活动中，要有效地激发个体的动机，调动起工作积极性，就必须首先了解激发个体需要的条件是什么。一般来说，个体需要的产生，有赖于个体当时的生理状态、社会情况以及个体的认知。

需要产生的生理状态。生理学研究表明，饥饿需要的产生依赖于味觉、胃的收缩、血液含糖浓度、荷尔蒙（激素）状态以及神经活动等等。脑及神经系统与需要的产生有关，特别是某些欲望的产生更是如此。目前，科学研究在饥渴需要及性欲产生等问题上已取得一些效果，但有关其他需要产生的生理原因，目前尚缺乏论证。

需要产生的社会情景。社会环境往往容易激发或增强已产生需要的强度，在社会情景中产生需要最强有力者，则为目标对象。例如，嗅到或看到诱人的食物，容易产生饥饿的感觉；文艺刊物、书籍、电影中过多的采用自然主义描写两性关系的段落、镜头，容易使人产生性的需要或是增强已有的性欲。良好的环境、正面的灌输，也容易使人产生高级的需要。由于社会环境的构成因素是复杂的，所以作为个人应慎重地处理和选择有益的社会影响，压抑不良的社会环境影响下所产生的不正当需要。

认知因素的作用。为验证需要产生与认知的相互关系，一些心理学家进行了大量的所谓"剥夺食物的实验"，实验证明，当个体处于饥饿状态而又禁止他获得食物时，个体很容易产生对食物的幻想。例如，一些心理学家对海军中刚入伍的新兵进行了剥夺食物的实践研究。实验间隔的时间各为一、四、十六小时，然后放映光度微弱的影片给他们看（实际上只让电影机转动，并没有镜头），再让他们将看到的印象记录下来。结果，他们所记录下来的都是些影片中根本没有出现过的各种各样的食品。同时还发现，剥夺食物时间的长短与对食物幻想的强度成正比。后来，又放映清晰的图片，让他们解释图片中的活动，结果也发现，事物剥夺与认知之间有着密切的关系。

3．马斯洛的需要层次论

在日本的一家动物园，有位饲养员特别爱干净，对动物也特别有爱心，每天都把小动物住的小屋打扫得干干净净。结果呢，那些小动物一点也不领他的情，在干净舒适的环境里，动物们开动慢慢萎靡不振了，有的厌食消瘦，有的生病拒食，有的甚至死了。后来，通过观察才发现，那些动物都有自己的生活习性，有的喜欢闻混浊的骚气，有的看到自己的粪便反而感到安全等等。这个寓言说明了这样一个道理，有效的管理必须针对组织内个体的需求，包容个体的差异性，并在此基础上灵活应对、多元管理。

激发动机的基础在于人们的需要，因此许多心理学家都把人的需要作为一个主要课题来进行研究。关于人类的需要和动机，马克思没提出过系统的心理学说明，但他在讨论经济学、哲学和科学社会主义问题时，曾多次涉及过这一问题。马克思和恩格斯在1840—1846年合著的《德意志意识形态》一文中，将人类的需要概括为三大类，即生存需要、劳动需要和社会需要。并认为人类的第一个历史活动就是为了满足生存的需要。他在谈到劳动创造的多种意义时指出：作为生存的手段，劳动有谋生的意义；作为人的基本特征，劳动创造是个人生命的表现形式或个性特点的发挥，是一种个人的乐趣；作为他人所需要产品的生产活动，劳动创造又是个人社会本质的表现。

在所有各种需要理论之中，比较有代表性的、应用最广泛的当首推马斯洛的需要理论。

列宁在《哲学笔记》中曾谈到人的心理结构问题，他说："人的思想由现象到本质，由所谓初级的本质到二级的本质，这样不断深入下去，以至于无穷。"揭示了一个事物所包含的本质是多级的，即有最基本的本质，又有次基本的本质，还有……，这种本质的多级性，事实上就是事物的层次性。列宁的这个思想对于理解需要层次理论具有一定的指导意义。

管仲在《管子·牧民》篇中提出："仓廪实而知礼义，衣食足则知荣辱。"按管仲的说法，人存在两种基本需要：一种是物质需要，另一种是精神需要，并认为生理需要是基础，而心理需要则为更高一层的需要。马斯洛通过对人类需要的具体分析，将它们概括为五种层次，并对这五种层次需要之间的相互关系作了分析。一般来说，人们对马斯洛的需要层次论并不会感到陌生，问题在于如何正确认识、理解这一理论，并在管理实践中予以参考借鉴。

（1）生理需要

凡是能够满足个体生存所必须的一切物质都为生理所需要。生理需要是人类最原始、最基本的需要，如衣、食、住、行、婚姻、疾病治疗等等，这些需要如果得不到满足，人类的生存就会成问题，其他需要自然无从谈起。由此可认为，生理需要是推动人们行动的强大动力。列宁曾一再提到觉悟是从物质利益中产生出来的，毛泽东也常说穷则思变，都肯定了物质利益、生存需要的重要意义。

具体而言，应注意以下三个方面问题：

首先，必须重视人们的物质利益，满足人们的生理需要。辨证唯物主义认为，社会的物质生活决定社会的精神生活与民族的兴旺。一切阶级与个人，不论其阶级地位与意识倾向，他们的活动和斗争，最终目的都是为了物质利益而奋斗的。"人们奋斗所争取的一切，都同他们的利益有关。"（《马克思恩格斯全集》第一卷第82页）从我国现实情况来看，生产力发展水平大大落后于发达的资本主义国家，一些地区温饱问题还没有解决。在就业市场上，报酬常常成为求职者首先关心的问题；对一些跳槽来说，薪水总是一个关键性的因素；即使在一些征婚广告上，物质条件也往往被置于非常醒目的位置。人们对物质利益的普遍关注也是同现阶段我国经济发展状况相适应的。为此，在管理活动中，管理者必须充分重视物质激励的功能，注意解决职工的生理需要方面的问题。

其次，坚持马克思主义物质利益原则。这主要体现在两个方面：第一，在利益体系根本一致的基础上，善于把各种利益结合起来，同时，提倡一种相对次要的利益服从另一种相对主要的利益。在结合与服从的基础上，最终求得各种利益的协调发展；第二，在满足人们物质需要的同时，也要重视满足人们的精神需要。在管理实践中，对不同的对象，在满足需要方面的侧重点可以有所不同，有的人比较看重物质利益，有的人则更重视精神需要。所以，从总体上来说，需要将物质与精神、自然与社会需要的激励措施同步实施；而在具体过程中，则要分析对象的具体需求，实行相应的激励措施。

最后，满足需要必须符合一定的社会行为规范。生理需要的满足并不是受生物学支配的纯生理需要过程（如动物那样），在满足需要的选择过程中，一方面受个体文化观念、理想、世界观的支配，另一方面，又必须服从一定的社会行为规范与道德规范。马基雅维里认为“政治无道德”，提出“为达目的，不择手段”，这在他所思考的范围内有其合理成分，但在一般意义上，社会规范要求人们节制某些欲望，要求社会成员依据一定的规范要求来满足自己的需要，任何超越了一定的“限度”，就会构成越轨行为，将会受到社会的制裁。

（2）安全需要

假如生理需要得到满足，另外一组与安全有关的需要就会继而出现。这些需要包括得到保证、社会安定、职业稳定等等。这些需要主要是免于身体危险及剥夺基本生理需要的恐惧的需要，换言之，这是一种自存的需要。自存的需要不仅考虑到当前，还考虑到未来，考虑到能否维持自己的地位，以保证将来生理上的需要能否得到满足。

确实，安全需要人皆有之，没有安全感，就会使人产生心理紧张，甚至导致人格异常。《韩非子·五蠹》中说道：“民之政计，皆就安利，如辟危穷。”意指：人的正常生活打算，都希望得到安全与福利，而躲避危险与贫穷。心理学家弗洛姆在《逃避自由》一书中对人们“既向往自由，得到自由后又想逃避自由”的矛盾心态作了分析，其结论最终涉及到的就是安全感问题；17 世纪英国思想家霍布斯则宁可成为“专制政治下的奴隶”，也不愿做“无政府状态下的主人”，其心理考虑的也是安全问题。

马斯洛讲的安全需要，一般以两种形式表现出来：一是有意识的安全需要，这是相当明确、且也极为普遍的。谁也不希望灾难降临，例如，除夕夜燃放烟花爆竹，这是一种社会习俗，同时反映了人们祈望在爆竹声中驱除妖魔鬼怪，迎来新春太平，避免意外事故、疾病的降临及防止经济失去保障等。二是无意识的安全需要，如遇事谨慎小心，胆小怕事等等。马斯洛认为，这种安全需要虽然在人的一生中无时不在，但其需要的程度以童年期最为强烈。有些人在幼年时受到过分的保护，以至从小就形成了强烈的不安全感；待到成年后，安全感就会成为一个人“独占性”动机，影响其对整个外界的看法，也影响到对自我的评价。具体而言，表现为对所有的人都不信任，怀疑一切，用层层盔甲将自己保护起来，在自己心理上，则形成强烈的孤独感，以至对自己缺乏信心，这样，对自己的发展显然是不利的。

在管理活动中，管理者应重视满足职工对安全的需要，这不仅仅是指如何搞好安全生产的问题，它还包括诸如医疗保险、养老保险、待业保险以及职业的稳定感等等。这些，都是目前劳动人事制度改革过程中需要解决的问题。

日本企业以往一般采用终身雇佣制，特别是其职工占日本劳动力总数40%的大型企业更是如此，除非企业倒闭或职工严重失职，企业一般不开除职工。如果因生产结构和技术变化，人员多余时，企业会另开生产门路，组织职工培训，内部进行安排，培训期间工资不减。如果出现暂时性的产品销路不佳或原材料供应不上，企业则采取轮流休假制度以度难关，而不轻易裁减职工。在雇主看来，终身雇佣制有利于培养职工对企业的忠诚精神。对雇员而言，其约束在于日本实行的年功工资制度，该制度的特点是：基本工资由年龄、企业工龄、学历等因素组成，基本工资又是退休金和奖金的计算基础；基本工资中又分职务工资或“工作工资”、“属人工资”和“综合工资”三部分，后两类都与职工年龄、企业工龄和表现有关，故职工一般不会轻易跳槽。

美国实行自由雇佣制，劳动力流动程度很高，每年约有十分之一的人变动工作，其中三分之一变动工作不止一次。造成美国劳动力流动性大的重要因素就是机会均等的竞争理想和美国的工资制度。他们认为，就业竞争的机会均等，迫使劳动者在就业的压力下努力工作，争取高报酬。为此，美国采取以职务工资为基础的工资制度，一般由三个部分组成：基本工资；刺激性工资；福利津贴。确定基本工资的对象是工作职位，也可称为职位工资，这样，劳动者工作的变动不受年龄和在某一个企业工龄的限制。

由于国情的不同及心理承受能力方面的差异，在考虑满足安全需要的过程中，应注意避免片面性与绝对化，要从有利于实现激励出发，正确理解和合理满足职工的安全需要。

（3）社交需要

马斯洛认为，人是社会的动物，每个人都有一种要求归属于一定集团或群体的感情，希望成为其中一员并得到相互关心和照顾。

在马斯洛看来，社交需要是在前两种需要得到基本满足后才会产生，社交需要比生理需要和安全需要来得细微，它和一个人的生理特征、经历、教育、宗教信仰等都有一定关系。

在管理活动中，重视个体社交需要有着重要意义：其一，个体的社交需要愈是强烈，他的集体观念、整体观念也就愈强，为此，可以通过各种途径及有效的方式去激发其社交需要，增强其集体观念；其二，重视个体的社交需要，将归属与爱的需要作为一种巨大的凝聚力与向心力，用来控制与制约职工的行为。日本企业界强调小团体主义。小团体（企业）高于一切，个人是这个小团体中的一分子；强调每个人对小团体的忠诚及同小团体之间的相互依赖关系。每个职工都意识到自己将在这个小团体内工作终身，从而对企业形成一种强烈的归属感，增强了职工对公司的感情，激发了工作的责任感与积极性；同时注重人与人之间关系，强调融洽相处，联络感情，对职工生活及工作方面的事情都比较关心，这样，有利于满足职工爱的需要。

心理学家弗洛姆认为，爱是学来与得来的。假如儿童没有得到充分的爱，那么，他长大以后，也就不会去爱别人。同样，企业中的职工如果不能得到所需要的爱，他也不会去爱别人、爱企业。所以，爱总是双向的、对流的，只有给予爱，才能得到爱，才能增强企业的凝聚力。那么，世界上是否存在单方面的爱呢？如只讲奉献，不求索取；只讲给予，不求接受。可能还是存在的，但不管怎么说，爱的需要毕竟是普遍存在的，在管理实践中，管理者是否重视满足爱的需要，对管理效果往往会发生极为重要的影响。

（4）尊重需要

尊重需要主要包括对人的价值的尊重和对地位的需要这样两个相互联系的方面。对人的价值的尊重，包括三个方面，即对自我尊重、对他人尊重和他人对自己的尊重。这三个方面是紧密相连不可分割的。

对一个个体来说，首先应当尊重自己，对自己的行为负责，这样才可能去尊重别人，别人也才有可能尊重自己。如果一个人连自己都不尊重，他也就不会懂得去尊重别人，别人也就没有必要去尊重他。

心理学研究表明，人都有自尊需要，这种自尊需要是个体对自己希望成为一名真正社会成员的需要，是人类积极性的一个重要源泉。具体表现：其一，人都有自尊心，都有一种表现自己在社会结构中起作用的需要或欲望。一旦这种需要受挫，就会损害人的自尊心，抑制人们的积极、主动、创造精神；其二，人都有自我成长的需要，渴望能力和知识得到进展，以便实现自尊并得到别人的尊重；其三，人都有自我表达、自我炫耀的需要，自觉或不自觉地顽强表现自己的存在与作用，惟恐别人或组织对自己不了解。当然，这种自尊必须以“实力”为依托，建立在“自知之明”的基础上。也就是说，这种自尊体现了个体对自身的一种正确估价，一种合理评判，并希望这种评判能被他人所接受的一种心理。鲁迅笔下的阿Q也很“自尊”，瞧不起王胡、小D、及城里人，但这种“自尊”实际上反映了一种极端自卑的心理，如称自己为“赵”姓，以次来抬高身价；临刑前的“二十年后又是一条好汉”只是一种无奈的叹息而已。

在自尊的基础上，人们还希望得到他人的尊敬与承认，希望社会、组织或团体能给予较高的评价。当一个人的尊重需要没有得到满足，或者被剥夺的情况下，一般来说可能会有这样两种反应：一是价值补偿，二是怨天尤人，或自暴自弃，陷于深深的自卑。尊重需要与自卑感之间的关系相当微妙，可以说，尊重需要强烈的人，不一定有强烈的自卑感；但是，自卑感强烈的人，往往更希望得到别人的尊重，尤其是对一些犯有过失者、受过处分者来说，更是如此。

在管理活动中，管理者与被管理者之间只是分工不同，在人格上应当是完全平等的。有人曾这样说过，管理者的诀窍——记住别人的名字。这意味着什么呢？意味着对对方的尊重。不过，在记忆能力与记忆类型方面不同个体之间存在着差别，有的人善于记物品的名称、规格和价值，有的人善于记方位，有的人识记大量的数字和号码，也有的人善于记人名。曾负责过罗斯福第一次竞选总统事宜的詹姆斯·法利，能清楚记起周游美国时所认识的差不多两万人的名字。

满足尊重需要，从根本上来说，还在于管理者应关心职工，尊重职工的劳动与劳动成果，是职工的积极性、主动性、创造性得到充分的发挥。

（5）自我实现需要

瓦拉赫是诺贝尔化学奖获得者，他在开始读中学时，父母为他选择的是一条文学之路，不料一个学期下来，教师为他写下了这样的评语：“瓦拉赫很用功，但不可能在文字上发挥出来。”此后，他改学油画。可瓦拉赫既不善于构图，又不会调色，对艺术的理解力也不强，成绩在班上是倒数第一，学校的评语更是难以令人接受：“你是绘画艺术方面的不可造就之才。” 面对如此“笨拙”的学生，绝大多数老师认为他已成才无望，只有化学老师认为他做事一丝不苟，具备做好化学实验应有的品格，建议他试学化学，父母接受了化学老师的建议。这下，瓦拉赫智慧的火花一下被点着了，文学艺术的“不可造就天才”一下子变成公认的化学方面的“前程远大的高才生”。瓦拉赫的成功，说明这样一个道理：学生的智能发展都是不均衡的，都有智能的强点和弱点，他们一旦找到自己智能的最佳点，使智能潜力得到充分的发挥，便可取得惊人的成绩。这一现象人们称之为“瓦拉赫效应”。

自我实现需要是人的需要层次结构中最高层次的需要。马斯洛认为，即使以上几种需要都能得到满足，个体还会有紧张感，这种紧张感表现为个体要求发挥出自己的全部潜在能力。需要指出的是，所谓“自我实现”，并不意味着希望自己一定要成为“杰出的人物”或成为“伟大的人物”，而是指人们希望完成与自己的能力相称的工作，使自己的潜在能力得到充分的发挥，成为所期望的人物，“能成就什么，就成就什么。”诚如马斯洛所说，音乐家必须演奏音乐，画家必须绘画，诗人必须写诗，这样才会使他们感到最大的快乐，是什么样的角色就应该干什么样的事情，这种需要即自我实现，管理用人过程中所存在的“大材小用”、“小才大用”或“人才错位”等，都没能体现出人的自我实现。

人的智力才华有高低之分，高者，只发挥出一半，尽管已取得显著成就，仍不能说自我实现；低者，已发挥出有限的能力，成就并不瞩目，却可说已达到了自我实现。同时，每个个体用以满足这种自我实现的方法也不尽相同，如甲表现在管理工作上，乙可能表现在运动方面，丙则可能表现在学术方面。

在自我实现需要的强度方面，个体之间存在着一定差异，哈佛大学教授麦克利兰（D.Mclland）等人搞了一系列心理测验。他在一张纸上画了个青年坐在教室里，让被试看十秒钟，然后回答几个问题：（1）图内发生了什么事？（2）图中是什么人？他在想些什么？正在做些什么？（3）将会发生什么事情？会产生什么结果？A 的回答是：这是叫一位学生写论文，因此，他进修了高级课程，收集了丰富的资料，想用最新颖的笔法写出来，现在他正在执笔写文章。B 的回答是：这个学生由于某种原因，对被询问的问题答不上来，感到失望，他开始怀疑所学习的内容是否有价值，并正在考虑是否继续学习下去，还是另找别的事做。由于看图的时间规定很短，而且让被试回答问题的时间也很短，所以被试只能按照直觉来回答问题，这样，往往同他们自己固有的、真实的思想联系起来。从以上两个答案中，A 的自我实现需要显然比 B 要高。

有观点认为，自我实现几乎就是追逐个人名利的同义语。对此需要作具体分析：自我实现是个心理学概念，它强调的是“完满的人性”。马斯洛所说的“完满的人性”主要指人的友爱、合作、求知、审美、创造等特性或潜能。因此，这些人类特性或潜能的充分发挥就是完满人性的表现，是人的最高需要，也是人生追求的最高目的，这一目的的实现就称为自我实现。

在这方面，管理者需要注意的问题主要有：第一，认识满足自我实现需要是激发个体积极性的一条重要途径；第二，个体内在的潜力存在差异，提供合适的条件，使他们的潜能得到最大程度的发挥；第三，通过教育，激发个体自我实现的欲望。

马斯洛认为，上述五种需要一般是按次序逐级上升的，一个层次的需要相对满足了，就会向高一层次发展。在开始阶段，员工需要得到的是足以满足他们自己以及他们家庭的食物、住所方面的需要，并使他们得到满意的工资报酬，也即得到生理需要的满足；同时他们还需要一份稳定的职业和安全的工作环境，这样，他们的安全需要，即得到工作保障的需要就得到满足。他们的当低级的需要获得满足以后，就失去或削弱了对该行为的刺激作用，这时，追求更高一级的需要就成为驱使行为的动力。当人们进入高级的精神需要阶段以后，往往会降低对低级需要的要求，例如，成就需要强烈者，往往把成就看得比金钱更重要。同时，马斯洛还把五种基本需要分为高、低二级，其中生理需要、安全需要、社交和爱的需要属于低级的需要，这些需要通过外部条件便可使人们得到满足；尊重需要和自我实现需要则是高级需要，它是从内部使人得到满足的；并且，一个人对尊重和自我实现的需要，永远不会感到完全满足，所以，通过满足员工的高级需要来调动工作积极性，往往具有更稳定、更持久的力量。此外，马斯洛还认为，在同一时期内，个体可能存在几种需要，因为人的行为是受多种需要支配的。但是，人的需要具有主导性。在实际生活中，由于生产力发展的水平不同，客观环境和个人情况的差异，在需要层次结构中，往往会有其中的某一种需要占优势地位，这种占优势地位的需要就是主导性需要。例如：生产力不发达，生活水平不高，收入低，衣、食、住、行和就业还存在一定困难，因此，生理需要就会成为最迫切、最突出的需要；在某种特殊的情况下，如战争、洪水、地震、社会秩序混乱等，人们的安全需要就特别突出；青年人到了一定时期，就希望交往，渴望爱情；老年人退休后，常会感到孤独、寂寞，这时，交往与爱便成为主导性需要。任何一种需要并不会因为下一更高层次需要的出现与发展而告消失，各层次的需要相互依赖与重叠，高层次的需要占主导地位后，低层次的需要依然存在，只是对个体行为的影响有所减弱而已。

马斯洛提出人的需要有一个从低级向高级发展的过程，这在某种程度上是符合人类需要发展的一般规律的。一个人从出生到成年，其需要的发展基本上是按马斯洛提出的需要层次进行的。马斯洛的需要层次论指出了在每一时期都有一种需要占主导地位，而其他需要则处于从属地位，这一点对管理工作者来说值得重视。要使对人的管理工作收到成效，不仅要一般地了解职工的需要，而且特别要了解和掌握职工在某一时期的主导性需要，只有了解了职工的主导性需要，才能有的放矢地进行工作。

自然，马斯洛的需要层次理论也存在一些缺陷：他虽然注意到了一个人各种需要之间存在的纵向联系，但有所忽视一个人在同一时间内往往存在多种需要，而这些需要又会相互发生矛盾，导致动机的冲突；同时，他的需要层次论还带有一定的机械主义色彩，一方面，提出了人类需要发展的一般趋势，另一方面，又在一定程度上把这种需要层次看成是固定的程序，看成是一种机械上升运动，忽视人的主观能动性，忽视了通过外在影响可以改变需要层次的主次关系。

需要理论的提出，既为管理者了解员工的需要及其发展规律提供了一定的方向，但同时也提出了新的挑战。由于管理对象的复杂性，每一个体在需要方面的倾向可能有极大的不同，尤其在当今跨越文化边界的经济全球化时代，这种差异性和复杂性体现得更为明显。马斯洛的需要层次论如果说有现实意义的话，就是与美国文化具有一致性。在具有不同价值观的文化背景下，在经济发展、生活水平悬殊的不同国家，有些人可能更关注生理需要的满足，有些人则或许并不优先考虑低层次的需要，而去关注尊重或自我实现的需要。此外，个体的需要会随时间的发展而变化，引起这种变化的因素是多方面的，对此，也需要管理者予以关注，通过有针对性的满足对象需要实现有效的激励。

4. 爱尔德弗的 ERQ 理论

耶鲁大学的克莱顿•爱尔德弗通过对马斯洛需要层次理论的重组与修改，提出了 ERQ 理论，也即将人的需要概括为生存（existence）、相互关系（relatedness）、和成长（growth）三个方面的内容，所以称之为 ERQ 理论。爱尔德弗需要结构中的生存需要主要涉及到满足我们基本的物质生存需要，包括马斯洛需要层次中的生理需要和安全需要的内容。相互关系需要主要指通过与其他人们的交往以满足社会和地位的需要，它所涉及到的内容大致是马斯洛需要层次中的社交需要和尊重需要中的外在部分。成长需要也即个人发展的需要，包括马斯洛尊重需要的内在部分和自我实现需要的一些特征。

马斯洛的需要层次论认为，一个人在低层次需要还没有满足的情况下，一般不会产生更高层次的需要。爱尔德弗的 ERQ 理论并不接受必须在低层次需要获得满足之后才能进入高层次的需要的说法，认为即使在生存需要和相互关系需要还没有得到满足的情况下，一个人也可以去追求成长需要的满足，或者生存、相互关系和成长这三种需要同时起作用。ERQ 理论还包括挫折—倒退维度。马斯洛认为，一个人在产生某种需要之后，会一直滞留在这一特定的需要层次直至该需要得到满足。爱尔德弗的 ERQ 理论则认为，当一个人较高层次的需要没能得到满足时，较低层次的需要强度会增加。例如，个体在社会交往需要无法得到满足的情况下，可能会强化对工资或更好的工作条件的需求。这就是说，挫折可能导致受挫者倒退到较低层次的需要。

尽管 ERQ 理论也认为较低层次需要的满足会带来寻求满足较高层次需要的愿望，但与马斯洛需要理论不同的是，爱尔德弗认为多种需要作为激励因素可以同时存在；并且，满足较高层次需要的努力在受挫后会导致倒退到较低层次的需要。

ERQ 理论注意到一些外在因素对个体需要的影响，认为包括家庭背景、教育程度、经济状况以及文化传统等变量可以影响、改变个体需要的组合及其发展变化，这种对人的需要的认识应当更具有现实意义。

5. 麦克利兰的需要理论

美国哈佛大学教授戴维•麦克利兰是当代研究动机的权威心理学家。他从 20 世纪 40—50 年代起就开始对人的需求和动机进行研究，提出了著名的“三种需要理论”，并得出了一系列重要的研究结论。

在麦克利兰之前，精神分析学派和行为主义学派的心理学家对需求和动机进行了研究。以弗洛伊德为代表的精神分析学派用释梦、自由联想等方法研究动机，他们往往将人们的行为归于性和本能的动机，而且他们的研究方法和技术很难得出有代表性的结果、可重复性差、无法得出动机的强度。行为主义者用实验的方法研究动机，使得动机的强度可以测量，要集中于饥、渴、疼痛等基本生存的需要上，没有区分人的动机与动物的动机。麦克利兰认为他们对动机的研究都带有一定的局限性，他注重研究人的高层次需要与社会性的动机，强调采用系统的、客观的、有效的方法进行研究。麦克利兰的需要理论主要关注三项要素：成就、权力和合群。①成就需要：指追求卓越、实现目标、争取成功、希望做得最好的需要。②权力需要：影响或控制他人且不受他人控制的需要。③合群需要：指建立友好和亲密的人际关系的欲望。

在组织系统中，我们可以看到，有些人具有获得成功的强烈动机，他们所要追求的是个人成就而不是报酬本身。他们具有一种使事情做得比以前更好或更有效率的欲望。这种内驱力就是成就需要。麦克利兰认为，具有强烈的成就需要的人渴望将事情做得更为完美，提高工作效率，获得更大的成功，他们追求的是在争取成功的过程中克服困难、解决难题、努力奋斗的乐趣，以及成功之后的个人的成就感，他们并不看重成功所带来的物质奖励。个体的成就需要与他们所处的经济、文化、社会、政府的发展程度有关；社会风气也制约着人们的成就需要。麦克利兰发现高成就需要者的特点是：他们希望得到有关工作绩效的及时明确的反馈信息，从而了解自己是否有所进步；高成就需要者不是赌徒，他们喜欢设立具有适度挑战性的目标，而不喜欢凭运气获得成功或受他人意志左右，不喜欢接受那些在他们看来特别容易或特别困难的工作任务。高成就需要者事业心强，有进取心，敢冒一定的风险，比较实际，大多是进取的现实主义者。

高成就需要者对于自己感到成败机会各半的工作，表现得最为出色。他们不喜欢成功的可能性非常低的工作，这种工作碰运气的成分非常大，那种带有偶然性的成功机会无法满足他们的成功需要；同样，他们也不喜欢成功的可能性很大的工作，因为这种轻而易举就取得的成功对于他们的自身能力不具有挑战性。他们喜欢设定通过自身努力才能达到的奋斗目标。对他们而言，当成败可能性均等时，才是一种能从自身的奋斗中体验成功的喜悦与满足的最佳机会。

权力需要是指影响和控制别人的一种愿望或驱动力。具有高权力需要的人喜欢承担责任，努力影响别人，喜欢处于竞争性和重视地位的环境。与有效的绩效相比，他们更关心威望和获得对其他人的影响力。不同人对权力的渴望程度也有所不同。权力需要较高的人喜欢支配、影响他人，喜欢对别人“发号施令”，注重争取地位和影响力。他们喜欢具有竞争性和能体现较高地位的场合和情境，他们也会追求出色的成绩，但他们这样做并不象高成就需要的人那样是为了个人的成就感，而是为了获得地位和权力或与自己已具有的权力和地位相称。权利需要是管理成功的基本要素之一。

合群需要是指被其他人喜欢和接受的愿望，具有高合群需要的人努力寻求友爱，喜欢合作性的而非竞争性的环境，渴望有高度相互理解的关系。高合群需要者渴望友谊，喜欢合作而不是竞争的工作环境，希望彼此之间的沟通与理解，他们对环境中的人际关系更为敏感。有时，合群需要也表现为对失去某些亲密关系的恐惧和对人际冲突的回避。合群需要是保持社会交往和人际关系和谐的重要条件。

比较而言，麦克利兰对成就需要更为关注。每一个个体在成就需要的强度方面是不一样的。如何才能判断一个人是否属于高成就需要者，这有许多方式可以测定。例如，假设被测者面前有一袋豆子和 5 个靶子，被测者的任务是要用豆子去击靶子，击中不同的靶子得分不一样，看谁的得分最高。靶子一个比一个远，因此一个比一个更难击中。靶子 A 很容易击中，因为距离只有一步之遥。如果击中 A，会获得 2 分。靶子 B 稍远一些，估计会有 80%的人能够击中，得分是 4 分。靶子 C 约有一半的人可以击中，击中者可以得 8 分。靶子 D 距离比较远，击中的难度颇大，一旦击中，得分为 16 分。击中靶子 E 的可能性微乎其微，但如果击中的话，将获得 32 分。基于上述情况，被测者显然会有不同的选择，如果选择的是靶子 C，很可能是一个有较高成就需要的人，选择靶子 D 或靶子 E 者，则成就需要更高。

通过大量广泛的研究，对麦克利兰的需要理论同组织行为之间的关系已有了一些结论性的发现，主要有：第一，具有高成就需要的人更喜欢具有个人责任、能够获得工作反馈和适度冒险性的环境。当具备了这些特征后，高成就需要者的激励水平会被提得很高。例如，很多证据表明，高成就需要者在创造性活动中更容易获得成功，包括经营自己的公司，管理一个独立的单位或部门等等。第二，高成就需要的人不一定就是一个优秀的管理者，尤其是在一个大的组织系统中。高成就需要者感兴趣的首先是他们个人如何做好，而不是如何影响其他人做好。高成就需要的销售人员不一定必然是优秀的销售管理者，大型组织中出色的总经理并不一定是高成就需要的人。第三，合群和权力需要与管理者的成功有密切关系。最优秀的管理者往往有着高权力需要和低合群需要。实际上，高权力动机可能是管理有效性的一个必要条件。不过，两者之间什么是因什么是果还有待于确定。有人曾提出，高权力需要可能仅仅是一个人在层级组织中的地位的产物。这种观点认为，一个人在组织中的位置越高，权力动机就越强。结果是，有权力的职位会成为高权力动机的刺激因素。第四，已经有成功的办法可以训练员工激发自己的成就需要。培训者指导个人根据成就、胜利和成功来思考问题，然后帮助他们学习如何通过寻求具有个人责任、反馈和适度的冒险的环境并以高成就者的方式行动。这样，如果工作需要高成就需要者，管理者可以选拔具有高成就需要的人，也可以通过成就培训来开发原有的下属。

麦克利兰的动机理论在企业管理中很有应用价值。首先在人员的选拔和安置上，通过测量和评价一个人动机体系的特征对于如何分派工作和安排职位有重要的意义。其次由于具有不同需要的人需要不同的激励方式，了解员工的需要与动机有利于合理建立激励机制。再次麦克利兰认为动机是可以训练和激发的，因此可以训练和提高员工的成就动机，以提高生产率。

三、期望与行为

"期望经常破灭，又最经常地产生，它在那儿向大多数人承诺。"（莎士比亚）马斯洛的需要理论主要是研究用什么内容来实现激励，故一般被称为内容型激励理论，或称"满足的"激励理论。这些理论深受各行各业管理人员的欢迎。一方面，这些概念易为人们所接受，另一方面，比较适用于具体情景。但在实践中，人们发现，有些激励内容往往并不象人们预期的那样有效；有时，很高的激励效果会逐渐淡薄和消失。这是内容型激励理论所始料不及的。为此，人们开始在内容型激励理论的基础上，进一步研究满足需要的过程，这样，期望理论便应运而生。

期望理论主要阐述人们在具有多种可供选择的行动中如何进行选择，取决于他们对每一行动可获得收益的预期。大卫·纳德勒（David Nadler）和罗拉（Lawler）描述了有关组织内成员行为的四种假设，将其作为期望模型的基础：

- 个体内在因素和外在环境因素共同决定行为；
- 个体在组织中的行为是经过思考后作出的决定；
- 每个人的需要、愿望和目标都有所不同；
- 人们根据对达成目标所需之行为的预期，在可供选择的行为中作出决定。

美国心理学家罗森塔尔等人于1968年做过一个著名实验。他们到一所小学，在一至六年级各选三个班的儿童进行煞有介事的"预测未来发展的测验"，然后罗森塔尔的实验者将认为有"优异发展可能"的学生名单通知教师。其实，这个名单并不是根据测验结果确定的，而是随机抽取的。它是以"权威性的谎言"暗示教师，从而调动了教师对名单上的学生的某种期待心理。

8 个月后，罗森塔尔再次智能测验的结果发现，名单上的学生的成绩普遍提高，教师也给了他们良好的品行评语。这个实验取得了奇迹般的效果，人们把这种通过教师对学生心理的潜移默化的影响，从而使学生取得教师所期望的进步的现象，称为"罗森塔尔效应"。

罗森塔尔的"权威性谎言"发生了作用，因为这个谎言对教师产生了暗示，左右了教师对名单上学生的能力的评价；而教师又将自已的这一心理活动通过情绪、语言和行为传染给了学生，使他们强烈地感受到来自教师的热爱和期望，变得更加自尊、自信和自强，从而使各方面得到了异乎寻常的进步。

1. 期望的一般内容

期望理论是研究需要与目标规律的一种理论，人们为了满足某种需要，总是要确定一个特定的目标，并努力以行动去实现这种目标。当该目标还没有实现时，这种需要就变成为一种期望。期望本身就是一种力量，它能调动一个人的积极性。

人际关系理论告诉我们：人们在社会交往中所获得的满足感往往取决于这些交往带给他们的期望，这些期望满足的程度，以及他们通过这种交往所收到的实际利益。在个人与群体关系方面：如果个人能通过群体满足自己的期望，那就会增强群体对他的吸引力，或者说增强个体对群体的依赖性，同时，也使得其他群体相对地对他没有吸引力。有些人为何跳槽？很重要的原因就是由于他（他们）的某些期望没能得到实现，因而使得原单位失去了对他（他们）的吸引力。

期望理论是由美国心理学家弗洛姆（V.H.Vroom）在1964年出版的《工作与激励》一书中首先提出来的。弗洛姆认为，人总是渴求满足一定的需要和达到一定的目标，这个目标反过来对于激发一个人的动机具有一定的影响，而这个激励力量的大小，取决于目标价值（效价）和期望概率（期望值）的乘积，即：

$$激励力量 = 效价 \times 期望值$$

这里，激励力量指调动一个人的积极性，激发人内部潜力的强度。效价是指一个人对于他所从事的工作或所要达到的目标的效用价值，或曰达到目标对于满足个人需要的价值。对于同一个目标，由于各人需要不同，兴趣相异，所处环境不一样，故而对目标的效价理解也往往不同。例如，一个希望通过努力工作得到升迁机会的人，在其心目中，“升迁”的效用价值就很高；如果他对升迁漠不关心，毫无要求，那么，升迁对他来说，其效价就等于零；如果此人对升迁不仅毫无要求，而且害怕升迁，那么，升迁对他来说，效价就是负值。期望值是一个人根据过去的经验判断自己达到某种结果（目标）的可能性的大小。期望，只是一种主观的价值目标，一个人的期望能否实现，取决于多方面的因素，其中，个体的期望水平高低也可能会有一定关系。一个人的期望水平过高，超越了现实或客观可能性，有时就难以实现，“期望越高，失望往往更大。”所以，在确定期望目标时，还应注意该目标的现实性与可能性。一般来说，一个人往往习惯于根据过去的经验来判断行为所能导致的结果，或所能获得某种需要的概率。因此，过去的经验对一个人的行为常具有较大的影响。

上述公式实际上可以化为三个问题：如果我做这件事，对自己有什么效用价值；我所付出的努力与我所得到的结果相匹配吗？我追求实现这样一个有价值的目标的概率有多大？根据期望理论，假如一个人把目标的价值看得越大，估计能实现的概率越高，那么激发的动机就越强烈，焕发的内部力量也就越大；反之，如果目标价值过小，期望概率很低，就会降低对人的激励作用。

为了使激励力量达到最佳值，弗洛姆提出了人的期望模式：

个人努力→个人成绩（绩效）→组织奖励（报酬）→个人需要

弗洛姆认为，根据人的期望模式，为了有效地激发职工的工作动机，需要兼顾好以下三个方面关系：

（1）努力与成绩之间的关系。人总是希望通过努力去达到预想的结果。如果个体认为通过努力自己有能力达到目标，即个体主观上认为达到目标的期望值很高，就会有信心、有决心，就会激发起强大的力量；如果目标过高，可望而不可及，或目标过低，唾手可得，就不足以激发起强大的内部动力。可见，努力与成绩的关系，主要取决于个体对目标的期望值。期望值实际上是个体对目标的一种主观估价，它既要受到个人认知、态度、信仰等个性倾向的影响，又要受到个人地位、别人对他的期望等社会因素的影响。因此说，个体对某项目标的期望值是一个由主观条件和客观条件相互作用而决定的函数。

（2）成绩和奖励的关系。人总是期望在达到预期的成绩后能得到适当的、合理的奖励。如果只要求员工作贡献，而没有行之有效的物质或精神奖励进行强化，时间久了，人们被激发起来的内部力量会逐渐消退。

（3）奖励与满足需要之间的关系。人总是希望通过奖励达到满足个人的某种需要。不过，由于人与人之间在年龄、性别、资历、社会地位、经济条件等方面所存在的差别，反映在需要上也有明显的个别差异。因此，对同一种奖励，人们所体验到的效价也有所不同，它所具有的吸引力也不一样。为了提高奖励的效价，使它对员工具有更大的吸引力，弗洛姆认为，要根据人们的需要，采取多种形式的奖励，才能最大限度地挖掘人的内在潜力，提高工作效率。

一般来说，个体从事工作的动机强度取决于他认为自己能够实现理想的工作成绩的信念程度。如果这一目标得以实现，他是否能够获得组织所给以的充分奖赏？如果组织给予了奖励，这种奖励能否满足他的个人需要？这里实际上包含着四个步骤：①员工认为这份工作能为自己提供什么样的结果？这些结果可以是积极的，也可能是消极的。当然，实际情况也许并非如此，但重要的是员工自己知觉到的结果，不管这种知觉是否正确。②这些结果对员工的吸引力有多大？他们对该结果的评价是积极的或是消极的还是中性的？如果评价是积极的，个体将会努力去实现之；一旦作出消极评价，可能会放弃工作；中性评价则会有多向选择。③为获得这一结果，员工需要采取什么样的行动？只有当员工非常明确地知道为达到这一结果所必须做些什么时，该结果才能够对员工的工作成绩产生影响。④员工是怎样看待这次工作机会的？当员工衡量了自己可以控制的决定成功的各项能力后，他认为工作成功的可能性有多大？

2.期望与现实的关系

期望的东西，不等于现实，期望与现实之间，一般存在着三种可能性，即期望小于现实，期望等于现实，期望大于现实。这三种情况，对人的积极性影响是不同的。①期望小于现实。这是指实际结果大于期望值。一般说来，在正强化的情况下，如奖励、提职、提薪等方面，当现实大于期望值时，有助于提高对象的积极性；如果在负强化的情况下，例如惩罚、灾祸等，期望值小于现实，就会使人感到失望，因而产生消极情绪。②期望等于现实。指人们的期望变为现实，也即期望的结果是人们意料之中的事，在这种情况下，一般来说，也能提高人积极性。不过，如果以后不再继续给以激励，积极性则只能维持在期望值的水平上。③期望大于现实。指实际结果小于期望值，“估计过高”。在正强化情况下，可能会使人产生挫折感，对激发力量产生削弱作用；而在负强化情况下，期望值大于现实，则会有利于调动人们的积极性，因为这时人们已作了最坏的打算和准备，而结果却比预想的好得多，这自然会对人的积极性产生一定的激励作用。

3.期望类型

从期望的类型方面分析，大体可分为三种：

（1）一般期望

一般期望是指一个人对他在其社会生活各个方面将获得的总利益的期望，这些总利益包括：他所期望在自己的事业中获得的成功与收入；期望从自己的家庭中获得的情感支援；希望在社区中获得的社会地位，等等。

包括成就需要和经济收入在内的一般期望主要受流行的价值观和社会标准的支配，也受人们先前体验过的成就支配。社会价值观是一个变数而不是一个常数，在不同的时期，人们对成就的认识与理解往往会有所不同，由此影响了人们的一般期望。至于经济收入的需要，当然也是如此。

研究表明，一般期望的满足会相应提高期望水平，而失败对于个体在心理上则可能产生消极的影响。当然，这会有个过程，最初，对成就和报酬的不满足有可能成为作出更大努力的一种刺激，但总是不能实现目标则会导致怨恨和沮丧，换言之，长久达不到一般期望易于产生一种对目标的失望，导致深深的挫折感。

（2）特殊期望

特殊期望也称角色期望，是指一个人对另一个确定的人（如子女对父母、学生对老师，在组织系统中主要指被领导者对领导者），对这个人的行为以及同他交往可能带来价值的期望。这类角色期望包含两种不同成分：第一，对方的行为是否符合公认的角色标准。当然，对角色标准的理解也往往会带有某种主观因素，例如，对同一位领导者，不同的人员可能会有各种相异的评价，但在有些主要的方面，如品格、能力、知识等方面，一般会形成共识，产生共同的期望与要求。美国是自由开放的国家，孩子可直呼父亲名字，在男女交往方面比较随意开放。但美国人在挑选他们的总统、大法官和部长时，却认真到非常“保守”，条件相当苛刻。即使几十年前和下属有性骚扰记录的也要重新清算，或者和某一名模私度周末鬼混的，一旦被传媒揭露，立即在侯选人名单上自动消失；税务不清的也得退出侯选。既然要作公众人物，而且要竞选要职，当然要作为公众得模范，要经得起公众得检验，这就是对特殊角色得特别期望。克林顿政府时期曾担任白宫办公厅主任的沃特金斯因利用休假日动用空军一号去某度假村打了一场高尔夫球，引起舆论广泛批评，最后不仅引咎辞职，还被罚款1万多美元。第二，是指这样的期望：在他领导下工作比在另一位领导者手下工作可能会或多或少获得某些价值（如成就、物质利益等）。

由此可以得出结论：一个领导者的人际吸引力状况，在很大程度上取决于他在满足职工特殊期望方面的情况如何。如果他一方面能使自己符合职工心目中的领导者角色要求，另一方面又能使职工认识到在他手下工作，能更多地获得成就、物质利益等价值，那么，他必然会大大增强对职工的吸引力。

（3）比较期望

比较期望一般指人们在社会劳动交换中实现的利润，就是说，他们的报酬减去成本。工作群体对个体的持续吸引力不仅仅取决于他们获得的报酬，而且还取决于他们所付出的成本，尤其要取决于这两者之间的比率，这种比率决定着该工作群体对他们究竟是否有利可图。

这种对于以投入为基准的回报的期望——具有一定技能水平的人期望有多少收入，一定的成就可以要求有多少地位——是受社会规范支配的，这些社会规范规定合理的交换比率是多少。在考虑交换的社会标准之前，有必要先讨论一下个人的以往成就对其一般期望的方式发生的影响。

在一般情况下，人们的成就会提高他们的期望水平，其结果便使低于一定水平的报酬成为对他们的一种剥夺，而在以前并没有被如此认为。例如，某工人工资从1000元提高到1100元，也许他当时得到1000元时就感到相当满足了，但当他的收入又被减去100元，重新恢复到原先的1000元水平时，他就会感到只拿1000元是被剥夺了，这种剥夺感的产生意味着他的最低期望值提高了。同样，大学生甲在大学期间曾担任过学生干部，受到各方面的重视；乙则默默无闻。参加工作后，甲与乙都受到重用，在此情况下，谁会更加痛苦？显然同他们的最低期望值有关。

因为期望支配满足，所以获得可满足期望的报酬往往比超过期望的进一步增强报酬更加重要。期望获得1000元收入的个体——暂时假定他的期望和其他条件保持不变——有可能从自900元到1000元的100元的增加中比从下一个100元的增加中获得更多的满足。这是最终递减的边际效用经济原则的一个体现，该原则类似于饱足原则——饥饿者想要食物，但是，一旦他吃饱了，他就不再想要任何别的食物了——当然，生理学的比拟与社会报酬增加而意义下降的经济学的比拟相比似乎不太适当。当一个人饱足时，他不想要更多的食物，如果人们把食物强加于他，他可能会拒绝，因为他已无法吞吃更多的东西；而在声望、金钱或权力方面，人们一般不会产生饱足感。这就是说，一方面，社会报酬没有一个完全满足的点；另一方面，当社会报酬被超越期望所获得时，它们的相对意义可能有所下降。

至此，需要注意前面提到的“期望变化”意义的原则与“边际原则”之间的区别。前者涉及因成就增加造成期望提高所引起的报酬意义的增加；边际原则涉及成就增加（超越期望后）引起报酬意义的相对降低。鉴于上述情况，需要考虑成就增加提高期望水平这一事实，正确分析、估量人们的期望水平，通过满足期望（尽可能恰如其分），不断、逐步提高期望水平。

弗洛姆的期望理论对于管理过程中如何调动人的积极性，做好人的思想工作，应该是具有一定的启发和借鉴意义。期望理论是在目标尚未实现的情况下，研究目标对人的动机影响，所以，一个合格的管理者应当注意研究在什么情况下，如何调整期望与现实之间的关系，使期望目标真正起到激励员工积极性的作用。由于不同的个体往往有着不同的目标；同一个目标，对不同的个体也具有不同的价值，所以，在管理实践中，应充分重视目标的设置、效价和期望概率对激发力量的影响。只有具体问题具体分析，才能一把钥匙开一把锁，才能真正调动起每一个员工的工作积极性。

4．期望与激励

几位旅行者来到乡间，看到一位老农把喂牛的草料铲到一间小茅屋的屋檐上，不免感到奇怪，于是就问道：“老公公，你为什么不把喂牛的草放在地上，让它吃？”老农说：“这种草草质不好，我要是放在地上它就不屑一顾；但是我放到让它勉强可够得着的屋檐上，它会努力去吃，直到把全部草料吃个精光。”

期望理论认为，一种行为倾向的强度取决于个体对于这种行为可能带来的结果的期望强度，以及这种结果对行为者的吸引力。具体而言，当员工认为努力会带来良好的绩效时，他就会受到激励，进而付出更大的努力；良好的绩效评价会带来组织奖励，如奖金、加薪或晋升；组织奖励会满足员工的个人目标，因此，期望理论主要涉及到三种关系：（1）努力——绩效关系：个人认为通过一定努力会带来一定绩效的可能性；（2）绩效——奖励关系：个人相信一定水平的绩效会带来所希望的奖励结果的程度；（3）奖励——个人目标关系：组织奖励满足个人目标或需要的程度以及这些潜在的奖励对个人的吸引力。

根据上述三种关系，自然引伸出这样三个问题：

第一，“如果我付出了最大努力，是否会在绩效评估中体现出来？”对某些员工来说可能是“否”。原因或许在于他在工作能力方面还有缺陷，这样，无论他的工作有多努力，他都难以成为高绩效者。这样，是否需要将一些属于工作态度方面的因素纳入绩效评估的范畴？此外，绩效评估结果有时同评估者的情感因素相关，如果作为评估者的上司对某员工抱有成见，那么，不管该员工作出多大的努力，都可能难以获得更高的绩效评估结果。还有，如果某员工的工作成绩常常被自己的上司窃取，自己的种种努力都付诸东流，正向预期就会转向负向。一旦个体对自己过去努力表现所获得的工作报酬感到沮丧，就可能对“努力工作会取得预期目标，努力工作会得到相应报偿”的期望丧失信心，激励力量也就会转向反面。

第二，如果员工获得了良好的绩效评估，是否能得到自己所期盼的组织奖励？在实际管理活动中，绩效与奖励之间的关系总是给人以不太明确的感觉，这里，除了期望者主观感觉方面所存在的某些因素，如期望值过高或期望内容不一致等，还同绩效评估内容的多重性相关，因为，除了实际的工作表现之外，还会有其他因素影响着对员工的奖励或报酬，如工龄、工种、人际关系状况等等。正是由于绩效本身的复杂性，可能导致员工认为绩效与奖励之间关系的不一致，由此降低激励力量。

第三，员工所获得的奖励，对他究竟有没有吸引力？或者，是否是他所期望的？例如，员工努力工作，获得了晋升，而这一职位他并没有什么兴趣；员工希望得到晋升而努力工作，结果只是不断地得到表扬或物质奖励；等等。这里，要求管理者能够了解员工的期望目标，以实行有针对性的差别化激励。当然，由于激励者本身所拥有的资源的限制，有时即使想要满足对象的某种期望目标，但实在是力所不能及。

所以，作为期望理论的关键在于了解个人期望目标状况，了解努力与绩效、绩效与奖励、奖励与个人目标满足之间的关系。对于管理者来说，必须充分认识到并不存在一种普遍的激励模式能够满足所有对象的期望要求；同时，在实际激励过程中，个体自己认为的高绩效并不能保证自己的期望目标一定能够得到实现。

纳德勒和罗拉对管理者在实施期望激励时，要注意以下因素：

（1）根据每位员工对报酬价值的估价来决定酬劳形式；若想使报酬成为激励因素，必须使之适合于酬劳的对象。管理者可以通过观察员工在不同条件下的反应和询问他们需要哪些报酬，以决定给员工以何种报酬。

（2）决定你期望的绩效。管理者必须明确自己需要什么样的绩效，这样就能告知员工若想得到报偿，该做些什么。

（3）设置的目标要可以达到。如果员工们觉得要达到这个目标太困难了或不可能，他们受到的激励就会很低。

（4）把报酬和绩效联系起来。若想保持激励力量，短期内一定要对成功实现的绩效给予适当报偿。

（5）分析哪些因素会抵消报酬的效价。工作环境中的一些因素与管理者的报酬体系之间存在冲突，可能会要求管理者对报酬作些调整。例如，如果员工的工作群体从低的劳动生产率中得到好处，为了激励员工达到高劳动生产率，就需要超出平均水平的奖励以鼓励员工实现高生产率。还有，年资报酬制，则是对员工在组织服务的奖励，而不是因为他的工作表现。

（6）确保报酬要足够大。小的报酬只能产生小的激励力量。

也有一些评论家认为，期望理论只是一种理想化的模式，这种理论只有在个体清楚地意识到“个人努力—个人成绩—组织奖励—个人需要”这一系列关系的前提下，才能激发一个人内在的潜力，预测一个人可能发生的行为。但在实际工作中，人们作每件事之前，往往无法清楚地意识到个人努力—个人成绩—组织奖励—个人需要之间的一系列关系，而且，组织给予个人的奖励，并非确切地按照个人的工作成绩以及努力程度，而是习惯性地按照对象的资历、学历、技能和工作难度甚至包括情感等许多因素进行综合评价。因此，尽管期望理论在理论研究中很有价值，但在实际应用中常常会受到影响。

应当肯定，弗洛姆的期望理论，对于有效地调动人的积极性，做好人的思想引导工作，确实具有一定的启发和借鉴意义。期望理论是在目标尚未实现的情况下，研究目标对人的动机影响，所以，一个优秀的管理者应当研究在什么情况下，应该使期望大于现实，在什么情况下，使期望等于现实，在什么情况下，可以使期望小于现实，以更好地调动人的积极性。由于不同的个体往往会有不同的目标，同一个目标，对不同的个体也会有不同的价值，所以，在管理工作过程中，应当充分重视目标的设置，效价和期望概率等因素对激发力量的影响。只有具体问题具体分析，才能一把钥匙开一把锁，才能真正调动起更多员工的工作积极性。

四、公平与行为

J 去年从州立大学毕业，获得会计学位。在接受了一些组织的面试后，他选择了全国最大的一家会计公司中的一个职位。J 对目前的情况相当满意：名声显赫的大公司中的一份具有挑战性的工作，获得重要经验的良好机会，会计毕业生所能得到的最高工资，当年的月薪是 2950 美元。一年过去了，工作像他所希望的那样具有挑战性，雇主对他的表现也非常满意，最近又获得每月 200 美元的加薪。但 J 最近却情绪很糟，原因在于他的雇主刚接受了一名州立大学的毕业生，此人缺少任何工作经验，工资却是每月 3200 美元，比已有一年工作经历的 J 还高出 50 美圆。J 心理上非常不平衡，打算另找一份工作。

期望理论告诉管理人员：激励过程是动态的、可变的，在激励过程中，目标效价的高低、期望的变化，都会影响激励效果，这较之一般的需要激励理论显然是前进了一大步。

在管理实践中，还有一个情况容易受到管理人员的忽视，这就是：管理人员往往会认为，职工在受到奖酬之后，一定会获得满足。其实并不一定。在奖酬和满足之间，还有一个介入因素，即对奖酬公正性的感觉。为此，需要研究在管理活动中，如何实现公平分配的问题。

1.公平及其基本特征

何谓公平？如何才能实现公平？这是管理学理论研究中的一个永恒课题，也是管理实践中不可避免、必须予以重视的一个现实问题。

公平理论最初由美国心理学家亚当斯（J.S.Adams）于 1967 年提出。该理论着重研究工资报酬分配的合理性、公平性对职工积极性的影响。公平理论（equity theory）基于如下假设：工作激励的一个主要影响因素是个体对所得报酬是否公平、是否合理的估价。其主要概念是指：一名员工对他所得的报酬是否满意，主要的不是看其绝对值，而是要通过将自己所作的贡献和所得到的报酬，与某一参照物进行比较，看相对值。如果这两者之间的比值相等，双方就都有公平感、满意感，便会受到激励；如果这两者之间的比值不相等，一方的比值大于另一方，另一方就会产生不公平感、受挫感；反之亦然。员工可以选择的参照物大体有 4 种：

① 自我—内部：员工在当前组织中不同职位上的经验；

② 自我—外部：员工在当前组织以外的职位或情境中的经验；

③ 别人—内部：员工所在组织中的其他人或群体；

④ 别人—外部：员工所在组织之外的其他人或群体。

这样，根据公平理论，员工可能把自己与朋友、邻居、同事或其他组织中的成员相比较，也可以与自己过去的工作经验进行比较，衡量与比较对象之间在投入因素上的差异，以确定自己目前所获得的报偿是否公平，这是基本的公平比较，即人们对自己所处状态或情景进行比较；另一方面，个体衡量自己每周工作 50 小时所得到的报酬是否足以补偿所花费的时间，这是另外一种比较，即与自己选定的某一标准比较。不管在哪一种情况下，公平理论都会结合需要理论的一些观点来阐述，以说明哪些因素使员工满意，哪些因素使员工不满意。

正常情况下，员工总是希望分配制度和晋升政策能让他们觉得公正、明确，并与他们的期望相一致。当报酬公正地建立在工作要求、个人技能水平、社会工资标准的基础之上时，就会导致对工作的满意感。很显然，并不是每一个人都只是为了钱而工作。相当部分的人宁愿接受较少的报酬，而在一个自己喜欢的地点工作，或者选择工作要求较少的工作，或者选择有更多自主性和自由支配时间的工作。但是报酬或晋升与满意之间的联系关键不是一个人的绝对所得，而是对公平的感觉，如果员工觉得报酬或晋升不是以公正和公平为基础作出来的，他们就会产生出深深的不满意感。可以说，渴求公平这是一种相当普遍的心理需求，它体现着人们对人格尊严的重视，希望获得他人与社会的尊重；反映了人们对优越感的追求，这里所看重的也许并不是它的直接价值，而是注重其延伸价值。

众多的研究支持了公平理论的观点：员工的公平感乃至工作积极性不仅受到其绝对收入的影响，而且受其相对收入的影响。一旦员工感到不公平，他们会采取行动纠正这种情境，其结果可能会影响到生产率、缺勤率或自动离职率。

公平的基本特征大致有：

社会性。公平是个社会比较的概念，公平原则考虑的基点是贡献与报酬的合理性，而这种合理性只有通过社会比较才能进行衡量，所以，社会分配状况，往往成为人们衡量公平的重要信息。“端起碗来吃肉，放下筷子骂娘”这种情况的存在也许有众多原因了，但分配不公可能是重要因素之一。

主观性。公平是一种主观的感受，很难找到客观而又实在的衡量标准。一方面，公平标准的确定本身往往带有某种主观的色彩；另方面，个体依据公平标准对投入、产出的衡量也难免会搀杂种种主观倾向。一般情况下，个体公平感是否确立，取决于他对至少四种要素的主观感觉：个体所作的贡献；个体所得到的报酬；他人所作的贡献；他人所得到的报酬；个体在评价自己和他人贡献程度时，往往容易过高地估价自己的投入量。一旦在比较过程中，主观判断发生误差，夸大自己或贬低别人的贡献，便有可能得出与实际情况不相符合的结论。

模糊性（相对性）。讨论公平问题，应以贡献律为标准，即分配上的公正性是以人们的贡献与所获得的报酬相当为基础的。舍弃贡献，只讲报酬，则将走向平均主义。但在实际衡量过程中，这种贡献律往往难以确定。社会分工的多样化与工作性质的差异，使得在贡献方面要进行量化比较确实存在一定难度。所以，公平只能是模糊的、相对的。

2.不公平感产生的主要原因

不公平感产生的原因相当复杂，归结起来，大致有以下几方面的原因：

（1）体制与政策方面的问题

随着改革的深入，不同行业、企业间职工的收入差距逐渐拉开，这有其一定的必然性和合理性。但在新旧体制转轨过程中，尚存在因体制、政策、价格、负担等非生产经营性因素和非职工因素等造成的部分行业和企业之间的较大差距。垄断性行业和企业，利用在国民经济中的独特优势和产品价高利大，取得较高效益、超额利润和收入；而另一些企业，如采掘业和工业企业中的纺织业等，由于政策、价格、市场等原因，虽然劳动强度高，劳力投入多，收入却一般，极易使一部分职工产生不公平感，挫伤他们的工作积极性。此外，不同所有制间，“三资企业”等凭借优惠政策，负担轻，机制灵活等，获取较高收益。而曾为国民经济作出巨大贡献的国有及集体企业，在机制的转换中付出了沉重的代价和努力，却仍处于不利地位，也难免使人产生不公平感。

（2）管理人员的官僚主义和不正之风

主要表现为三个方面：其一，管理人员对职工所作的贡献，既不作全面的了解，又缺乏评价的标准，而是拍脑袋，凭印象，评张三为劳模，定李四为先进，搞形式，走过场，摆摆平，结果可能更摆不平，人为地制造不公平的感觉；其二，某些管理人员怀有私心杂念，通过奖酬来笼络人心，培植私人感情和个人权威，这样，不仅挫伤了广大职工的积极性，也有损于管理人员的自身形象；同时，那些获得过高奖酬者，也会在职工中产生孤立之感；其三，某些管理人员以权谋私，也是使职工产生不公平感的重要原因。以上三方面的情况，共同点都是将贡献与奖酬脱节，不是以贡献作为奖酬的依据，而是将主观印象、不正常的人际关系或个人私欲作为分配的基础，故而必然会导致人们产生不公平感。

（3）主观感觉方面的原因

人们往往在心理上有这样一种倾向，即对别人的贡献估计过低，报酬估计过高；而对自我感觉却特别好。由于感觉上的这种错误，结果职工常常对自己的奖酬感到不满意，产生不公平感。为此，管理人员应注意了解和关心职工这方面的心理状态，一方面努力排除客观存在的不公平的状况及防止职工增长这种心理状态的因素；另一方面应加强实际情况的说明、信息的沟通以及适当的教育，引导职工正确认识自己和别人，正确对待奖酬，避免进入不公平感的误区。

（4）认识方面的偏差

有关公平的标准，目前存在不同的看法，主要有三种：一是贡献律。分配的公正性以人们的贡献与所获取的报酬相当为基础，与按劳分配原则相一致；二是平均律。"大家得到的一样多就是公平，""一人得奖，大家喝汤。"一位重大科技成果获奖者所得到的奖金竟不够自己给贺喜者发糖的开支；三是需要律。根据工作的需要实行分配，如领导者在住房、交通等待遇方面得到优惠。不过，这种分配应有所制约，至少体现在两个方面：第一，这种照顾性分配是为了有利于工作，而不是有利于享受，也即是为了工作需要，而不是为了生活需要（当然，生活与工作存在着一定联系）；第二，这种分配必须同经济发展水平相适应，如果工作人员的工资都发不出，学龄儿童没有上学读书条件，而领导们为了"工作需要"却热衷于更新新式轿车，这种分配当然不能说是合理的。

很多研究公平理论的人都认为，物质因素是公平理论与实践必须考虑的核心因素，人们总是把自己努力所得到的报酬同条件相仿的人的支出与报酬相比较，当他们产生不公平感时，便会产生一种紧张感，进而试图通过相应调整自己的行为来消除这种紧张感。不过，也有一些研究表明，个体对不公平感的反应还依赖于他曾有过的不公平体验，认为工作中的人际关系绝不是静止不动的，不公平也不总是孤立的或只与过去的事件相关。这些研究者认为，在某一界限内，人们或许能够容忍一系列的不公平待遇，但有时在诸多不公平事件中的某一件事就可能将个体推出其所能容忍的范围之外："骆驼背上的最后一根稻草"——这样一件明显的小事，会使个体感到忍无可忍，作出人们难以想象的过于激烈的反应。例如，一位员工由于受到某主管的批评而勃然大怒，尽管这次批评较之以前他所受到的几次批评都要和缓得多，而对那些他却从来没有过如此强烈的表现。

3．消除不公平感的途径

在分配问题上，根据主客观的关系，可能发生以下四种情况：（1）客观上是公平的，主观上也感到公平；（2）客观上是公平的，主观上感到不公平；（3）客观上是不公平的，但主观上感到公平；（4）客观上是不公平的，主观上也感到不公平。上述四种情况，第一种是最理想的；第二种情况是人们的主观判断失误所造成的，如有的人容易过高估计自己的贡献，过地估计他人的贡献，从而把原本合理的分配看成不公平；第三种情况主要受平均主义影响，把平均主义分配看作为是一种公平分配；第四种是由于事实上分配中出现了不公正的现象。

从以上四种情况来看，造成不公平感的原因主要是两大类：一类是客观分配方面所存在的不合理现象；另一类反映出主观上对公平的认识问题。为此，消除不平感主要也应从这两方面予以考虑。

心理学认为，当人们感到自己受到不公平的待遇时，在心理上就会产生苦恼，从而呈现紧张和不安的状态，影响他们的行为和动机，导致工作积极性的下降和效率的降低。为此，个体往往需要通过某种心理上的调节来缓解或降低不公平感。一般来说，个体为了消除心理上的紧张和不安，常可能采取以下措施：

A. 通过自我解释达到自我安慰。例如，通过曲解自己和别人的收支，主观上造成一种公平的假象，以消除不公平感，或者宽慰自己：自己所付出的努力可能并没有原来估计的那么大，自己的报酬可能或多或少更有价值。例如，一个没有得到提升的人可以想象那份工作需要承担的责任太重，同自己所要付出的努力不相称，故该职位对自己并不适合；

B. 采取一定的行为，改变别人的收支状况。例如，向主管部门申诉理由，或要求与对方一比高下；

C. 采取一定的行为，努力改变自己的收支状况。例如，通过消极怠工，以减少自己的投入，或改变自己的产出，如实行计件工资的员工通过增加产量降低质量来增加自己的工资；

D. 更换比较对象，以获得主观上的公平感。例如，甲与乙相比，感到吃了亏，便换一个对象，与丙比，则感到没吃亏，这就叫做“比上不足，比下有余”，聊以自慰；

E. 发牢骚，泄怨气，制造人际矛盾，所谓不平则鸣，甚至放弃工作，跳槽了事。

实践证明，工作与分配方面不公平、不合理的现象对人的心理状态，进而对人的行为动机具有明显的消极影响，对此，管理者必须予以充分重视。公平理论认为人们有一种需要保持分配上的公平感，这种公平感是一种普遍存在的心理现象。领导者是否认真考虑这种社会心理因素，是衡量他管理水平的重要标志。

我国20多年的改革打破了大锅饭，拉开了社会成员的收入差距，这在很大程度上改变了计划经济体制下人浮于事的工作作风，调动了广大社会成员的劳动积极性。然而，随着收入差距的拉大，社会分配不公的问题却日益严重，其中比较突出和直观地表现在垄断行业收入过高上。比如在某城市，有一定资历的工程师

(在工厂)收入一般不过 2000 元左右，而在电信等垄断行业里，即便是普通的后勤人员，收入都可能远比他们高。这样的收入差距既没有反映出劳动者自身素质的差异，也不是两者对社会贡献差别的体现，因此很容易影响大多数社会成员的劳动积极性，影响生产力的发展，而且还容易引发一些社会不正之风。

垄断部门之所以有高额利润，仅仅是因为国家政策造成的。因此，这部分利润的分配应该体现出取之于民、用之于民的方针。加大对这些行业的税收征收额度是当务之急，这也有助于增加国家财政收入。

垄断行业收入过高的问题，在民众中其实早有非议，但是始终没有具体的措施去纠正这种不公，反映出政府部门在这个问题上的重视程度不够。须知公平是社会稳定和发展的基石，没有公平作为基础，任何意在提高生产力的政策都不可能收到理想的效果。

深圳市政府于 2003 年 5 月出台了《深圳市 2003 年企业工资增长指导线》，规定对工资水平已超过上年全市职工平均工资 3 倍(即超过 7000 元)的垄断行业，原则上不能再增长工资；而工资水平为上年全市职工平均工资 3 倍以下的，工资增幅不能超过 3%，并将加大对这类行业、企业工资分配的检查监督，以此加强对社会分配不公的宏观调控。

测试：你对公平是否敏感

下面的问题是关于你希望和你可能为其工作的任何组织保持一种怎样的关系。每一个问题的两个答案 a 和 b 共 10 分，给最符合你情况的答案最高分，给你不喜欢的低分。如果你愿意，也可以给两个答案同样的分数，当然也可以写零分。对每个问题都要用 10 分制回答。

在我可能工作的任何组织中：

1. 对我更为重要的是：

——a.从组织中获胜；

——b.给予组织。

2. 对我更为重要的是：

——a.帮助其他人；

——b.维护我自己的利益。

3. 我更为关心：

——a.我从组织中得到什么；

——b.我为组织贡献什么。

4. 我做的艰巨工作应该：

——a.有益于组织；

——b.有益于我自己。

5. 在和组织打交道中我的个人哲学是：

——a.如果你不保护你自己，没有人会管你；

——b.付出比得到更好。

评分标准和参考答案：

将 1b，2a，3b，4a，和 5b 几个项目的得分累加起来，你的总分将在 0 分—50 分之间。研究者把公平的敏感度分成 3 组，定义如下：①仁慈者：他们宁愿自己的产出/投入比低于其他人；②公平敏感者：他们希望自己的产出/投入比是平等的；③特权者：他们宁愿希望自己的产出/投入比高于其他人。根据调查材料，研究者发现低于 29 分的可被归类为特权者；29—32 分者为公平敏感者；32 分以上为仁慈者。

五、双因素与行为

一位旅游者漫步在墨西哥城街头，看到一家木雕店，便走了进去，转了一圈，相中了一把木雕椅，老板开价为 50 比索，该顾客认为可以接受，向老板提出要同样款式椅子四把，不料老板开出的总价是 250 比索。旅游者感到不可思议，遂提出疑问，经老板一番解释，开始觉得可以理解。那么，该老板提出加价的理由究竟是什么呢?

双因素理论最早由美国心理学家赫茨伯格（F.Herzberg）提出，其全称为激励因素—保健因素理论，简称双因素论。这种理论主要围绕有关满意度问题而展开议论。

之所以研究员工对工作的满意度问题，是因为员工的工作满意度对他们的工作绩效有着相应的关系，正如有句话所说“快乐的工人是生产率高的工人。”在 20 世纪 30 年代至 50 年代，西方国家一些管理者通过成立公司保龄球队、建立信用合作社、公司集体外出野餐、为员工提供咨询服务、训练主管对下属所关心的问题的敏感性等等方式，以提高员工对工作的满意度。不过在当时，以快乐工人为主题的信念主要是建立在希望的想法上，有关满意度同生产力之间的积极关系还缺乏确凿的证据。

进一步的研究为满意度和绩效之间的关系提供了新的支持。特别是在组织整体水平而不是在个体水平上收集满意和生产率的数据，可以发现，拥有高满意度员工的组织比那些低满意度员工的组织更有效。

当员工的满意度较低时，他们可以通过各种方式来表达他们的不满意，如退出，指离开组织，包括寻找一个新的职位或者辞职；建议，指采取积极性和建设性的态度试图改善目前的环境，包括改进的建议，与上级讨论所面临的问题和某些形式的活动；忽略，指消极地听任事态向更糟糕的方向发展，包括长期缺勤和迟到，消极怠工，降低努力程度，增加错误率等等。

赫茨伯格认为，个人与工作的关系是一个最基本的方面，而个人对工作的态度在很大程度上决定着任务的成功与失败。为此，他于 20 世纪 50 年代末，在匹兹堡地区的 11 家工商企业机构中，对 200 多名工程师、会计师进行了大量的调查研究，他设计了许多问题，如：什么时候你对工作特别满意？什么时候你对工作特别不满意？原因何在？根据调查所收集的材料，赫茨伯格发现，使职工感到不满意的因素同使职工感到满意的因素十分不同。前者往往是由外界的工作环境引起，后者则通常由工作本身产生的。由此，赫茨伯格将引起人们行为动机的这两种因素称为保健因素和激励因素，保健因素主要指工作条件、人事关系、工资待遇等等，激励因素则指工作责任的大小、个人成就的高低、工作成绩的认可等等。基于调查结果，赫茨伯格进一步指出满意的对立面并不是不满意，清除掉工作中的不满意因素并不必定能使工作结果令人满意，他提出其中存在着双重的连续体：满意的对立面是没有满意，而不是不满意；同样，不满意的对立面是没有不满意，而不是满意。

1．保健因素

赫茨伯格通过对 1844 个案例的调查发现，造成职工不满的原因，主要是由于公司的政策、行政管理、监督、工作环境、薪水、地位、安全以及各种人事关系处理不妥。不过，这些因素改善了，虽能解除职工的不满，却不能使职工变得非常满意，不能真正激发职工的积极性。所以，这类因素称为保健因素，意指它虽能起到防止“疾病”的作用，但不能治疗“疾病”，对于管理者来说，必须重视这类因素，因为如果这类因素不能得到满足，往往会使人们产生不满情绪以至消极怠工，甚至引起罢工等对抗性行为。

员工对工作环境的关心既是为了个人的舒适，也是为了更好地完成工作任务。研究证明，员工希望工作的物理环境是安全的、舒适的，温度、灯光、噪音和其他环境因素不应太强或太弱，例如，太热或太冷，太亮或太暗等等。此外，大多数员工都希望工作单位离自己的家比较近一些，工作场所干净，设备比较现代化等。此外，人们从事工作不仅仅是为了挣钱和获得工作成就，对于大多数员工来说，他们还希望在工作中满足社会交往的需要，所以，良好、融洽的人际关系也是需要重视的一个目标，尤其是上下级的人际关系更受到关注。员工们总是希望自己的直接主管是善解人意的、友好的，对良好的表现予以表扬，虚心听取员工的意见与建议。

2．激励因素

赫茨伯格从另外 1753 个案例的调查中发现，使职工感到非常满意的因素，主要是工作富有成就感，工作与自己的个性特征相匹配，工作的本身带有挑战性，工作的成绩能得到社会认可，以及职务上的责任感和职业上能够得到发展和成长等等。这类因素的满足能够极大地激发职工的热情，对职工的行为动机具有积极作用；如解决不好，也会引起职工心理上的消极反应，虽无大碍，但会严重影响工作效率。所以，赫茨伯格把这种因素称为激励因素。

一些研究表明，员工往往更喜欢选择具有心理挑战性的工作，这些工作能够为他们提供机会使用自己的技术和能力，能够为他们提供各种各样的任务，有一定的自由度，并能对他们各种结果提供必要的反馈。正是这些特点使得工作更富有挑战性。不过，挑战性太强的工作，可能会使人产生紧张感和挫折感，而挑战性太低的工作也会使人感到厌烦，一般来说，对具有中度挑战性的工作，大多数员工将会感到愉快和满意。

员工的个性特征与职业的高度匹配也会给个体带来更多的满意感。这是因为，当人们的个性特征与所从事的职业相一致时，他们会发现自己有合适的能力来适应工作的要求，并在这些工作中更有可能获得成功；同时，由于这些成功，他们更有可能从工作中获得较高的满意感。

这样，根据赫茨伯格的观点，导致工作满意的因素与导致工作不满意的因素是有区别的，因此管理者即使消除了工作中的不满意因素，也只能带来平和，而不一定对员工发生激励作用；这些因素只能安抚员工，难以激励员工。也就是说，当保健因素得到充分改善以后，员工将不再有不满意感，但不会感到满意。要想真正激励员工努力工作，必须注重激励因素，只有在激励因素得到满足的情况下，员工才会产生满意感，进而焕发出工作积极性。

双因素理论同马斯洛的需要层次论有相似之处。他提出的保健因素相当于马斯洛提出的生理需要、安全需要、感情需要等较低级的需要；激励因素则相当于受人尊敬的需要、自我实现的需要等较高级的需要。当然，他们的具体分析和解释是不同的。但是，这两种理论都没有把“个人需要的满足”同“组织目标的达到” 这两点联系起来。

“双因素论”提出后，曾受到不少非议，主要意见有：

① 赫茨伯格运用的程序受到方法论的限制。人们总是把好的结果归结于自己的努力而把不好的结果归罪于客观条件或他人身上，也即当事情满意时，人们倾向于把功劳记在自己身上；相反，把失败归于外部环境因素。问卷没有考虑这种一般的心理状态。

② 赫茨伯格研究方法的信度值得怀疑，既然评价者必须对回答结果作出解释，那么，他们有可能用一种方法来解释这个回答，却用不同的方法来解释另一个相似的回答，这就有可能使调查结果失真。

③ 这个理论在一定范围内是有效的，它可以解释工作满意度，它不是一个真正的激励理论。实践证明，高度的工作满足不一定就产生高度的激励。许多行为科学家认为，不论是有关工作环境的因素或工作内容的因素，都可能产生激励作用，而不仅是使职工感到满足，这取决于环境和职工心理方面的许多条件。

④ 没有对满意度进行整体的测量，也就是说，一个人可能讨厌他的工作的一部分，但仍然认为工作是可以接受的。

⑤ 被调查对象的代表性也不够，事实上，不同职业和不同阶层的人，对激励因素和保健因素的反应是各不相同的。

⑥ 赫茨伯格假设满意和生产率之间有一定关系，但是他所用的研究方法只考察了工作满意度，没有考察生产率。为了使研究有参考意义，人们必须假设满意和生产率之间有密切关系。

尽管有不少批评意见，赫茨伯格的理论仍然广泛流传，并且有很多管理者都熟悉他的观点。双因素理论促使企业管理人员注意工作内容方面因素的重要性，特别是它们同工作丰富化和工作满足的关系，因此是有积极意义的。赫茨伯格告诉我们，满足各种需要所引起的激励深度和效果是不一样的。物质需求的满足是必要的，没有它会导致不满，但是即使获得满足，它的作用往往是很有限的、不能持久的。要调动人的积极性，不仅要注意物质利益和工作条件等外部因素，更重要的是要注意工作的安排，量才录用，各得其所，注意对人进行精神鼓励，给予表扬和认可，注意给人以成长、发展、晋升的机会。随着温饱问题的解决，这种内在激励的重要性越来越明显。自 20 世纪 60 年代中期以来，对该理论的研究越来越受到人们重视。赫茨伯格的理论实际上是针对满足的目标而言的，所谓保健因素实质上是人们对外部条件的要求；所谓激励因素实质上是人们对工作本身的要求。这样，根据赫茨伯格的理论，要调动人们的积极性，就要在“满足”二字上做文章。

满足人们对外部条件的要求，称为间接满足，它可以使人们受到外在激励；满足人们对工作本身的要求，称为直接满足，它可以使人们受到内在激励。间接满足又称工作任务以外的满足，这种满足不是从工作本身获得的，而是在工作以外获得的，例如，晋升、授衔、嘉奖、工资、奖金等等。间接满足虽与职工所担负的工作有一定的联系，但毕竟不是直接的，因而在调动职工积极性方面有一定的局限性，常会使职工感到与工作本身关系不大而满不在乎，处理不好还常会产生负作用。直接满足又称工作任务以内的满足，这种满足是通过工作本身和工作过程中人与人的关系中得到的，它能使职工学习到新的知识和技能，产生兴趣和热情，使他们具有光荣感、责任性和成就感，因而可使职工受到内在激励，产生极大的工作积极性。

双因素论虽产生于资本主义的企业管理，但不可否认有其合理因素。在实际工作中，不仅要充分注意保健因素，使职工不致于产生不满情绪；同时，还要利用激励因素去激发职工的工作热情，努力工作。由于工作上的满足与精神上的激励将会更有效地激发人们的工作热情，所以，更须特别注意处理好物质激励与精神激励的辨证关系。

双因素选择测试：

根据对你的重要程度给下面的 12 个因素打分。在 1 至 5 之间选择一个数字填在每一项因素前。

1．一件有趣的工作。

2．一位好上司。

3．对我的工作的认可和赏识。

4．发展的机会。

5．满意的个人生活。

6．一项有声望或地位的工作。

7．工作责任。

8．良好的工作条件。

9．合理的公司规则、规章、程序和政策。

10．通过学习新东西得到发展的机会。

11．一项我可以做好并获得成功的工作。

12．工作稳定性。

很重要	较重要	有些重要	不太重要	不重要
5	4	3	2	1

为了确定保健因素或激励因素对你的重要性，把你选择的分数填在下面的题号后：

保健因素得分	激励因素得分
2—	1—
5—	3—
6—	4—
8—	7—
9—	10—
12—	11—
总分—	总分—

把每一列的得分相加，你选择的因素中，对你最重要的是激励因素还是保健因素，答案就出来了。

六、宣传与行为

有位秀才第三次进京赶考，住在一个经常住的店里。考试前两天他做了三个梦，第一个梦是梦到自己在墙上种白菜，第二个梦是下雨天，他戴了斗笠还打伞，第三个梦是梦到跟心爱的表妹脱光了衣服躺在一起，但是背靠着背。这三个梦似乎有些深意，秀才第二天就赶紧去找算命的解梦。算命的一听，连拍大腿说："你还是回家吧。你想想，高墙上种菜不是白费劲吗？戴斗笠打雨伞不是多此一举吗？跟表妹都脱光了躺在一张床上了，却背靠背，不是没戏吗？"秀才一听，心灰意冷，回店收拾包袱准备回家。店老板非常奇怪，问："不是明天才考试吗，今天你怎么就回乡了？”秀才如此这般说了一番，店老板乐了：“哟，我也会解梦的。我倒觉得，你这次一定要留下来。你想想，墙上种菜不是高种吗？戴斗笠打伞不是说明你这次有备无患吗？跟你表妹脱光了背靠背躺在床上，不是说明你翻身的时候就要到了吗？”秀才一听，更有道理，于是精神振奋地参加考试，居然中了个探花。

宣传的对象是人，人就有人的心理活动，就有人的个性心理倾向和个性心理特征。一般来说，宣传过程均可表达为：宣传者—宣传—被宣传者，这一公式表明宣传过程就是宣传者与宣传对象的心理活动相互影响、相互作用的过程。为此，在决定宣传内容、选择宣传方式、考虑宣传时机、运用宣传艺术时，都不能不考察、分析宣传对象的心理背景与心理活动规律。在宣传过程中，借助于心理学的方法，可以在一定程度上对个性进行“加工”，并能影响人的信仰和观点的形成，甚至可以左右人们的观点、态度和行为。

美国心理学家巴依诺门认为，宣传影响人的行为，而且要使每个人觉得他的行为是由自己支配的，宣传可以操纵群众的行为，而又要使这个群体里的每一个成员还以为他是在按自己意志行事。英国理论家弗列热尔也发表过类似的言论，他认为，可以为宣传下如下的定义：它是迫使人们去做有条件做而又未做的事的一门艺术。

正是由于资产阶级将政治宣传视为操纵社会舆论，对人的个性进行政治加工的重要手段，所以，非常注意在宣传中利用各种心理手段来控制或改变人们的心理机能，以便按照资产阳级社会的意识形态改造人们的观点。

一般而言，宣传主要是对各个社会集团和群众有目的地施加有理论依据的、有说服力的影响。借助于这种影响力把某种社会思想、观点和理论灌输到每一个人的意识中去，以便影响每个人的行为，使之向着所希望的方向发展。但就我国宣传领域的实际情况来看，长期以来由于缺乏对宣传规律的探索、研究，忽略对宣传过程中最重要的因素——人的心理背景的分析，因而使宣传成了一种单向性的活动，不仅难以收到期望的效果，反而在一定的程度上和范围内使宣传的形象受到消极影响。运用心理学的成果研究宣传活动，必将有助于宣传工作的科学化、规范化，进而提高宣传效果，起到激励人们的实际功效。

（1）宣传中的理智与情感

根据西方一些学者的观点，宣传的首要对象是人的各种情感体验，而不是人的理智。他们认为，要说服一个有理智的人，过程太长而且还靠不住。指望宣传对情感发生影响，这不仅仅是因为从情感上加强对人的个性影响最为有效，而且还因为这种影响并非总要有合理的论据。英国宣传理论家弗雷泽尔曾明确指出，在任何情况下，宣传都直接着眼于情感体验，如果在某一信息中缺乏首先是用于影响人的情感的内容的话，那么这种信息便不能称做宣传，只能叫做一种教育活动。

宣传在情绪上的影响应刺激人们产生相应的情感体验，这种体验通过人对周围现实的态度表现出来。情感体验往往在人的心理上留下深刻的印象，因此必定会成为宣传影响过程的组成部分。为此，对情感在宣传过程中的作用应作深入的分析，并明确这方面特有的规律性。只要宣传影响能触及人的感情，常能在很大程度上成为激励人们积极行动的力量。

肯定情绪影响在宣传中的作用，并不能由此忽略理智的作用。在宣传影响的复杂过程中，只有当人的心理结构的所有组成部分——智力、情感和行为动机——都受到影响时，才能指望获得成功。这就是说，除了情感的成分外，理性成分对宣传也具有重要价值。这些心理成分量的大小、内容和相互关系都视报道的类型和社会背景而定。一般来说，情绪影响应当看作是加强和补充宣传影响的辅助因素，有效的宣传应当很好地把具体的社会情势同宣传中的理性作用、情感作用协调与统一起来。

美国心理学家哈特曼曾就情绪因素与理性因素对宣传的意义作过一项试验。实验的内容，是在一次竞选活动中，用三种不同的方式在三个选区进行竞选宣传。在第一个选区散发了具有强烈情绪的彩色传单；在第二个选区散发了条理清楚、说理透彻的传单；在第三个选区里什么也没有散发。选举的结果表明：在第一个选区里得到了最多的选票。这显然说明情绪因素优于理智因素。然而在一个月以后，对选民进行调查时，结果发现，第一个选区的选民多数已记不得传单的内容，而第二个选区的选民对传单内容仍能记忆犹新。这说明在宣传活动中，情绪因素的影响虽很强烈，但容易消失，而理智因素的效果却能保持较长的时间。这个实验给我们的启示是：如果要使宣传工作立见成效，应注意运用带有情绪色彩的宣传手段；如果要使宣传工作收到长期的效果，则需要依靠充分说理的理智手段。

（2）宣传中的正面的与反面的论证

在论证某个具体问题时，宣传者是只陈述自己的看法，而不谈反面的观点所能说服的人多呢?还是也谈及反面的论点，并力求驳倒这些观点更能说服别人呢?这不是一个可以简单回答的问题。一般来说，一位宣传者敢于把相反观点也摆出来，常会使人认为他是个客观的、公正的人，因而能增加宣传者的可信性并提高其宣传效果。不过，如果一位宣传者过多地提到相反论点，并且不能对之作出令人信服的驳斥，就有可能使接受者感到疑惑，导致思想混乱，从而会极大地降低宣传的劝导效力，甚至会起到相反的作用。

不过，在这个问题上，接受对象的状况如何也会在一定程度上影响宣传结果。接受者越有知识，受单方面宣传影响的可能性就越小，而受那种举出主要相反论点并逐一驳斥的宣传影响的可能性越大。一个有知识的人更能了解到多方面的观点，因此，当宣传者回避这些观点时，有知识的接受者就可能作出这样的推论：

这个宣传者不是抱有偏见就是无力反驳相反观点。而对一个缺乏知识的接受者来说，则不大容易了解相反观点的存在，故容易接受宣传者单方面的影响。这样，对宣传者来说，似乎面临着两难的抉择：如果不提反面观点，有知识的接受者会由此得出不同的结论，但如果列举出相反观点而驳斥不力，则又可能使另外一些人迷惑不解。这里，就要求宣传者在论证问题时，必须注意宣传对象的心理特征，切忌一刀切。

（3）宣传中的真理与谎言

在宣传理论中对待真理和谎言的问题上，历来有不同的看法。这些观点的区别首先包含了意识形态的内容。在宣传史上曾有过不少有意识、有目的地使用虚假信息的事实，例如，纳粹头目戈培尔认为，谎言重复一千次，就会成为真理。美国一些宣传家也主张，如果宣传的内容基本上是真实的，那么有时也可以掺些谎言，并能使听众深信不疑。他们对宣传谎言的道德评价不感兴趣，认为心理学家的任务不包括对问题的道德方面进行评价，而应当只对材料的效用和效果感兴趣。这种“宣传无道德论”颇具马基雅维利“政治无道德论”之遗风。

就本质要求，宣传应奉行的一条基本原理就是宣传的真实性。在宣传中，只有真实的材料才最有利于人们形成能抵制不良宣传的观点。建立在谎言之上的宣传其效用是短暂的。虚假的宣传和事实之间的冲突最终总会发生，它会丧失宣传的威信，减少人们对宣传的信任，甚至使人们接受真实的宣传时也会持怀疑和十分谨慎的态度。而讲真话才是政治宣传发生效用的起码条件。列宁在谈到布尔什维克宣传的效用时曾写道：“白卫分子在他们所有的宣传品上都说布尔什维克的鼓动工作很成功，说布尔什维克在鼓动工作上是不惜花钱的。但是，人们听过各种各样的鼓动，听过白卫分子的，也听过立宪会议派的。如果认为人民跟着布尔什维克走是因为布尔什维克的鼓动较为巧妙，那就可笑了，不是的，问题在于布尔什维克的鼓动内容是真的。”（《列宁全集》第 30 卷，第 273 页）

宣传的形式颇多，如从类型上进行归纳，大致可划分为口头宣传与直观宣传两种。

口头宣传。口头宣传是在直接接触的情况下，宣传员用生动的口语对直接接受宣传者起说服影响作用的一种宣传。在现代宣传体系中，口头宣传无疑是基本的、使用最广泛的形式。应用生动口语进行面对面的宣传，无疑能起到特殊的作用。由于直接接触，在传递信息的过程中能有效地实现反馈，宣传者可以很容易直接观察到听众的反应和情绪状态，以便随时调节传递的速度、信息量和方式，从而积极地影响感知过程。口头宣传简便易行，随机应变能力很强，任何问题一经出现，马上就可采取口头宣传形式，无须特别准备和组织适当的情景；宣传者可以根据听众的知识水平和社会地位，对同一个宣传材料使用不同的宣传方式。

不过，尽管口头宣传有其独到的优势，但要熟练掌握这门艺术却并非易事。

使用生动的口语进行宣传是一种即兴艺术，常常需要临场发挥，它要求对事物的理解要敏锐，反应要灵活，思路要清晰，还要有能对周围情况作出随机应变的反应等多方面的心理素质。

在口头宣传中值得注意的心理因素主要有：

①人格效应。亚里士多德曾经说过，经过比较，人们更容易、更坚定地相信完美的人，无论在什么问题上都是这样，而且当一个问题意见分歧又不能确切断定时，更是这样。某些作者在有关雄辩术的论文中认为，讲演者表现出来的人格完善，丝毫不能增加其劝导能力，这种看法是错误的。恰恰相反，他个人特点可以永远被看作是他所拥有的最有效的劝导手段。由于口头宣传的特点是说话人和听众直接接触，听众看得见说话的人；并从说话人的演说、行为和外表出发对他进行评价，而这种评价对听众接受宣传者提出的观点和论据影响很大。各方面的研究令人信服地证明这样的事实：宣传者的个人特点与人格魅力在很大程度上会影响听众主观上对口头宣传报道的领会。

关于宣传者的人格特点对听众的影响问题，应在两种典型情况下加以分析：第一种情况是，听众对宣传员比较熟悉或了解，这样，听众更为关注或评价的往往是宣传员内在的个性。第二种情况是，听众与宣传员是第一次接触，对他的有关情况不甚了解，这样，听众所注意评价的往往是宣传员的外貌特征与宣传技巧。

在实际宣传活动中，宣传员的人格效应是比较重要的，“已不正焉能正人”，这句简单的话实际上也道出了宣传的真谛。对一名宣传者来说，要想取得成功的宣传效果，除提高自己的文化素养和口头表达技巧外，更应注意个体人格素质的优化。当然，也不能忽视外貌效应，尽管这是一种具有非理性特征的偏见。

②读与讲的心理效用。口头宣讲一般可以有两种方式：照本宣读与脱稿演讲。一般来说，后者常常比前者的效果要更好些。照本宣读者在读稿时不易借助面部表情、手势等附加成分影响听众，难以把讲稿的感情色彩和自己的感受表达出来，不能在宣读过程中与听众实现心理沟通，交流情感，获得必要的信息反馈，从而使叙述成为枯燥的、平淡的、令人厌烦的一种形式，这样就影响了宣传的效果。脱稿讲演由于有更富于表情的口述手段(描绘、强调、戏剧化成分)，可以借助于面部表情、手势等即兴动作，便于随时获取听众的反应以便及时进行必要的调整，这一些都更适合于听众的感知，更易激起听众心理上的共鸣，故能获得较好的宣传效果。国外一些心理学家曾对宣读讲稿和脱稿演讲的记忆效果进行了实验，结果表明，用演讲的方式听众大约能记住材料的 33%，而用照本宣读的方式大约只能记住材料的 10%。所以，演讲常常是口头宣传取得成效的主要形式之一。

当然，也不能绝对化，在有些场合或情况下，常常需要宣读而不是讲演。例如，对正式的报道和文件，在一些重要会议或正规场合上的发言就需要宣读，这样做是为了强调文件和报道的重要性，或是为了在特定场合造成和保持庄重的气氛。

③语言的情感效应。口头宣传的效果在很大程度上取决于宣传者能否激起听众积极的情绪。在演讲过程中，听众情绪主要是靠挑选适当的词才能激发起来的，词不仅有语义，而且有情感上的作用，这种作用是在词发挥它的社会职能中出现的。当词在特定的社会情势下使用时，对它们所表达的人和事物而言，便获得情感上的意义。具有相应感情色彩的词，在人的心理过程中和在社会交际过程中起着重要作用。

在口头宣传过程中，如果只是对事实和相应的论据进行干巴巴的叙述，只是提供信息，而缺乏相应的感情色彩，那是很难使听众产生积极情绪的。一名高明的讲演者，常常善于使自己的讲话富于激情，不仅要“讲”，而且要“演”，也就是说，使自己的讲话具有生动性、趣味性和感染力。缺乏感情色彩的语言是枯燥的、呆板的、淡而无味的，因而宣传的效果一定是相当糟糕的。尤其是在鼓动工作中，当需要迅速实现某项预期的目的或期待听众迅速采取行动时，语言富于情感更具有特殊的作用。在这种情况下，语言成为激发人们的感情的最重要的、有时甚至是唯一的手段。因为鼓动主要就是以新奇的比喻、敏锐的观察和情绪上的激动来吸引听众的。此时也是最明显地表现出宣传者是否具有使用充满激情的语言的能力之重要场合。不过，在利用语言情感功能时要合理，要注意场合、注意对象，切忌无的放矢、滥用词藻、哗众取宠，否则会降低宣传效果。

④情绪效用。各种情绪状态对从广义上的人的活动影响极大，根据活动的结果，可以把这种影响分为积极的和消极的两种。从原则上讲，积极的情绪有助于活动，消极的情绪则仿碍人的活动，而高度紧张的情绪状态，也会对人的活动带来不利影响。

在口头宣传中，宣传者的情绪状态在很大程度上直接影响宣传效果。如果宣传者本身对讲演活动缺乏激情或者处于一种过于高度紧张的情绪状态，不仅会影响他的讲演内容与方式，并会对听众起一种消极的感染作用，影响他们的接受情绪，效果自然不会理想。另一方面，如果听众的情绪状态不高，则会对注意产生不利影响，导致心不在焉，注意力分散。在这种情况下，宣讲者就应当调动一切可行的方法，去激发或保持听众的注意，而切不可受听众这种消极情绪的感染，弱化自己的宣传激情。

直观宣传。在各种宣传活动中，直观宣传对接受宣传者的作用独具特点，因而特别引人注目。所谓直观宣传，简单地说，就是借助于直观材料传播的专门准备的报道的总和，以及与准备和传播这些报道有关的许许多多的工序。这种宣传的最大特点就是宣传内容是通过视觉器官进入人的意识的。视觉信息的目的是告诉人们有关周围现实的事物和现象的消息，促使他们去适应这些事物和现象。与口头宣传不同，直观宣传不单单是运用相应的语言，而是使用书面的规范性概念来实现宣传效果。

同其他的视觉影响类型(如广告、视觉信息)相比较，直观宣传主要有以下三方面特点：第一，直观宣传是视觉影响中的一种类型，其主要目的在于形成人们社会政治思想观念，因而，具有明显的教育活动的色彩；第二，直观宣传的号召含有明显的情绪感染力，它的基本目的就是要形成一定的“情绪背景”，而这种背景能有效提高所传播的宣传形式的效果；第三，直观宣传应激起一种在心理学上称为“高级情感”的感情，这种高级情感是与各种社会思想意识形态(爱国主义、国际主义、公民的权利与义务等等)相联系的各种感情的全部总和，是形成人们社会思想的情感成分。

直观宣传中值得注意的心理因素主要有：

①颜色效应。心理学研究表明，颜色同人的情绪存在着密切的联系，在人的心理中某些颜色必然会和一定的事物或事件产生联想。例如，红色能激发感情，积极而且富于联想；黄色使人温暖而愉快，愿意行动，付出力量；绿色使人安详，心情舒畅，十分富于联想；白色使人疲乏；黑色使人悲伤；紫色使人浪漫；等等。直观宣传的任务是用适当的视觉刺激来影响人，这就决定了颜色在直观宣传中的重要地位与作用。不过，在直观宣传中，究竟如何使用颜色，是很有讲究的，其中所要遵守的一条基本的原则就是必须根据具体条件正确地选择颜色，并注意颜色组合协调。颜色组合得当，能使人感到色彩和谐，从而产生符合自己期望的特定的印象和感情。所以，使用颜色时，很重要的是应考虑我们力求达到的心理效果。例如，在陈列直观宣传品的文化娱乐场所里，使用的颜色应使人心理上不感到紧张，尽可能营造出一种心情愉快的氛围。

②反复效应。直观宣传利用视觉感受器，即利用容量最大的、最专门化的向大脑皮层传递信息的渠道。心理学家认为，人所感觉到的信息约有 40%是靠视觉得到的。一般来说，同一个人反复观察某一外在事物时，这种信息常常能在头脑中留下更深的印记。为此，直观宣传的不少手段都可以有意识地利用这种反复效应。标语口号的张贴，图片资料的陈列，还有雕塑模型的设立等等，只要安排适当，便能为相当多数人反复接受刺激提供便利。这种多次的作用能加强记忆，加深对材料的理解（因为这种材料由于多次作用，就在人的意识中以适当的方式加工改造过），有助于某些社会政治观念的形成。即使接受宣传的人主观上并无有意识的努力，但当同样一些视觉刺激物多次作用并在记忆中得到巩固时，都可能产生某些理性方面的激动情绪。当然，这里还有一个最佳次数、最佳时机的问题。同一个刺激物，如果作用的次数太多，变得见惯不惊，便不会再引起相应的反应。然而，在一段适当的时间内由于多次起作用，可能使直观宣传具有一定的优越性。

③“文字”效应。一般说来，字、词是一切宣传的基本成分，在直观宣传中，总是要使用大量的文字。不过，如果只是堆砌词藻、冗长乏味，常常会失去宣传

鼓动的力量；而注意合理地挑选、组合词句，在宣传鼓动中常能起到震撼人心的作用。为此，在直观宣传中，必须遵循“用最少的文字表达最多的内容”这样一条原则。卓越的宣传者在向群众进行强有力的宣传鼓动时，总是只用经过适当挑选的一些词句。如法国大革命的著名口号是“自由、平等、博爱”。无产阶级的革命口号是“全世界无产者，联合起来”。毛泽东在新民主主义革命时期提出的“将革命进行到底”等等，就是用尽可能少量的文字包含了强烈的激动人心的感情和丰富内容。它们可以作为当今直观宣传鼓动的范例。

④美感效应。直观宣传的每个成分都包含着意义和美学这样两个方面，两者之间存在着密切而重要的联系。直观宣传要能沟通思想，影响对象，不仅取决于宣传内容，而且也取决于报道的形式。即使宣传内容很丰富，但如果艺术形象很糟糕，必然会影响宣传效果。所以，宣传报道的美学质量不仅是个美学问题，而且直接关系着宣传影响力的大小。为此，直观宣传的各种成分应根据美学的要求进行准备，以求在宣传过程中增强宣传品的美感，在更广泛的范围内影响人的精神面貌。

思考：

有一只长耳朵的大白兔指责兔王惟数量论，助长了一种短期行为的功利主义倾向，不利于培养那些真正有益于兔群长期发展的行为动机。兔王觉得长耳兔说得很有道理，他开始思考该如何解决这个问题。有一天，小灰兔素素没能完成当天的任务，他的好朋友都都主动把自己采集的蘑菇送给他。兔王听说了这件事，对都都助人为乐的品德非常赞赏。过了两天，兔王在仓库门口刚好碰到了都都，一高兴就给了都都双倍的奖励。此例一开，变脸游戏又重新风行起来。大家都变着法子讨好兔王，不会讨好的就找着兔王吵闹，弄得兔王坐卧不宁、烦躁不安。有的说：“凭什么我干得多，得到的奖励却比都都少？”有的说：“我这一次干得多，得到的却比上一次少，这也太不公平了吧？” 时间一长，情况愈演愈烈，如果没有高额的奖励，谁也不愿意去劳动。可是，如果没有人工作，大家的食物从哪里来呢？兔王万般无奈，宣布凡是愿意为兔群做贡献的志愿者，可以立即领到一大筐胡萝卜。布告一出，报名应征者好不踊跃。兔王心想，重赏之下，果然有勇夫。谁也没有料到，那些报名的兔子之中居然没有一个如期完成任务。兔王气急败坏，跑去责备他们。他们异口同声地说：“这不能怨我呀，兔王。既然胡萝卜已经到手，谁还有心思去干活呢？”

导致兔王困惑的原因是什么？该如何解决这一问题？

第八章　组织中的人际关系

男女就象冬天相互依偎取暖的刺猬，太近则相互刺伤，太远又寒冷。

——叔本华

有一个美丽的大鱼缸，被主人放在客厅的桌子上。有一幅描绘着海底世界的图片贴在鱼缸的后面，将水映成了深蓝色，鱼缸的里面有一块小假山，假山上生长着翠绿的水草，在水中不时地飘动，水泵在夜以继日地吐着泡泡。在这里生活着一群金鱼，它们形态各异，婀娜多姿，有的长着两只大眼睛，有的长着一个大肚皮，有的长着像孔雀开屏似的尾巴，有的眼睛上长着两只大水泡，有的脑袋上鼓起一个大包，形态各异，五颜六色。

在这群金鱼当中，大部分形体都比较小，只有一只眼睛上长着大水泡的金鱼个头比较大，所以在主人喂食时，"大水泡"总是能最先抢到，有时小金鱼们就会饿着肚子。有一条小金鱼实在是受不了了，对"大水泡"说："你虽然在我们当中个头最大，也最有力气，可是我们毕竟是生活在一起的同伴，你不能做得太自私。""大水泡"扑哧一笑，说："要是你有本事就和我抢食，没有本事，就饿着肚子。"小金鱼气得眼睛都快要翻出来了，只能和其他小金鱼们发发牢骚，它们也深有同感，可是又能怎样，谁叫"大水泡"长得魁梧呢？可小金鱼却不这么认为，它感觉"大水泡"也一定有自己的弱点，它在私下里酝酿着一个报复"大水泡"的计划。接下来的几天里，小金鱼不和"大水泡"抢食了，它心里清楚，即使自己使出浑身解数，也是抢不过它的。小金鱼在旁边观察着"大水泡"的一举一动，看到它游动时两个水泡晃来晃去，随着水波在动，非常漂亮，于是，它的报复计划在头脑中形成了。一天，小金鱼又开始和"大水泡"抢食，它明知道抢不过也要抢，其实，它根本的意图并不在食物上，而是在争抢时，趁"大水泡"不注意，在其中的一只水泡上狠狠地咬了一口，结果水泡丝毫未损，只是上面留了个印迹，"大水泡"回过头来轻蔑地看了小金鱼一眼，说："抢不到食物就咬我，那也没用，你照样还得挨饿。"小金鱼也不在意，游到其他地方去了。过了一会儿，小金鱼又游了回来，在"大水泡"的水泡上原来有印迹的地方又狠狠地咬了一口，"大水泡"依然是一笑了之，根本没把小金鱼放在眼里。就这样，小金鱼一连咬了"大水泡"

十几口，每次都咬在同一个位置上，此时小金鱼惊喜地发现这只水泡被咬过的地方开始变薄。于是，小金鱼对“大水泡”说：“我希望你能改变你的主意，不要太贪婪。”“大水泡”也不搭理小金鱼，仍旧我行我素，小金鱼实在是忍无可忍，冲上去，使出浑身的力气在原来咬过十几次的地方又狠狠地咬了一口，这只水泡应声而破，“大水泡”惨叫一声，从此变成了“独眼龙”。主人用无奈的眼神看着这只“大水泡”，他知道这只金鱼已经失去了观赏价值，思考了一会儿，用渔网把它捞起来，十分惋惜地扔进了垃圾筒里。

从此，小金鱼们再也不用挨饿了。

有一次，阿拉伯著名作家阿里与吉伯、马沙两位朋友一起出外旅行。3 人行经一处山谷时，马沙失足滑落，眼看就要由 3 人行变成 2 人行，机灵的吉伯拼命拉住他的衣襟，将他救起。为了永远记住这一大恩大德，动情的马沙在附近的大石头上用力篆刻下这样一行大字：“某年某月某日，吉伯救了马沙一命”。于是，3 人继续往前走，不几日来到一处河边，可能因为长途旅行的疲劳，吉伯和马沙因为一件小事吵了起来，吉伯一气之下打了马沙一耳光。马沙被打得火星直冒，然而他没有还手，一口气跑到沙滩上，仍然用很大的力气在沙滩上写下一行字：“某年某月某日，吉伯打了马沙一记耳光”。这以后，旅行很快就结束了。回到家乡，阿里怀着好奇心问马沙：“你为什么把吉伯救你的事情刻在石头，而把打你的事情写在沙滩上？”马沙平静的回答：“我将永远感激并永远记住吉伯救过我的命，至于他打我的事，我想让它随着沙子的运动逐渐忘却得一干二净。”

一、人际关系的涵义

美国前总统的西奥多·罗斯福曾说：“成功的第一要素是懂得如何搞好人际关系。”人际关系学大师卡耐基则说：“专业知识在一个人成功中的作用只占 15%，而其余的 85%则取决于人际关系。”

所谓人际关系，就是指人与人之间心理上的关系或心理上的距离。它反映了个人或群体寻求满足需要的心理状态。因此，人际关系的变化与发展决定于双方之间需要满足的程度。如果双方在交往过程中，需要都能得到满足，相互之间就会发生接近、友好、信赖的心理关系。相反，如果双方在交往中，其需要得不到满足，相互之间便会发生疏远、回避、以至敌视的心理关系。这种接近、友好、疏远或敌视的关系，都是心理上的距离，统称为人际关系。

在社会生活中，人与人之间交往与相处，一般地说，按其规模的大小和人数的多少，大致有这样三种情况：①两个人之间的关系。如夫妻、朋友、同志、同事、恋人、师生、邻里以及医生与病人、上司与下属等等；②个人与群体之间的关系。如个人与家庭、学生与班级、员工与部门、战士与连队等等；③个人与组织之间的关系。如个人与公司、教师与学校、公民与国家等等。

不同的人际关系会引起不同的情感体验。人与人之间由于满足了各自的需要而发生了亲密的关系，双方就会感到心情舒畅。例如，一个领导者对一位作出成绩的下属在适当的场合予以表彰，并推选他为本系统的先进分子。这样，这位下属与该领导者之间的心理距离就会缩短，关系就会融洽。反之，一位领导者严厉地批评了某下属，而这位下属内心不服，于是就同该领导者发生了矛盾与冲突。如果矛盾不能得到及时解决，那么这位下属与领导者之间的心理距离就会拉开，双方的关系自然十分紧张。

由于一定的人际关系会引起相应的行为反应，因此领导者应特别注意处理好与各方面的人际关系。一般说来，领导者的积极管理、劝告、教育的行为，会导致尊敬和服从的反应，领导者的帮助、支持、同情的行为，会导致信任和接受的反应，领导者的同意、合作、友好的行为，会导致协助和温和的反应，领导者的软弱、多疑的行为，会导致不服从和离心离德倾向，领导者的惩罚、不友好的行为会导致敌对和反抗的反应，等等。为此，领导者在人际关系中，应以正确的行为引起积极的行为反应，力求避免错误的行为，防止出现消极的行为反应。

在唐诗“海内存知己，天涯若比邻”中，已有所揭示人际关系的涵义：这是一种人与人之间心理上的距离，这种距离的远近并不简单地受着空间距离的规定。不是吗？尽管空间距离可以远如“海内”、“天涯”，但交往双方的心理距离却依然是那么的贴近。在有些情况下，尽管空间距离很近，但相互之间的心理距离则可能相当远，有一句成语“同床异梦”非常形象地表达了这种状况。那么，人际关系的亲疏远近究竟是由什么因素所影响或决定的呢？

从根本上分析，人际关系的状况与发展、变化取决于交往双方“需要”满足的程度。如果双方在交往中，需要都能得到满足，相互之间就会发生接近、友好、信赖的心理关系；相反，如果双方在交往中，其需要得不到满足，相互之间便会发生疏远、回避、以至敌视的心理关系。这种接近、友好、疏远、敌视等关系，都是心理上的关系和距离，统称为人际关系。

一般情况下，人们总是希望同周围的交往对象保持良好的、密切的人际关系，这是一种普遍的心理需求。但在实际交往过程中，如何保持适当的人际距离，又往往会成为一个非常令人困惑的难题，就象叔本华所感叹的“太近则相互刺伤，太远又寒冷。”黎巴嫩诗人纪伯伦曾写道：

不过在你们的合一之中，要有间隙。
让天风在你们中间舞荡。
彼此相爱，却不要做成爱的系链；
只让他在你们灵魂的沙岸中间，做一个流动的海。
……
彼此赠献你们的心，却不要互相保留。
因为只有“生命“的手，才能把持你们的心。

要站到一处，却不要太密迩：

因为殿里的柱子，也是分立在两旁，

橡树合松柏，也不在彼此的荫中生长。

（冰心译：《先知·论婚姻》，人民文学出版社，第11—12页）

尽管人们向往一种“亲密无间”的人际关系，然一旦真正达到“无间”的程度，会事与愿违地造成情感的窒息。实际上，从情感的立足点到情感的奉献，都不可能丧失“空间”，丧失独立性，否则，不仅将丧失自我，也将最终损害相互之间的关系，所谓“亲绝反疏”的格言自有它的道理。

管理实践中的人际交往更有着它所特有的敏感性与要求，尤其对于管理者、领导者来说，与不同交往对象之间距离感的把握绝不是一种个人的行为，它会直接影响到整个管理群体的人际关系氛围及发展趋向，影响到领导者个人的人际吸引力。对此，有人曾提出“适度人际距离”说，要求领导者做到“近者远之，远者近之”。这种考虑自有其道理，但这种距离感究竟如何把握，还需要在实践中积极体验。

在社会生活中，人际之间在交往的范围与内容方面并不完全一样。一般而言，社会成员中存在着三个交往社圈：第一社圈指家庭，即家庭成员之间的交往关系；第二社圈指组织、单位、集团、群体等，该社圈通过工作和日常事务将有关人员密切联系在一起；第三社圈指社会，即通过舆论和大众传播工具而将一些社会知名人士与一些社会成员联系起来的社圈关系。

作为“第一社圈”的家庭至少由两个或两个以上的成员组成，这些成员之间一般不仅有婚姻关系或血缘关系（也有不具备上述关系的），而且经常地生活在一起，有共同的经济生活和文化生活，这样的“第一社圈”都有自己独特的职能，如“生产职能”、“生育职能”、“消费职能”、“抚养职能”、“教育职能”、“感情职能”等等。

“第二社圈”的形式多样，对工人来说，工厂或车间的成员是“第二社圈”；对机关工作人员而言，机关的成员是“第二社圈”；对政府首脑来说，国务院、内阁、办公厅的工作人员及其他与首脑有密切关系的人们起着“第二社圈”的作用，该社圈的主要职能是“生产职能”、“工作职能”。

“第三社圈”并不是每个人都有的，可以说，它只是少数社会成员的交往社圈。一个人的名望越高，影响越大，他的“第三社圈”就越大。在当代，著名的演员、运动员、科学家、作家、政治家都有着广泛的“第三社圈”。当然，其中有些人尽管在“第三社圈”中享有盛名，却在“第一社圈”中享受着完全不同的待遇。日本前首相福田纠夫的夫人新井三枝在“第一社圈”中掌握着最高权势，首相在夫人面前总是俯首贴耳，极为顺从。俄国沙皇彼得一世尽管大权在握，但在“第一社圈”中并不是很幸福的，当皇太子阿列克谢九岁时，母亲被关进女修道院；阿列克谢非常害怕父亲，只要一见父亲，他"全身的血便凝住了。"彼得一世终身和儿子阿列克谢处于敌对关系之中。彼得一世要剥夺阿列克谢的继承权，阿列克谢写信表示，自己是一个"堕落的人，没有能力来肩负治理国家的重任。"父亲说儿子最终将成为他的事业的破坏者，要儿子当修道士，儿子含恨接受，后在父亲逼迫下，儿子逃离俄国，当追捕儿子回国后，父亲又判处儿子死刑。彼得一世在出席儿子葬礼时，眼睛里充满了泪水，反映出内心的痛苦。

二、人际关系对管理的意义

日本企业中员工的敬业精神闻名于世，其中重要原因之一，在于企业的主要管理者常常要花费大量的精力做人的工作，注意调整职工内部关系，形成一种良好的人际关系环境。他们强调有了"人和"，企业才能很好发展。许多企业的车间里，都挂着"团结一致"、"以和为贵"等条幅。老板、经理经常宣传"劳资利益一致"，各公司还以自己的"社训"和发展史教育职工。企业管理者不仅把职工作为生产者，同时认为职工是本企业的"家庭成员"，注意从精神上、物质上关心职工，常常对职工进行家访，祝贺生日，联络感情。对企业职工的住房、食品供应乃至午餐质量、红白喜事等都有许多关心和照顾的措施，从而进一步增强了职工对本企业的依附感，成为勤勤恳恳为企业奋斗的"工作狂"。有些企业管理者还组织花展和美术作品展，既美化工厂，又给热爱这方面活动的职工以表现自我的机会。日本企业的领导人对容易引起职工内部矛盾的事非常敏感，总是采取各种办法予以杜绝。例如，他们一年定期发两次奖金，从不搞职工之间的评奖活动，认为评奖容易引起职工之间不和，"评奖评奖，越评越僵"。

在任何组织系统中，人际关系状况对管理活动都有着不可忽视的重要意义：

（1）人际关系与社会心理气氛。与人交往是每个人内心深处与身俱来的一种基本需求。某青年来到一所孤儿院工作，发现孩子们普遍情绪抑郁、食欲不振，经医生检查，一切正常；又采取改善伙食等措施，也无效果。后得到心理学家帮助，尝试心理治疗，方式是：老师在孩子面前保持经常性的微笑，摸摸孩子脑袋，拍拍孩子肩膀，使孩子情绪很快好转，食欲大增。由此证明孩子原来的情绪不佳是因为他们缺乏母亲般的爱抚。

人与人之间的交往与联系，造成一种重要的心理现象——社会心理气氛。在工作群体中，人与人之间相互理解、信任、关心、友爱会造成良好、融洽的社会心理气氛，使人产生开朗、乐观的情绪，激发起工作热情；反之，则容易使人压抑、孤独、苦闷，从而对工作、生活、人生形成逃避、甚至对抗等消极态度。

2，人际关系与工作效率。1+1=？这在普通数学里只有一个明确的答案：2，但在"管理数学"中，其答案恐怕只能是一个未知数。团体中人际关系是否融洽、协调，对工作效率有着直接影响。人与人之间猜忌、冷漠、排斥、冲突等等，不仅使人分散精力，浪费时间，而且会造成心理消耗，把心思用在如何对付别人身上，势必影响工作效率；而群体中成员相互理解、沟通、体谅、同情，有助于形成宽松、相容的心理气氛，提高组织工作的绩效。

三、影响人际关系的因素

在管理活动中，人与人之间的关系客观上存在着亲疏远近之别，这种人际关系不同的状况，反映着个体特有的人际关系需要，这种人际关系需要主要有以下类型：

（1）心理需求。这是指希望通过交往获得对自我的某种评价，这种评价的直接意义在于使个体能更完整地认识自我，认识自己在群体中地位与自身价值。但由于评价的内容不同，所带来的效应也会有所差异。一般而言，当个体听到对自己肯定、赞美的评价时，会不由自主地产生快感；而一旦听到相反的评价，则会产生一种排斥、抵制的情绪，从而影响到相互之间的关系。戴尔·卡内基在《怎样赢得朋友和影响别人》一书中，提出了一句格言：慷慨地赞扬对方。这种赞扬实质就是在于满足交往对方的心理需要，或者说满足对方的“心理饥渴”。一般而言，这种心理需求带有非理性的色彩，但正确地掌握和运用，有利于优化人际关系。作为管理者而言，在这个问题上应注意两点：一是在管理活动中，注意满足下属的心理需要；二是当自己听到好话时，应保持冷静，要有自知之明。

（2）交往需求。作为社会动物的人，都有希望与别人往来、结交，想同别人建立并维持和谐关系的欲望。在人际交往中，不同个体之间的交往特点是不一样的：有的人表现出很大的随意性、灵活性和适应性，善于同各种各样的人物结交；有的人表现为具有很大的专注性和稳固性，一些交往关系甚至能够维持终身；还有的人缺乏交往的勇气和能力，以至于由于交往需要没能得到满足而形成了孤立、退缩、排斥、疏远等封闭性心理。

（3）控制需求。控制的需求是社会成员相互交往的特点之一。控制需求并不一定是身居高位、掌握权力的领导者所特有，事实上，它是每一个社会成员所都有的。从儿童在游戏活动中的表现，到家庭成员之间的角色关系，例如“妻管严”，“多年的媳妇熬成婆”等，都属于这种需求的体现。对于所有的人来说，相互关系中的控制有时意味着使他人去做我们要他们做的事情。它可能包括一些无关紧要的事情，例如去看电影而不是看电视，或者劝说朋友去一家自己常去的餐馆就餐。在最佳的相互关系中，各方根据具体情况分享控制。例如，一对夫妇对哪里是最理想的度假地不能取得一致，所以每年他们轮换选择。当然，在社会中有些人习惯于追随和模仿别人，习惯于受人控制，由此形成控制与被控制这种特有的人际关系。

不过，绝大多数人都不会选择与总是喜欢控制别人的个体交往，除非施加控制的人有地位或权力而你有求于他。父母在很多方面对孩子施加控制，但当孩子到了青春期，就经常对控制进行反抗。

（4）感情需求。这是指在感情上希望与他人建立并维持良好关系的欲望，具体表现为相互尊重、相互同情、相互理解。这种需要如没能得到满足，则可能形成憎恨、厌恶、冷淡内等心理倾向。

（5）利益需求。在管理实践中，人与人之间的利益往往错综复杂地交织在一起，在不少情况下，个人利益的实现往往需要得到别人的帮助或支持，这是一种驱动力，它推动某些个体有目的地去寻找交往伙伴，建立起一种以利益为基础的人际关系。

从人际关系的基本倾向来看，一般表现为主动性与被动性两种情况。有的个体交往动机、支配动机、感情动机与利益动机都较强，在人际交往中表现出一种主动、积极的态度；也有些个体上述动机都较弱，常表现为被动、期待，一旦这种期待没有得到实现，容易引发消极的心理倾向。

人际交往的成功与否，取决于众多因素，归结起来，主要有以下几种：

（1）外表的吸引力。在人际交往过程中，人们往往无法从心理上完全消除由于对方外表所产生的影响，外表因素往往有形或无形地左右着人际间相互关系的建立和发展，这不是一个愿意不愿意或者想不想的问题，而是不知不觉、不由自主地受到影响甚至受其左右。一些心理学家曾专门研究了一个人外表与人际吸引力之间的相互关系。布里斯林（Brislin）与刘易斯(H·B·Lewis)的研究材料认为，在恋爱过程中，个人所感觉的伴侣的外表以及所希望下次再能与之相遇的相关系数为0.89。特斯塞(Tesser)与布罗代(Brodie)的实验研究发现，这两者之间的相关系数为0.69。这两个实验发现，“希望再度约会”的心理要求与对方外表之间的相关程度要比其他特征，如个性、兴趣等因素的相关程度来得高。西格尔等人通过巧妙的实验揭示，漂亮的女性比不好看的女性更能影响男性的交往行为。实验以公认漂亮的和不好看的女性为助手，让她们扮作临床心理学研究生，给男性被试的个性特点作临床心理学评价，最后给予被试以肯定或否定的评价。实验结果表明，在女性不漂亮的情况下，男性被试不太看重评价的结果，对实验助手的喜欢水平都是中等。但在女性漂亮的情况下，被试非常看重评价的结果。在他们得到肯定评价时，他们对女性评价者的喜爱水平非常高。兰迪等人进行的一项研究也获得类似效果：他们让男性被试评价有关电视影响社会的短文。被试被告知短文的作者都是女性。论文的客观质量有好差两种。实验分为有魅力组、无魅力组和控制组。有魅力组接到的短文附有作者照片，照片为一个公认有魅力的女性；无魅力组所附的照片则是没有魅力的女性；控制组所读的短文没有附照片。结果表明，同样的文章，当被认为是有魅力的作者所写时，得到的评价更高，文章本身质量并不好时尤其如此。可以说，外表越吸引人，越为人们所喜爱，越有助于建立良好的人际关系。

外表因素对人际关系建立的影响，并不局限于男女间关系，而是涉及到所有个体相互交往过程中的一个影响人际关系建立与发展的心理因素；这种因素对人际关系的作用尤其反映在个体之间的初次接触过程中，随着交往的深入与发展，它的作用也会逐渐淡化，而内涵等要素的作用将会日益显得重要。

（2）态度的相似性。不管是“物以类聚，人以群分”，还是“酒逢知己千杯少，话不投机半句多”，其基础都在于对某些事物具有相同的或不同的态度与价值观。社会心理学家纽科姆曾以大学新生为对象进行过一项实验。实验为被试免费提供普通学生公寓住房，交换条件是他们接受调查和参加研究工作必需的面谈。纽科姆根据测验和问卷获得的结果，分配一部分特征相似的学生住在一起，而将另一部分特征相异的学生安排在一起居住。此后，研究不再干扰这些被试的正常生活。结果，一起居住的特征相似的学生倾向于彼此相互接受和喜欢，并成为好朋友；而一起居住但特征相异的学生虽然同样朝夕相处，还是倾向于难以相互喜欢并建立友谊。为什么共同的态度与价值观在人际交往中会产生吸引力呢？可能有以下三方面原因：第一，类似与相符本身具有一种增强作用。个体之间由于在态度、价值观方面相类似，在对某些问题的看法方面容易获得对方的支持，由此，一方面增强了自信心，另一方面也会增添对对方的好感。米尔顿·罗森鲍姆提出，人们对避免见到那些与自己意见不一致的人的渴望比他们对联系那些与自己意见一致的人的要求要强烈得多。产生这种情况是因为，如果一个人不同意自己的观点，这意味着自己可能错了。这种可能性是一种惩罚。因此人们总是不喜欢意见不同自己一致的人。第二，态度与价值观念的相似性，不易产生矛盾与分歧，使相互间得以维持一致与平衡的友谊；第三，态度与价值观念的相似性使双方有更多的共同语言，增强了双方彼此之间交往的愿望，而交往次数的增多，也有利于双方进一步的了解，从而使人际关系获得进一步的发展。一般情况下，人们对态度的相似性和喜爱之间的联系非常确信，如果我们喜欢谁，我们将会假设他或她的态度会与我们相似。可以说，因果关系同时在两方面起作用：在其他条件相等时，我们往往会喜欢那些态度与我们相似的人；如果我们喜欢某人，我们也会假设他或她的态度与我们的态度相似。所以，在管理活动中，管理者必须重视态度与价值观念因素，将它们作为协调领导班子成员的关系，增强群体凝聚力的一个重要问题予以考虑。

（3）需要的互补性。人与人在交往过程中，所建立的人际关系是否得以发展、深化或中途停断，很大程度上取决于双方能否透过交互作用而获得动机的满足。这种需要可能是物质方面的，也可能是精神方面的；可能是明确的、理性的，也可能是本能的、非理性的。在管理活动中，管理者应注意对员工需求倾向的了解，并尽可能满足员工的某些合理需求，以此增强自身对员工的人际吸引力。

（4）能力效应。能力是一块磁石，常会形成一种人际吸引力。当下属对领导者的才能非常欣赏，并产生发自内心的钦佩感时，才愿意主动与之接近，对领导者而言，也即增强了人际吸引力。《三国演义》记载：刘备初得孔明时，以师礼待之，关羽、张飞不悦，对刘备说道："孔明年幼，有甚才学？兄长待之太过！又未见他真实效验。"刘备答曰："我得孔明，犹鱼得水也，两弟勿复多言。"一日，忽报曹军十万杀奔新野而来。张飞谓关羽曰："可着孔明前去迎敌便了。"刘备召两人入，问："曹兵前来，如何迎敌？"张飞曰："哥哥何不使水去？"然在孔明指挥下火烧博望坡后，关羽、张飞方始信服，相谓："孔明真英杰也！"拜伏于四轮车前。不过，能力与吸引力并不一定成正比。阿伦森等人的实验揭示了能力与吸引之间的一种关系。实验中让被试听一组录音。录音带有四种，显示四种不同能力条件的人：①能力超凡的人；②能力超凡但是犯了错误的人；③能力平庸的人；④能力平庸而又犯了错误的人。结果发现，最受欢迎的并不是具有超凡能力的人，而是有着非凡的能力但也犯了错误的人，对仅仅是具有非凡能力的人的喜欢处在第二位，第三位是能力一般的人，最不受欢迎的则是能力平庸而又犯了错误的人。有能力的人犯了错误更受到人们欢迎，这叫做"犯错误效应"。这也许是人们感到犯了错误的有能力的人，比起那些十全十美的人更加真实、更加亲切。

（5）距离的远近。费斯汀格等人的研究发现，居住在同一层楼上的人认为他们和隔壁邻居要比隔一个门的邻居更亲密一些。人们选择朋友有41%是隔壁邻居，而隔一个门的邻居只有22%，住在走廊尽头的只被选择了10%。人与人之间在地理位置上越接近，越有助于彼此之间熟悉、了解，从而容易形成密切关系。例如，在同一车床上劳动的工人，同一办公室工作的员工，学校的同桌，住宅接近的邻居等，彼此见面的机会多，自然而然就容易建立良好的人际关系。当然，物理或空间距离并不是形成人际关系远近的关键性因素，只是形成这种关系的各种因素之一，在其他条件相同的情况下，才会表现出空间距离的作用。

（6）交往的频率。这是指人们互相接触次数的多少，一般说来，彼此交往频率越高，越是容易形成较密切的关系。因为交往越多，相互之间越了解，越容易形成共同的经验，产生共同的话题和共同的感受。尤其是对素不相识者来说，空间距离和交往频率在形成人际关系的初期起着相当重要的作用。为此要求管理者必须注意深入群众，密切相互关系，缩短人际距离。当然，这种交往不能搞形式化，要注意交往内容，做到有的放矢。

四、人际间的非语言交往

语言，是人际交往的重要手段，除此之外，人们往往还通过非语言的方式进行交际。不过，对这一类的人际交往方式，多数情况下人们常常忽略了。其实，在人际交往过程中，眉毛或手的一动，双方目光的相遇或避开，坐的姿势的不断变换，这些举动看似随随便便，漫不经意，可研究人员却发现，这类动作自成一体，几乎和语言一样协调一致，并常常能作为语言的补充，起着修饰语言的作用。很多情况下，一个人的愉快或是不悦，往往不是直接说出来的，而是从他谈话的方式中流露出来的。尤其是初次见面，对大部分信息不是通过语言，而是通过姿势、手势、表情、肤色、衣着、音色、语调、语速等因素起作用的。最初的 12 秒内，上述因素占信息量的 92%，仅 8%是通过语言交流的。当一个人感到自己为对方所喜爱或讨厌时，问题往往“不在于对方说什么，而是他用什么态度说话。”心理学家阿尔伯特·梅雷比恩认为，美国人发出和接受的信息 90%以上是非语言的，他还设计了一个公式：话语的全部效果=7%的措辞+38%的音调+55%的表情。这一数据是如何获得的以及其可靠性究竟如何我们不得而知，但能够证明的是，在人类的交往中互动双方所获得的信息确实有很大一部分来自于非语言的表现。例如，“讨厌！”两字出口，可使人感到紧张、担忧、可怕，也可能使人觉得亲近、舒适或者其他等等感觉，其中，主要是表情与音调在起作用。英国著名的非语言行为研究者 M·阿盖尔在《人类社会互动的非语言沟通》一文中曾提出非语言沟通的用途主要有三个方面：一是处理、操纵直接的社会情境，二是辅助语言沟通，三是代替语言沟通。肯定非语言沟通在人类交往中是不可缺少的。

美国著名形象设计大师莫利先生曾对美国财富排名榜前 300 位中的 100 名执行总裁调查，97%的人认为懂得并能够展示外表魅力的人，在公司中会有更多的升迁机会；100%的人认为若有关于商务着装的课，他们会送子女去学习；93%的人相信在首次面试中，申请人会由于不合适的穿着而被拒绝录用；92%的人认为不会选用不懂穿着的人做自己的助手；100%的人认为应该有一本专门讲述职业形象的书以供员工们阅读。英国著名的形象公司 CMB 对世界著名的 300 名金融公司的决策人调查发现，在公司中位置越高的人越认为形象是成功的关键，因而就越注重形象的塑造和管理，并且他们也愿意雇用和提拔那些有出色的外表并能向客户和顾客展示出良好形象的人。

体动交际学（Kinesics）——一门研究人际间非语言交往的学科，或者说是一门研究人们通过身体运动进行交往的学科，问世至今已有几十年的历史，并取得了一定成果，越来越受到人们普遍关注。近年来人们之所以对非语言交际表现出浓厚的兴趣，原因之一是相信非语言交际显示出的真实性，特别是感情方面的真实性。弗洛伊德曾说，凡人都会露出马脚，如果一个人嘴里没发出声音，他会用手指尖说话，各种迹象会从他全身的每一个毛孔中慢慢暴露出来。所以，往往会有这样的情况，一个人嘴上说的谎言被自己的体态语言所揭穿。多曲线的测谎程序即建立在此基础上，“你从抽屉里拿钱了吗？”测谎技术员问。“没有。”嫌疑分子答。但这时，测量血压、呼吸及皮肤渗汗的指示器跳动了，这些要素是个体所无法控制的。

1．人际间非语言交往的形式

（1）表情。表情是人际交往态度中的第一反应，在交往过程中，表情常常传递着内心的情绪，尤其是眼睛，作为心灵的窗户，眼神对情绪的传递最为直接，也最难掩饰。《人体秘语》作者莫里斯对人类的“眼睛”下这样的定义——它直径大约 2.5 厘米，但却象是从石器时代以来就有的最复杂的电视摄影机。在眼球后方感光灵敏的角膜含有 1.37 亿个细胞，将收到的信息传送至脑部。这些感光细胞，在任何时间均可同时处理 150 万个信息。这就说明，即使是一瞬即逝的眼神，也能发射出千万个信息，表达丰富的情感和意向，泄露心底深处的秘密。所以，眼球的转动，眼皮的张合，视线的转移速度和方向，眼与头部动作的配合，所产生的奇妙复杂的眉目语，都在传递着信息，进行着交流。

眼神是心灵之窗，心灵是眼神之源。眼睛是人体中无法掩盖情感的焦点。古代孟子认为，观察人的眼睛，可以知道人的善恶。他说：“存乎人者，莫良于眸子，眸子不能掩其恶，胸中正，则眸子瞭焉，胸中不正，则眸子眊焉，听其言也观其眸子，人焉庾哉。”这说明，人的心底是善是恶，都能从无法掩盖的眼神里显示出来。现代研究发现：眼睛是大脑在眼眶里的延伸，眼球底部有三级神经元，就象大脑皮质细胞一样，具有分析综合能力，而瞳孔的变化，眼球的活动等，又直接受脑神经的支配，所以人的感情自然就能从眼睛中反映出来。瞳孔的变化是人不能自主控制的，瞳孔的放大和收缩，真实地反映着复杂多变的心理活动。若一个人感到愉悦、喜爱、兴奋时，他的瞳孔就会扩大到比平常大四倍；相反的，遇到生气、讨厌、消极的心情时，他的瞳孔会收缩得很小；瞳孔不起变化，表示他对所看到的物体漠不关心或者感到无聊。事实上，通过眼神来传情达意，是一种普遍的心理现象，自然而然地运用眼神，来表达对周围一切事物的复杂情感。喜怒哀乐，悲欢离合，都会从微妙变化的眼神里真实地流露。

眼神里的心理，是人类的一个广阔领域。眼神传递的心理，在两性关系上尤为突出。古时候，当两性相爱时，曾有“心许目成”，“暗送秋波”之词，来表达他们的情花爱果。当今，两性较前复杂，使用的词语更丰富，比如“眉来眼去”、“含情脉脉”、“眉目传情”、“一见钟情”等等。因此，眼神虽不是有声语言，但恰似有千言万语万语千言的随心传播。任何青年恋人，必然闪烁着双双美秀而深遂的眼睛，从中相互窥探会意对方内心深处的奥秘。正如古罗马诗人奥维特所说：“沉默的眼光中，常有声音和话语。”男女用眼神来传情达意的方式是丰富多彩的。对异性只看一眼，就故意将视线移开的人，恰恰表明其渴望与异性交往，这是心理的反向作用。凡是目不转睛注视对方，而不将视线移开的女性，流露出她内心隐藏着某种秘密。男女双方不时地对视，是将对方引导到自己心上，会情达意的交流。在使用眼神上，女性常优于男性，她只要流波转盼，就可以传达“我们可以一起走了”。其含情脉脉，尽在不言之中，真可谓“此时无声胜有声”。男子的长时间的目光注视，仔细地观察女子的体形和外表，那是寻找着心理上接近的融点。女子用近似调情的眼神，捕捉着男方眼睛里隐藏着的喜讯，有时还会用眼部化装，来增强它的效果。双方深深地注视，瞳孔会迅速扩大，各自为对方的魅力所吸引而激动不已。浪漫的约会，往往是在较暗的地方，以便双方瞳孔尽力扩张，使两颗爱心得以抚摸、渗透、交织、融合。

情侣目光交往，注视的部位是两眼和胸部之间的三角形区域，若是距离较远，则是两眼与裆部之间的三角区，这种亲密的注视方式，有利于促进相互理解，也是从对方的心灵深处寻觅着山野的幸福之花和阳光灿烂的明天。情人用眼睛所说的话，多是甜言蜜语，妙趣横生的。当高朋满座时，他俩四目交织，她更领会了他所说的："今晚还在老地方见"，他也得到了她"OK"的承诺。如果她用不同的目光来回答，他也会领悟她所说的是："没空"。有一首古人咏少女偷看男子的诗："相呼同伴到帐帷，偷看新来客是谁，又恐被人先瞥见，却从纨扇隙中窥。"生动地反映了这位少女迫切希望与陌生男子交往的心理。在看的感受中，最好看的还是情人。因为情人眼里出西施，即使不漂亮也好看。在爱河里游泳者的眼里，情人是世界上独一无二的神奇美丽。

在人际交往中，目光接触发挥着信息传递的重要作用。不同的目光，反映着不同的心理，产生着不同的心理效果。有种种表现：一旦被别人注视而将视线突然移开的人，大多自卑，有相形见绌之感。无法将视线集中在对方身上，并很快收回视线的人，多半属于内向性格，不善交际。听别人讲话时，一面点头，一面却不将视线集中在谈话者身上，表示对来者和话题不感兴趣。说话时，将视线集中在对方的眼部和面部，是真诚的倾听，尊重和理解。只注意自己手中的活计，不看对方说话，是怠慢、冷淡、心不在焉的流露。仰视对方，是尊敬和信任之意；俯视他人，是有意保持自己的尊严。伴着微笑而注视对方，是融洽的会意；随着皱眉而注视他人，是担忧和同情。面无悦色的斜视，是一种鄙意；看完对方突然一笑，是一种讥讽；突然圆眼瞪人，是一种警告或制止；从头到脚地巡察别人，是一种审视。彼此心存好感的两人说话，更注视对方的眼睛，以示寓意通达；话不投机的人相遇，一般都尽量避免注视对方的目光，以消除不快。有人在交际中，喜欢戴太阳镜，即使在室内或阴影下，也不将眼镜摘下，是因为他不愿让别人从他一双眼睛发现他的秘密。但是，戴着深色眼镜与人交往，目光不能等同的接触，会造成一些隔膜和不悦。

眼神和心理，是交往中引人注目的一个课题，注意在实践中领悟地运用，是有价值的。如果你希望给对方留下较深的印象，你就要凝视他的目光久一些，以表自信。如果你想在和对方的争辩中获胜，那你千万不要把目光离开，以示坚定。如果你不知道别人为什么看你时，你就要稍微留意一下他的面部表情的目光，便于对策。如果你和别人碰面，觉得不自在，你就要把目光移开，减少不快。如果你和对方谈话时，他漫不经心而又出现闭眼姿势，你就要知趣暂停，你若还想做有效地沟通，那就要主动地随机应变。如果你想和别人建立良好的默契，应百分之六十到七十的时间注视对方，注视的部位是两眼和嘴之间的三角区域，这样信息的传接，会被正确而有效地理解。如果你想在交往中，特别是和陌生人的交往中，获取成功，那就要以期待的目光，注视对方的讲话，不卑不亢，只带浅淡的微笑和不时的目光接触，这是常用温和而有效的方式。

我们常常用眼睛传递范围广泛的信息，比如对他人的兴趣、在课堂上的厌烦或在得到想要得到的礼物时的兴奋。有资料引述一个以色列军官的话说，以色列人和巴勒斯坦人的战斗经常是一种眼神战，有些眼神意味着杀戮，另外一些意味着恫吓；一些眼神意味着乞求，而另外一些则表示畏惧。按这名军官的说法，最有穿透力和最酷的眼神来自青少年："虽然你用威胁和恫吓的目光看着他们，但他们自信地审视你。他们的父母不一样，你感到可以与他们的眼神谈判，他们的眼神说，你甚至可以握我的手。"诗人公木在《眼睛》一诗中写道："眼睛是心灵的窗口，不会隐瞒更不会说谎；愤怒时飞溅火花，哀伤时倾泻泪雨，它给笑声镀一层明亮的闪光。"诗人泰戈尔也说："一旦学会了眼睛的语言，表情的变化将是无穷无尽的。"

眼睛的语言是其他任何身体语言都难以替代的，如对帮助你解决了燃眉之急的热心人，在感谢时投以深深的一瞥，比千恩万谢更能表达心意；当你见到心上人时，深情的凝视则体现出一种"此处无声胜有声"，"万语尽在不言中"的特殊效果。其实，每一个人，不管他自觉或不自觉，他的眼睛便是他的灵魂的忠实的解释者，如《简爱》一书中所认可的"灵魂在眼睛中有一个解释者——时常是无意的，但却是忠实的解释者。"在不同的情境下，目光能表现出不同的功能：互相正视片刻——坦诚；瞪视——敌意；斜斜地用眼扫一下——鄙视；正视、逼视——命令；不住打量对方——挑衅；低眉偷觑——困窘；行注目礼——尊敬；投以白眼——反感；双目圆睁、面面相觑——吃惊；眯着眼看——高兴或轻视，等等。

目光之所以会有种种功能，奥秘在于瞳孔。美国心理学家赫斯经过长期研究，发现瞳孔的收缩与放大，主要同光线刺激的强弱有关：光线变弱，瞳孔扩大，那是为了让更多的光线进入眼睛；其次，瞳孔变化也同人的心理活动机制，即同脑中的"情绪中心"、有关，确切地说，是下丘脑在控制，人在兴奋时会分泌出更多的生长激素、新陈代谢激素和性激素，同时向瞳孔发出脉冲，使瞳孔变大。这样，内在的情绪就通过外在的表情显露了出来。一般认为，瞳孔的变化是个体无法自觉地、有意识地加以控制的，这就是说，它必然会透露你内心的秘密。当人们看到有趣的、喜爱的对象时，瞳孔就会扩大，反之就会缩小。据说古人早已掌握了这一知识，古埃及的女人懂得用颠笳叶的提取物滴眼睛，扩大自己的瞳孔，以便向男人表示自己的一片爱意。古时有些珠宝商能从顾客的瞳孔变化知道对方对货物有否兴趣，从而决定抬价或者跌价，一些内行的顾客逛商店时便往往显得漫不经心，眼皮下垂，使对方不知深浅，免得挨宰。

某航空公司一段时间经常收到乘客意见，反映空姐服务态度生硬、冷漠，明显影响了该公司的经济效益。公司领导层经研究，推出了“微笑服务”，但顾客并不领情，反映空姐们的微笑并不可爱，依旧给人以一种冷漠感。后在体态语言专家的指导下，摄制了一组空姐微笑的照片，将这些照片放大，初看上去，她们确实在微笑，你看，嘴角不是已经翘上去了吗？但仍然给人一种不愉快的感觉。接着，用纸板遮住眼睛以下的部位，再让空姐自己去体验，她们注意到了眼神所传递出来的信息：“我累极了！”“烦透了！”“真没意思！”等等。感觉到这些脸上所发出的并非是一种由衷的微笑。

情绪影响人的脸部表情，反过来，脸部表情也会影响人的情绪。据研究，若将装出的笑容保持20秒，人的情绪会暂时地、断续地好转。根据这一情况，精神科医生和心理科医生正在研究用表情疗法来调理病人或当事人的情绪，把“笑”视为最好的处方。

人的表情是相当丰富的。美国心理学家德惠斯特尔提出，“光人的脸，就能做出大约2万5千种不同的表情。人的表情既是情绪的直接反映，又受到理智的控制。作为一名管理者，在管理交往过程中，善于运用自己的表情，使交往对象感到你是一位热情大度、可亲可近的人，有助于增强人际吸引力，也能在一定程度上反映出所具有的成熟的交往艺术。

一般情况下，感情表露都反映着个体当时真实的情感，它是一种无意识的心理显示；但社会因素往往能够降低积极的或消极的态度或情绪的表情强度，使那些本能性的面部表情能够受到个体有意识的严格的控制，在有些情况下，有些人能“喜怒不形于色”，有些人能制造出某些不真实的表情。例如，年轻的新娘打开礼盒时表现出万分的惊喜，虽然她对盒里的东西根本不感兴趣；又如，客人们以微笑对主人的烹调手艺表示赞赏，其实这些菜肴的味道实在不敢恭维。许多研究者都就此而论述过面部表情的文化制约性。

不过，尽管某些个体擅长于控制或有意识制造出种种虚假的表情，但他的真实表情总会不自觉地有所泄露，只是由于时间太短，难以被别人所察觉。当我们从镜头里看到一个人以称赞的口气谈及她的朋友，脸上呈现出愉快的表情，但当此片断用慢镜头重放时（以一秒钟放4个镜头代替通常的一秒放24个镜头），却可以看到有一阵愤怒的表情掠过她的面部。哈格德和艾萨克从对人的面部表情的研究中发现：短于五分之二秒的表情不太可能被识别，短于五分之一秒的表情完全不可能引起人们的注意，被称为“瞬间表情”。

（2）姿势。姿势是如何走和如何站的问题，它能为对方提供各类信息。如果拖着脚或懒懒散散，就等于告诉别人自己很懒、有病、疲劳或沮丧。心理学家的研究表明，姿势往往反映出人们对与自己相处的人的态度。一项实验表明，男性在与自己所厌恶的同性一起时，态度不是相当紧张就是满不在乎，这取决于他们是否把对方看作一种威胁。在同样的实验中，妇女总是以十分松弛的姿势表示厌恶；而男人在与他们讨厌的女人在一起时，从来不会紧张得身子僵硬地坐着不动。

姿势有时能为判别某群体中人与人的相互关系提供线索。假设在一次聚会上，与会者就某一方案进行讨论，意见相持不下。这时，根据各人所摆的姿势，也许可以看出对峙的双方。例如，大多数赞成者可能交腿而坐，反对者则可能抱臂伸腿而坐，少数折中者也许采用两种姿势的结合——既交腿又抱臂。如果某人突然变换他坐着的姿势，可能意味着他不同意讲话人的观点，或者甚至改变其原来的立场。当然，上述任何一种姿势所提供的线索都不是万无一失的，但其显而易见的重要性完全值得我们在人际交往过程中留神观察。

（3）手势。有人研究了课堂行为后指出，在那项研究中可以明确区分的手势达 7777 种之多。手势在人类的非语言交际中起着十分重要的作用，许多人类学的材料都证实手势在原始部落中曾广泛使用过，并确实起到过信息交流的作用。列维•布留尔在《原始思维》一书中曾记载了大量的如下事实："不同部落的印第安人彼此不懂交谈双方的有声语言的任何一个词，却能够借助手指、头和脚的动作彼此交谈、闲扯和讲各种故事达半日之久。"（列维•布留尔:《原始思维》第 153 页，商务印书馆 1981 年版）在现代社会，手势的作用虽已基本上被语言所代替，但它在有些场合仍然是十分重要的交际工具。英国学者阿盖尔指出，手势在人们的社会互动中可以起以下作用：①有时可以代替说话，如聋哑人的交谈；②可以用来强调某一问题，或通过这种非语言的方式描述语言；③手势还可以给说话者提供缓解紧张的机会，也就是说手势象征着说话者的情绪状态。

（4）触摸。一项关于早产婴儿的研究显示了触摸婴儿的重要性。为了使早产婴儿茁壮成长必须抚摸他们。当他们受到抚摸时，大脑中释放出促进成长的化学物质。每天受到三次 15 分钟抚摸的早产婴儿，比那些独自呆在保育箱中的婴儿体重增长快 47%，他们平均提前 6 天出院。8 个月后，他们仍然在体重上具有优势，并且在智力以及运动能力测试上比没有受过这么多触摸的早产婴儿更好。

研究者发现，即使不认识的人相互接触时，如果一个人触摸对方，他（或她）会被认为是慈爱的、随和的、令人放松的。在表现人们的情感交流方面，触摸行为主要包括握手、亲吻、拥抱以及其他有关动作。以握手为例：握手时所用的力度，握手的部位，身体的姿势，所持续时间的长短，面部表情，目光等等，都传递着特有的信息。欧文·戈夫曼认为互动的双方在触摸行为上的主动与被动的差异反映了他们的社会地位或者相互关系方面的差异：长辈可以拍拍晚辈的肩膀以示鼓励，医生可以随意触摸病人的身体，甚至在男女交际中身体方面的接触也是男性主动。凡此种种，往往可以归结为一条，即支配者有权与依附者亲昵，但依附者却往往难以获得同等的权利。此外，什么时候和在什么地方相互触摸还受到一系列严格的社会规则支配。

艾丽是个热情而敏感的女士，在中国某著名房地产公司任副总裁。一次，她接待来访的建筑材料公司主管销售的韦经理。韦经理被秘书领进了艾丽的办公室，秘书对艾丽说："艾总，这是某某公司的韦经理。"艾丽离开办公桌，面带笑容，走向韦经理。韦经理先伸出手来，让艾丽握了握。艾丽客气地对他说："很高兴你来为我们公司介绍这些产品。这样吧，让我看一看这些材料，我再和你联系。"韦经理在几分钟内就被艾丽送出了办公室。几天内，韦经理多次打电话，但得到的总是秘书同样的回答："艾总不在。"究竟是什么让艾丽这么反感一个只说了两句话的人呢？艾丽对此是这么解释的："首次见面，他留给我的印象不但是不懂基本的商业礼仪，而且没有绅士风度。他是一个男人，位置又低于我，怎么能像个王子一样伸出高贵的手来让我握呢？他伸给我的手不但看起来毫无生机，握起来更像一条死鱼，冰冷、松软，毫无热情。握手的这几秒钟，他就留给我一个极坏的印象，他的心可能和他的手一样的冰冷。他的手没有让我感到对我的尊重，他对我们的会面也并不重视。"　握手是陌生者之间第一次的身体接触，只有几秒钟的时间。但正是这短短的几秒钟，却常常会决定别人对你的喜欢程度。握手的方式，用力的轻重，手掌的湿度等等，像无声的语言向对方描述着你的性格、可信程度、心理状态，表现了你对别人的态度是热情还是冷淡，积极还是消极，是尊重别人、诚恳相待，还是居高临下、屈尊地敷衍了事。

里查德·赫斯林描述了五种不同的触摸行为：其一，职业性功能触摸，在这种情况下，被触摸者是因为某种特殊的原因，如在体检时医生和护士的触摸，这种触摸是非个人的和例行的；其二，社交礼节触摸，主要用于同别人打招呼，握手是最普遍的形式；其三，热情的友谊触摸，这发生在密切的相互关系中，包括朋友间的拥抱等；其四，亲密的爱意触摸，发生在更为密切的关系中，如父母触摸自己的孩子，相爱的人之间以及夫妻之间的相互亲吻；其五，性刺激触摸，即用来作为身体上相互吸引而表露的触摸。不同的触摸种类传递着不同的相互关系的信息，相互关系越密切，触摸就越经常和亲密。我们通常可以从人们相互间触摸的情况，来了解他们拥有什么样的关系。

（5）辅助语言。它由伴随着口头语言的有声暗示所组成。当我们阅读"我有一个梦"演讲稿时，会觉得它写得非常棒；如果我们听了马丁·路德·金发表这篇演讲的录音，将会发现它非常出色，并留下更为深切的印象；同时，也会使我们对人类辅助语言的力量有进一步的认识与了解。

辅助语言主要包括音调和速度。音调：指声音的高低。音调可以决定一种声音听起来是否悦耳。音调过低，使人不易听到，会被认为胆气不足或害羞；说话者使用较高的和有变化的音调，往往被视为更有能力。速度。一些研究人员研究了人们从每分钟 120～261 个字之间的说话速度，发现当说话者使用较快的速度时，会被认为更有能力，当然，如果说得太快，也会影响表达的效果。当音调和速度这些因素被运用于词语表达过程中时，它们往往能够修正甚至改变其含义。

（6）服装。一个人的穿着打扮会使人们对他产生非常强烈而直观的印象，因而在非语言交流中发挥着相当重要的作用。服装往往反映着某种信息，通过选择特定的服装，穿着者表明自己与服装所反映出的内容相一致。旁观者不仅对服装本身做出反应，也会对服装穿着者的地位、归属、遵循的规范和信奉的内容做出相应的反应。例如，当我们看到一名西装革履、夹着一只名牌皮包在街上行走的男子，我们或许会设想他是一位白领职员，可能在某一家银行或大公司工作。假使在街上看到一个穿着牛仔裤、圆领T恤、运动鞋，并背着书包的女孩，我们或许会认为她是一名学生。在一项教辅人员的研究中，研究者发现，那些衣着最随意的老师得到学生最肯定的评价。在北美，有一个关于比尔•盖茨的传说。他曾穿着牛仔、T 恤去打高尔夫，场地管理人员按规定没允许他入场。盛怒之下，比尔买下一个高尔夫场地，从此再也不用在打高尔夫时还要按规定穿着而受人限制了。可见比尔的穿着也不是处处行得通。当微软被联邦指控，他被迫出庭时，却从来没有穿着随便地出现在法庭和媒体上。

2．人际间非语言交往的文化背景

有位刚到美国的香港留学生被一嬉皮士模样的男子用刀捅成重伤，起因是该学生乘地铁时老盯着这人看。一位美国人从以色列回来后，气呼呼地对人说，“特拉维夫真是个恼人的城市，路上的行人常常目不转睛地盯着我，上上下下地打量我，使我总怀疑是不是自己衣冠不整。”后来有位朋友解释道，以色列人对在大街上盯着别人看的做法完全不在乎。

每种文化都有自己的体态语言。在北美文化中，注视与我们谈话的人的眼睛被认为是非常重要的。如果不这样做，就会被认为不诚实或想遮掩某事。美国人十分注意相互对视的样子和时间，在一般的交谈中，双方目光接触的时间大约只有一秒钟，然后一方或双方都会将目光移开；如果两个美国人紧紧地盯着对方的眼睛，或者说明他们之间感情热烈，关系密切（尤其在恋人之间），或者是双方处于一种敌对状态，正进行着一场无声的较量。

在美国，合适的行走动作需要一种居心于有意无意之间的绝妙的平衡，对过路人的注视，一般只要表明你注意到了他的存在就行了，看的时间过短，显得目中无人或心怀鬼胎；注视得过久，又有失体统，容易被理解为是一种挑战。常见的情况是：人们边走边互相注视，到相距约6—8英尺时，双方都收回目光，不再对视。社会学家欧文・考夫曼博士把这形容为“一种灯光减弱”。

在英格兰，交谈双方都应直视对方的眼睛或脸，并不时地眨眨眼睛以示兴趣，还可时而发出“Yes,Hmm.”等赞许声，不然会引起误解，被认为是害怕或轻视对方、内疚或自卑、心不在焉等，它吻合着一句英语格言：“Don't trust anyone who won't look you in eye.”（不要相信不敢直视你的人）在开会或上课时，必须专心注视发言者，同样，演讲者切莫照本宣科，应不时与听众进行目光交流。而在有些文化环境中，哪些该看哪些不能看都有着明确的规则。有一则报道说，在肯尼亚，男人和他的岳母必须互相背对背，他们相互之间根本没有眼光接触。在保加利亚、印度一些地区以及东非，摇头表示“是”，而点头则表示“不”。当不了解这些信息含义的游客与这些地区的居民交谈时，他们很容易产生困惑。

人类学家爱德华·T·赫尔博士指出，对互不相识的两个美国成年男子来说，站着进行个别谈话的适当距离是从一臂之隔到大约四英尺之远，南美人则爱站得很靠近。当这两种人见面谈话时，问题就来了：南美人上前一步，美国人觉得他有点咄咄逼人；美国人后退一步，南美人觉得他不好接近。美国人与阿拉伯人在保持间隔距离的习惯方面差异更大。阿拉伯人喜欢近距离接触，在一些场合，他们站得很近说话，互相热切地注视着，呼出的气息直接喷到对方的脸上，这些都是美国人认为只发生在关系密切的两性之间的举动。因此，在非两性关系的情况下，一个美国人若受到这种对待会感到非常讨厌。这些情况都反映了人际交往中人们对空间距离的不同要求。霍尔推测，这种行为差别反映了人们对“自我”这个概念的不同理解。美国人想到自我时，把自己的皮肤，也许还有衣服和以自己为中心的周围几英寸的空间都包括进去了；而阿拉伯人的“自我”是深藏在内心中的。严格地说，他的皮肤不是他自己的一部分，当然也更不存在属于自我的交际空间。

由于体态语言的复杂性，至今尚没有能编出一套语义精确的体动语言词汇，但正如一位研究体动语言的学者所说，在实际交际过程中，话语常常是交际手段中用得最少的部分。可见，对非语言交往的研究还是大有潜力的。

思考：

古代一位混混买了三匹八吊钱一匹的布，付款时声称“三八二十三”而不是“三八二十四”，这位混混竟然以颈上人头作担保说自己是对的，只肯付二十三吊钱。一位小和尚打抱不平，说如果“三八二十三”是对的，他愿意输掉头上的帽子。众人相持不下，于是来到小和尚的师傅——一位德高望重的老和尚处，请他作主。没想到，老和尚沉思了一会，竟然说“三八就是二十三”，小混混是对的。小混混不但用二十三吊钱拿走了三匹布，还得了小和尚的一顶帽子，高兴而去。老和尚却因此受到镇上众人的鄙视与驱逐。小和尚一路上都愤愤不平，最后还是忍不住质问老和尚为何说“三八二十三”。

老和尚是怎么回答的？

第九章　组织中的沟通

每一种文化形式和每一社会行为的表现都或明或暗地涉及到沟通。

——爱德华•萨丕尔

有一天，美国知名主持人林克莱特访问一名小朋友，问他说："你长大后想要当什么呀？"小朋友天真的回答："我要当飞机的驾驶员！"林克莱特接着问："如果有一天，你的飞机飞到太平洋上空所有引擎都熄火了，你会怎么办？"小朋友想了想说："我会先告诉坐在飞机上的人绑好安全带，然后我挂上我的降落伞跳出去。"当在现场的观众笑得东倒西歪时，林克莱特继续注视这孩子，想看他是不是自作聪明的家伙。没想到，接着孩子的两行热泪夺眶而出，这才使得林克莱特发觉这孩子的悲悯之情远非笔墨所能形容。于是林克莱特问他说："为甚么要这么做？"小孩的答案透露出一个孩子真挚的想法："我要去拿燃料，我还要回来！"。

沟通是组织活力的源泉，是组织管理过程中的一个十分重要的环节。许多人相信有效的沟通是我们的工作和相互关系取得成功的关键，它对管理者实现管理职能具有十分重要的意义。一些看似简单的小事，一旦在沟通方面发生障碍，可能会带来严重后果；而沟通顺畅的组织系统，有助于满足员工在交往、参与方面的需要，从而使他们的精神面貌焕然一新。一个面向1000位人事经理的调查中，这些经理把口头沟通和倾听列为赢得工作的最重要的技能。在另外一项调查中，大学校友们回答他们工作中最重要的技能是陈述、接受提问和作出回答，以及进行小组讨论。甚至要想找到一份好的工作，也取决于在面试中留下一个好的印象；一旦开始工作，很可能要求我们进行陈述、劝说上司采取特定的方式，以及在群体中有效地工作。在我们的工作和生活中，最重要的是维持和改善相互关系。通过沟通，我们才能发现他人的需要，并展现我们自己的愿望与要求，以达到相互了解。任何相互关系都需要开放和准确的沟通路线，只有当这种路线存在时，我们才可以流畅地表达重要的思想和情感。

一、沟通及其基本功能

1. 沟通过程及其要素

沟通一般指信息在传递者和接受者之间通过交流符号信息来分享价值的双向过程，这种交流可以是通讯工具之间的信息交流，如通过电话、电报、电视、人造卫星传递信息；可以是人机之间的信息传递；也可以是人与人之间的信息交流，包括运用口头语言、书面语言、形体语言或物质环境等。管理学研究领域的沟通，主要指组织系统内部人与人之间的信息交流，为此，要实现良好的沟通，必须尽力理解人与人之间的关系。由于沟通是一个双向的、信息符号交流的过程，这就需要沟通双方能够熟练掌握包括文字、数字、词语、声音、姿势等在内各种信息符号，并能够正确、合理地运用。

研究表明,对于人际矛盾与冲突来说,沟通不良可能是最主要的原因。亨利·明兹伯格（H.Mintzberg）的调查结果表明，管理人员用 78%的时间（除了睡眠时间之外）从事与沟通有关的活动（包括听、说、读、写四个方面）。因此，有人认为阻碍群体工作绩效的最大障碍在于缺乏有效沟通，这有一定的道理。

组织系统没有沟通就无法存在，因为成员之间需要相互传递意义，并通过有效信息传递建立联系，展开活动；同时，沟通更重要的不仅仅是传递意义，它还必须被理解。如果交流双方的语言系统存在差异，所传递的信息就不能被彻底理解。所以说，沟通应当包括两方面的含义：意义的传递与理解。

沟通过程由多种要素组成，主要包括：①发送—接受者：作为沟通的主体，在大多数沟通过程中，当事人往往既是信息发送者，同时又是信息的接受者。马克在公司无缘无故受到老板一通批评，下班后向同事艾利倾诉，艾利通过倾听成为接受者。但他在注意倾听的同时，会通过某种语言或非语言的形式向麦克传递信息，使麦克也成为信息的接受者。②信息：沟通的直接目的在于表达由思想和情感所组成的信息，而思想和情感只有在表现为语言符号或非语言符号时才能得以沟通。语言符号可以表达某一特定的事物，也可表达某种思想，表达思想的抽象符号往往比较复杂，由于人们在经验以及价值观念方面的差别，从而对一些抽象符号会赋予不同的含义，例如对“家”这个词，有的人将其称为“温馨的港湾”，也有人则认为它是“爱情的坟墓”。非语言符号是我们不用词语进行沟通的方式，如面部表情、手势、姿势、语调、外表等，每一种非语言符号都含有特定的内容，当然，许多非语言信息在不同的文化环境下有着不同的含义。③反馈：是发送—接受者相互间的反应。由于反馈让沟通的参与者知道思想和情感是否按照他们所希望的方式得到回应，所以它对沟通的发展及其效果是非常重要的。一般而言，面对面的发送—接受者有最大的反馈机会，在这样的环境中，我们有机会知道他人是否理解并领会信息转达的意图。即使对方没有说话，但他（她）所表现出来的表情、姿势等可以使信息发送者了解到一些必要的信息；而在一个大教室里上课的教师，便很难从那么多的学生那里获得自己所希望得到的完整信息。可以说，交流过程中包含的人越少，反馈的机会越大。④噪音：指阻止理解或准确解释信息的障碍，它发生在发送者和接受者之间，主要包括外部噪音、内部噪音和语义噪音三种形式。外部噪音来自于环境，如噪声、温度或其他自己看了会感到厌恶的对象，它们会阻碍听到或理解信息；内部噪音常常发生在发送—接受者的头脑中，这时他们的思想和情感集中在沟通以外的事情上，如在听报告时想着这个周末同家人到哪里去度假；内部噪音也可能源于信念或偏见，如对某下属存有偏见，当对方向他提出建议时，便会表现出不以为然的态度。⑤环境：指沟通发生的地点，在很多情况下，当环境发生变化时，沟通也会发生变化。同样两个人，在高雅的咖啡室或安静的公园或喧闹的街边进行沟通，对沟通的方式、内容与效果都可能会发生影响。

2．沟通的功能

在组织系统或群体中，沟通的功能主要表现在四个方面：其一，控制功能。在任何组织系统中，员工都必须遵守组织中的权力等级安排和正式的管理要求，这就需要通过沟通来实现这种控制功能；此外，当工作群体中某位员工表现出色，使其他成员相形见绌时，其他人可能通过非正式沟通的方式控制该成员的行为；其二，激励功能。管理者可以通过各种沟通形式明确告诉员工该做什么，如何去做，没有达到标准时应如何改进。在具体目标的设置、实现目标过程中的持续反馈以及对良好行为的强化这些过程都需要通过沟通以实现激励；其三，情绪表达功能。一般而言，工作群体是员工主要的社交场所，员工可通过群体内的沟通来表达自己对生活、对工作、对人际关系的种种感受，这样，沟通便提供了一种释放情感的情绪表达通道，满足了员工的社交需要；其四，信息功能。对领导决策而言，信息是确保决策科学性、有效性的重要因素，而沟通则能为决策个体或群体提供所需要的各类信息，使决策者能够合理展开科学的决策过程。

明茨伯格对沟通在管理中的作用作了这样的分析：（1）在人际关系角色方面，管理者作为其组织的名义首脑或领导者，与员工、客户、供应商以及组织中的同级管理者相互交往。明茨伯格援引有关研究成果指出，管理者用在与同级管理者交往的时间约占其全部交往时间的45%，与组织外部人员交往的时间约占45%，只有约10%的时间用在与其上司的交往上。（2）在信息沟通角色方面，管理者从管理层、员工和其他个人交往中寻求任何可能对他们的工作和责任产生影响的信息。作为回报，他们也传播有趣或重要的信息。另外，他们也向供应商、同业管理人员以及其他组织外部的相关群体提供组织的有关信息。（3）在决策角色方面，管理者实施新计划，处理冲突，向组织的分支机构和有关部门分配资源。管理者的有些决策是个人作出的，当即便如此，这些决策也是建立在通过沟通而获得的信息的基础之上的。同时，管理者也必须把这些决策传达给别人。

二、沟通网络

沟通网络指的是信息流通的通道，这种通道大致有两种情况：正式的与非正式的。正式的沟通网络一般表现为通过组织明文规定的渠道，以垂直的方式进行信息传播和交流，它遵循权力系统的安排，只进行与工作相关的信息沟通；非正式沟通网络通常是指在正式沟通渠道之外进行的信息传递和交流，常常称为小道消息的传播，它可以自由地向任何方向运动，并跳过权力等级，非正式沟通的主要功能在于满足群体成员的社会交往需要。

1．正式的小群体沟通网络。小群体沟通网络在 20 世纪 50 年代由巴维拉斯（A.Bavelas）所提出，以后，一些研究者对小群体沟通网络类型进行了具体分析，提出了链式、轮式和全通道式等沟通形态。链式表现为一对一沟通状态，信息在链式沟通中可以向上或向下传递，每个人只同其上下级发生联系，特点是严格遵循正式的命令系统，信息传递直接、迅速，在紧急情况下这种沟通形式十分有效；缺点是对信息的来源及最终去向不了解。轮式把领导者作为群体成员沟通的核心，他可以同多名下级联系，但下属之间没有沟通，这样，在轮式沟通网络中，只有处在领导地位的个体才能了解全局情况，这是一种典型的内部沟通网络。全通道式的特点是允许所有成员相互之间进行积极的沟通，成员之间的地位是平等的，无核心人物。一般来说，在专家组或委员会讨论方案时，为了保证决策质量，比较倾向于这类沟通网络。

每一种沟通网络的有效性取决于主体所关注的因变量是什么。例如，假使你认为精确性最重要，则链式结构最佳；假如你旨在促进领导者的出现，那就可以采用轮式结构；如果你注重的是成员的满意度，那还是选择全通道结构。所以说，没有一种沟通网络在所有的情况下都是最好的。

2．非正式沟通网络。在群体内部和群体之间，正式沟通并不是唯一的沟通系统，任何组织实际上都存在着非正式的沟通网络，种种非正式沟通网络是在组织的人际交往过程和工作关系中自然形成的信息沟通途径，在非正式沟通网络中，信息通过小道消息的方式传播，这类小道消息大致有三个特点：一是它不受管理层控制；二是在大多数员工心目中，它的可信度要比管理层通过正式渠道传递的信息更高；三是它在很大程度上符合人们的心理需求，有利于人们的自身利益。

戴维斯（K.Davis）曾在一家皮革制品公司对 67 名管理人员进行过一次调查：他从每名信息接受者那里了解他是怎样获得某一信息的，并追踪到信息源。结果发现，尽管小道消息是信息来源的一条重要途径，但仅有 10%的管理人员担任联络员角色（即将信息传递该其他人）。例如，当一名经营人员决定辞职去其他公司去工作时，尽管有 81%的同事知道此事，但只有 11%的人将该信息传递给了其他人。不过，没有证据表明任何成员一直在群体中担任联络员角色，这就是说，往往是不同的人根据自己的兴趣而传递着不同的信息。

有的研究者以小型政府办公室的工作人员为被试重复了这一研究，也发现仅有很小比例的人（10%）担任联络员。与对企业调查的结果有一明显不同的是，在政府办公室中有一群稳定的个体扮演着传递信息的联络员角色。

有证据表明，小道消息所传播的信息约有 75%是准确的。人们常常认为，小道消息纯粹来自于搬弄是非者的好奇心，其实情况并非那么简单。具体分析，小道消息至少有四个目标：（1）建构和缓解焦虑；（2）使支离破碎的信息能够自圆其说；（3）把群体成员甚至局外人组织成一个整体；（4）表明信息发送者的优越地位。一般而言，如果情景对我们来说十分重要，但又模棱两可，并因而激起人们的焦虑情绪时，小道消息便会作为情景的反应而出现，以起到心理疏导的作用。由于在组织系统中保密性与竞争机制的客观存在，例如对领导者的任免、办公室的重组、职位的调整、工作任务的安排等等事务，在正式渠道尚没有公开这些信息时，小道消息便有了用武之地，如果小道消息没有能够满足人们的愿望与期待，使焦虑得不到缓解，它就有可能继续存在下去。

可以说，对于任何群体或组织的沟通网络来说，小道消息都是其中的重要组成部分。小道消息的客观存在，至少表明对于一些员工认为很重要、想要了解的情况，管理者未能及时、详尽、透彻地予以说明，因而激起了员工的焦虑感。就此意义而言，小道消息具有过滤与反馈双重机制，它使我们认识到哪些事情员工感兴趣，希望了解，从而实现有效的双向沟通。

在任何情况下，管理层都不可能彻底消除小道消息，但是，管理者应该而且可以将小道消息范围和影响限定在一定的范围内，使其消极功能减少到最低。在这方面，需要做的工作大致有：（1）及时公开进行重大决策的时间安排；（2）公开解释那些看起来不一致的或不太容易被理解的决策与行为；（3）对当前的工作和未来的计划设想，在强调其积极一面的同时，也实事求是地指出其不足的方面；（4）对一些重大决策公开讨论可能的最差结果，以削弱由于盲目猜测所引起的过度焦虑。

三、有效沟通的障碍

孔子的一位学生在煮粥时，发现有肮脏的东西掉进锅里去了。他连忙用汤匙把它捞起来，正想把它倒掉时，忽然想到，一粥一饭都来之不易，于是便把它吃了。刚巧孔子走进厨房，以为他在偷食，便教训了那位负责煮食的同学。经过解释，大家才恍然大悟。孔子很感慨的说：我亲眼看见的事情也不确实，何况是道听途说呢？

每个人都需要有效地沟通，成功的沟通有助于为我们带来满足和快乐，有助于我们改变他人的表现和行为方式，有助于我们保持和改善相互关系，有助于我们更好地实现组织目标。但是，在管理实践中，某些影响沟通的因素会造成沟通必要条件的缺失，导致沟通受到阻碍，这类影响有效沟通的障碍主要有：

1. 过滤。这是指发送者出于某种动机，对信息进行主观性加工的一种行为。例如，一位管理者根据上级的口味，投其所好地选择并传递某类信息，这名管理者就是在过滤信息。这种现象在组织系统中有着较高的发生频率。一般情况下，当信息自下而上传递给高层次管理者时，下属常常会有目的地、习惯性地压缩或整合所掌握的信息，在进行选择、整合时，个人的兴趣和自己对信息的理解也会贯彻进去，由此实现对信息的过滤。美国通用电气公司某前任总裁曾感叹道：由于通用电气公司每个层级都对信息进行了过滤，致使公司高层管理者难以获得客观信息，因为“低层的管理者们以这种方式提供信息，他们就能获得自己想要的答案。这一点我很清楚，我曾经也在基层工作过，也曾使用过这种手段。”

从客观上分析，造成过滤的主要因素是组织结构中的层级安排，组织纵向上的层级越多，过滤的机会也就越多。

2．选择性知觉。在沟通过程中，具有不同的知识背景和经验的信息接受者常常会根据自己的需要、动机、经验、习惯及其他个人特点有选择地去接纳和理解信息，会不知不觉地将自己的兴趣、期望、价值观融入信息之中。例如，一位新来的上司对某位员工的出色表现给予表扬，一方面旨在肯定该员工的努力，同时也想借此激励其他员工。但是，结果并不一定能够如其所愿，其他员工可能会认为，这名员工之所以能够得到表扬，是因为他善于对老板阿谀奉承。一旦如此理解，不仅会在员工之间发生矛盾，同时在管理者与员工间也会形成成见。在人才市场上，如果一位面试主考习惯于将人的外貌同他的能力甚至品格联系起来，那么在招聘人员时，就会特别注意对方的外貌信息，并将这方面的情况作为是否录用的重要依据。

3．情绪。在接受信息时，接受者的情绪状况会影响到他对信息的理解，在不同的情绪状态下，个体对同一信息的解释往往会截然不同。无论是在喜、怒或是哀、乐的情绪体验下，都不仅会影响我们正确理解来自他人的信息，也会影响到我们自己的信息能否被别人正确理解，从而影响沟通的有效性。可以说，这类情绪化的状态常常导致我们无法进行客观而理性的思维活动，而容易作出情绪化的判断。

4．批评。批评是一个人对他人所做的事或他人所采取的方式的消极的评价。研究者发现，批评有五种目标：外貌（身体、衣着、气味、姿势）、能力（机械能力、智力和创造性）、个性（性格、善良和一般能力）、处理关系的方式（如何与人相处）、决断力和态度（观点、计划和生活方式）。研究者探讨了接受者感受的“好的”与“坏的”批评。有些批评被认为是坏的，原因在于批评者和被批评者之间的关系。大多数人认为，对他们不太了解的人没有权利批评他们，感觉到在争论的情况下，好朋友应该站在他们这边，而不是与批评者站在一起。坏批评的另一个特征是不恰当的环境。如果在别人面前而不是在私下里批评，人们就更有可能将这种批评视为坏的批评，例如，主管当着办公室其他同事的面批评威廉，威廉会感到特别丢脸。再有，如果批评包含消极的语言，或者通过尖叫或叫喊来表达，也会被认为是坏的批评。如果批评能善意地、明确并详细地指出如何改进，这种批评更容易被接受；如果作出批评的人也一起帮助对象解决问题，这种批评会被认为是好的。研究者发现，好的批评会导致积极的后果，当接受批评的人不感到威胁时，就能够认真地听取意见，并且作出改变。相反，差的批评可能会引起消极情绪，并且接受者认为是不准确的。实践证明，工作中的不适当批评会破坏工作关系，并增加进一步冲突的可能性，影响工作绩效。

5. 语言。秀才甲去买柴，他对卖柴的人说："荷薪者过来！"卖柴的人听不懂"荷薪者"（担柴的人）三个字，但是听得懂"过来"两个字，于是把柴担到秀才前面。秀才问他："其价如何？"卖柴的人听不太懂这句话，但是听得懂"价"这个字，于是就告诉秀才价钱。秀才接着说："外实而内虚，烟多而焰少，请损之。（你的木材外表是干的，里头却是湿的，燃烧起来，会浓烟多而火焰小，请减些价钱吧。）"卖柴的人因为听不懂秀才的话，于是担着柴就走了。秀才乙夜晚被蚊子咬醒，于是对睡在旁边的夫人说："尔夫被毒虫所吸也。"秀才看到夫人没有反应，又大声地说了一遍："尔夫被毒虫所吸也。"夫人还是没有反应。此时，秀才大怒："老婆子！赶快起来，你老公被蚊子咬死了。"妻子闻声，赶快起来，赶走了蚊子。

在很多情况下，同样的语言对不同的人而言含义是不一样的。词汇的意义不仅要由词汇的使用者体现出来，而且还要能够被接受者正确地理解，这里，个体的年龄、职业、教育和文化背景等等影响着他的语言风格以及对语言含义的界定。在一个组织系统中，员工常常来自于不同的社会背景，有着不同的语言风格；不同的部门和行业使得专业人员发展了各自的行话和技术用语以及对某些词汇的不同理解，例如，一家公司的不同部门都收到了一份相同的备忘录，声明某新产品将在"短期内"被开发出来。对研究开发部而言，"短期"可能意味着几年时间，对财务部门来说，"短期"可能是指几个月，而销售部门则可能将"短期"理解为几个星期；至于在不同的地区或不同的国家，更是使用着该地、该国特有的术语或习惯用语。

6. 回避。指拒绝涉及会引发冲突的或令人痛苦的话题。一些处于不满意相互关系中的人在无法避免的交往过程中，会试图回避对某些敏感问题做任何交流与讨论，有些人保持沉默，其他人则在对方试图讨论这类问题时转移话题，这种回避行为客观上形成了有效沟通的障碍。其实，除非真心诚意地坐下来讨论这类问题，否则它（它们）将不会自行消失。当然，有时当事人拒绝讨论是因为他们认为这样做无法解决任何问题，或者认为对方缺乏诚意，但这种认识可能只是自己的一厢猜测，而正是这种一相情愿的主观认为，却阻止了积极沟通、切实解决问题的可能性。

7. 文化。一般而言，属于同一文化群体的人比较容易实现沟通，而由于文化背景方面的差别，往往会影响到沟通的有效性。例如，绝大多数美国人愿意去教堂或参加教徒集会，时常去看橄榄球比赛，去购物中心购买物品。当美国人在谈论这些事情时，大家都有共同的兴趣与参考点。然而，这些对于一个刚刚来自中国大陆的留学生来说并不熟悉，如果一个美国学生要同他谈论这些话题，就会发生沟通障碍。此外，不同的文化孕育出与之相适应的价值观念、行为举止，包括自我意识与自我概念，而这些方面存在的客观差异，也会导致沟通的有效性。

四、实现有效沟通的基本途径

两个旅行中的天使到一个富有的家庭借宿。这家人对他们并不友好，并且拒绝让他们在舒适的客人卧室过夜，而是在冰冷的地下室给他们找了一个角落。当他们铺床时，较老的天使发现墙上有一个洞，就顺手把它修补好了。年轻的天使问为什么，老天使答到："有些事并不象它看上去那样。"第二晚，两人又到了一个非常贫穷的农家借宿。主人夫妇俩对他们非常热情，把仅有的一点点食物拿出来款待客人，然后又让出自己的床铺给两个天使。第二天一早，两个天使发现农夫和他的妻子在哭泣，他们唯一的生活来源——一头奶牛死了。年轻的天使非常愤怒，他质问老天使为什么会这样，第一个家庭什么都有，老天使还帮助他们修补墙洞，第二个家庭尽管如此贫穷还是热情款待客人，而老天使却没有阻止奶牛的死亡。"有些事并不象它看上去那样。"老天使答道，"当我们在地下室过夜时，我从墙洞看到墙里面堆满了金块。因为主人被贪欲所迷惑，不愿意分享他的财富，所以我把墙洞填上了。昨天晚上，死亡之神来召唤农夫的妻子，我让奶牛代替了她。所以有些事并不象它看上去那样。"

实现有效沟通，必然涉及到信息的发送、传递、接受、反馈等产生障碍的各个环节，为此，必须增强每一个环节沟通的有效性。具体而言，应切实做好以下工作：

领导者重视。组织中的领导者首先必须从思想到行动上确立这样一种观念：畅通同员工的沟通对于实现组织目标是十分重要的，并逐渐将这种观念渗透到组织的各个部门，成为管理人员的共识。同时，领导者在这方面必须积极带头，要舍得化时间与员工进行交谈，了解他们的想法与要求，解答他们的问题，缩短相互之间的心理距离；当然，领导者还应具有进行有效沟通的能力和技巧。

实行双向沟通。自上而下占主导地位的沟通程序由于反馈不足，经常会发生信息失真，影响沟通效果。成功的沟通应当是自上而下与自下而上的沟通达到平衡，作为自下而上的反馈可以使发送者检查信息的效应，以及了解接受者所遇到的问题，以及时采取进一步的对策。

实行双向沟通可采取多种形式，如：运用交互式广播电视系统允许员工提出问题，并安排有关管理人员给予认真答复；组织内部刊物可设立问答栏目，鼓励员工积极提出问题；开发申诉程序，及时处理解决职工所反映的问题；对管理者的反馈技能进行必要的培训，使他们在沟通过程中能够熟练地使用这种技术。

随意而轻松的闲谈。闲谈是任何人都避免不了的沟通交流形式，是加强人际关系、促进交流活动、增进感情和友谊的基本途径。沟通专家认为，闲谈可以为双方找到更多的相似之处。被朋友们称为“社交家”的法国古董商皮埃尔说，闲谈是最好的建立你的好形象的方式。因为它轻松、愉快，能以最快、最捷径的方式消除人的距离，这是我与客户建立个人关系的唯一方法。我在谈话中努力寻找对方的兴趣，如果恰好我对他的兴趣在行，我们很快就进入状态。由于对歌剧、品酒、油画和古董知识的了解，我结识了不少有经济实力的潜在客户，开拓了新的商业机会。中国是个闲谈文化浓厚的国家，人们常常将闲谈作为休闲活动进行。但闲谈并不意味着放松地谈论任何工作以外的话题，有效的闲谈应当注意选择适当的闲谈方式与内容。

有效的积极倾听。在所有影响沟通有效性的因素中，倾听方面所存在的问题也许可以排在第一位。国际倾听协会为倾听下了这样一个定义：倾听是接受口头和非语言信息、确定其含义和对此作出反应的过程。这就是说，在沟通过程中，我们不仅需要接受以口头语言形式所表达的信息，还要接受各种非语言类型的信息，并准确地把握其含义，这需要有一种良好的倾听习惯，或者说要能够掌握倾听技巧。

应该承认，倾听是会有一定的困难，有许多原因或情况使得人们难以集中注意力。例如，当我们处于一种极度焦虑状态时，就会影响我们实施有效倾听。研究表明，如果老师告诉学生本学期考试内容将会很难，学生们可能感到焦虑，由此干扰学生们的听课效果；一位员工在单位受到挫折，回家后家人对他讲的话他所能接受的程度也会比平时下降。有些人总是不习惯去倾听，他们更愿意说，愿意输出，当他们在倾听别人讲话时，并没有在真正接纳或体会对方传递过来的信息，而只是在等待“轮到”自己发表看法。正是由于他们热中于输出，因而很少会注意到从对方那儿传递过来的非语言信息。

一些研究者发现，在良好的倾听技巧和工作效率之间存在着直接的联系。接受倾听能力训练接着又接受计算机训练的雇员，比没有接受倾听能力训练的雇员工作效率要高得多。在研究者对 450 名商业专业的毕业生在工作中需要什么沟通技能进行问卷调查时，他们回答说倾听是获得成功的最重要的技能；当问到在大学中什么沟通技能应该学而没有教时，倾听排在第一位。

有效倾听是一项重要的沟通技巧。一般人的正常说话速度是每分钟 125—200 字，而倾听者平均每分钟可以接受 400 字以上的信息，这就使得倾听过程中实际留给了大脑相当多的空闲时间，使其有机会“四处漫游”，从而影响了沟通的效果。为此，在语言交流过程中，必须注意提高自己的倾听技能，具体做法有：（1）合理运用体态语言，如倾听中通过赞许性的点头、恰当的面部表情与积极的目光接触，表明你对说话人的尊重与对所听到信息的兴趣；（2）避免心不在焉的神态，在倾听时，注意不要发生这类活动：频频看表，漫不经心地翻阅文件，东张西望，无意识地用手指转笔等等，这样一方面会使说话者觉得不快，同时由于未集中精力而可能使一些有价值的信息悄悄溜走；（3）注意对方传送出来的所有暗示，包括语言性或非语言性的暗示，尤其是那些非语言性的信息往往具有更大的真实性与可靠性，因而需要特别的敏感度，当然，对这类语言系统的理解与把握能力应注意提高；（4）复述，指用自己的话重述说话者所说的内容，如“你的意思是……”，或“你刚才说……”。这种复述的意义在于：其一，它是检测你是否认真倾听的有效手段，如果你没有全神贯注地在倾听，就难以准确地复述完整的内容；其二，可检测自己的倾听能力，用自己的语言系统复述对方所说的内容，可在一定程度上检验自己对信息理解的准确度；（5）多听少说。在双向交流过程中，人们一般习惯于发表自己的看法，而不是去注意倾听对方的表达；一些人之所以愿意认真倾听，仅仅是他们将此理解为能够让别人听自己讲话的必要付出。确实，从心理感受上说，说话表达可能更有乐趣，而老是当一名听众总有点失落或不平衡，但考虑到价值因素，如果不多多倾听交往对象的讲话，不仅会仿碍必要信息的接受，而且还可能形成沟通障碍；由于我们不可能同时做到听和说，为此，两者相权，还是应付出更多的时间去听对方讲话。

及时而坦率地表达自己的想法。为了增强沟通的有效性，必须及时地、坦率地向对方传递必要的信息。遵循这一准则，我们就能从别人对自己所作所为的理解上得到及时的反馈。有了及时的反馈，我们可以更充分地认识自己的行为和语言所产生的影响并且作出一些既能满足自己同时又可满足对方需求的选择。反馈的益处不仅限于接受者，提供反馈的主体也可以通过这一过程对自己和自己的需求有所了解。例如，一位领导者认为某下属有行为不当之处，他可以不将自己的这种感觉表达出来。当他认为应当及时、直接地表达自己的看法时，他就将这些信息传递给了对方，这样做，体现着一种信任，且可以加深相互之间的了解，避免出现更大的问题。

根据不同对象的不同需要调整信息。组织系统中的不同对象对信息的需求往往并不相同。对基层主管来说非常重要的信息并不一定对中层管理者同样重要；领导层最为关心的问题，一般员工可能根本不感兴趣；还有，销售部门特别关注的情况，财会人员却漠不关心。为提高沟通效果，就有必要充分了解个体和群体究竟希望知道什么信息？什么时候他们需要知道这些信息？在什么环境下、通过什么方式让他们获得这些信息最为妥当？由于员工对信息类型的需要并不一样，获取信息的有效途径也往往各不相同，为此，管理者应当从实际出发，根据不同对象的不同需要设计合理的沟通方案。

注意情绪的调整。沟通过程中的任何一方处于情绪状态，都会成为有效沟通的障碍。当管理者发现员工表现出烦躁不安或郁郁寡欢等情绪时，应适时地引导他们袒露出自己的心理状态，并对他们表达出来的问题内容予以密切关注，进行必要的疏导。当着管理者能够及时理解员工的情绪化反应，帮助他们解决心理困惑或实际问题，就能够保持沟通渠道的顺畅，避免任何危机的发生；同时，管理者也需要重视自身情绪的调节，因为管理者的情绪异常，对组织沟通所带来的负面效应将是巨大的。

词汇的合理应用。在学习和使用任何一种语言时，不论它是母语还是外语，都必须了解和掌握词语的内在涵义和它的外延，并知道怎样将词语组成短语或句子，以表达它们之间的相互关系。由爱德华·萨皮尔和本杰明·沃福得出的一种语言理论指出，语言帮助我们决定怎样看待和理解世界。他们认为，语言约束使用者的思想，并且在语言上的局限造成人们在认识世界上的局限。由于同样的词语在不同的个体那里可能会有不同的体验与理解，所以在使用词汇进行沟通时，我们必须充分注意对方情感的敏感度，避免因词汇使用不当而冒犯他人。例如，你使用什么样的词汇称呼一位女性顾客？你如何对一位同事所遭遇的不幸表示同情？对他人的批评你怎么表示自己的态度？在这里，词汇应用的得当与否，常常可能会引出截然不同的效果。

该模型从两个纬度划分了促进或阻碍人际沟通的个体倾向性：揭示和反馈。揭示指的是个体在沟通中坦率公开自己情感、经历和信息的程度；反馈指的是个体成功地从别人那里了解自己的程度。根据这两个纬度可以划分出四个窗口：开放区、盲目区、隐蔽区和未知区。开放窗口包括自己和别人都知道的信息；盲目窗口包括那些别人很清楚而你自己却不知道的事情，这种情况是由于别人没有告诉你或由于你的自我防卫机制拒绝接受这些信息造成的；在隐蔽窗口中的信息你自己知道而别人不知道，其中包括那些我们自己很清楚却没有告诉别人的事情或情感，之所以这样做是因为害怕别人利用这些信息来贬低我们或反对我们；未知窗口包括那些自己和别人都不知道的情感、经验和信息。

透明沟通还是模糊沟通——杰亨利模型

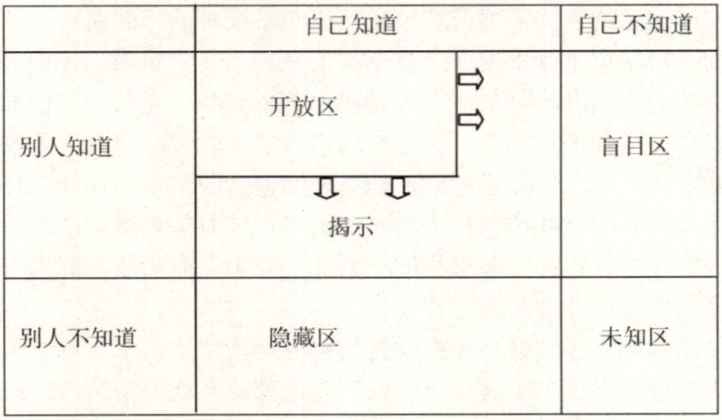

这一模型基于这样的假设：当开放区的信息量增加时，人们之间会更好地相互理解，因此他们建议人们运用坦率真诚的沟通方式。同时，有证据表明自我揭示也促使别人更为友善和开放，因此，对自我的揭示会带来更多的揭示，如果他人对你的行为提供反馈，就会缩小你的盲目窗口。这样，通过提高自我揭示的水平和倾听来自他人的反馈这两种方式扩大开放区的面积，也会使个体赢得自身利益。

在这方面也有着不同意见，认为沟通方面相互理解和坦率真诚的观点过于天真，因为它假定沟通者实际上希望取得相互理解，而坦率真诚则是达到这一目标的最佳手段。遗憾的是，这种看法忽略了一个最基本的事实：大多情况下，发送者或接受者希望保持沟通的模糊性。因为保持沟通的模糊性可以化解冲突、减少异议、消除对立、左右逢源；它有利于保持自己的神秘感并掩饰自己的不安全感，有利于更迅速地决策、更委婉地拒绝、更好地避免抵触与焦虑。例如，当记者对政府高级官员采访时，采访者希望得到具体的信息，高级官员则试图提供多种可能的解释，这种模糊的沟通能够是政治家们获得一种近乎完美的形象，它满足了不同人的不同需要。

测试 1：倾听能力自我问卷

请把下面 15 个题目回答两遍。第一遍，根据你在最近的会议或聚会上的表现如实地对每个问题回答是或否，并填在其后恰当的空格里；第二遍，如果你对自己的回答感到满意，则在第三栏中填“+”号；如果你希望改变你的回答，则填“–”号。

1. 我常常试图同时听几个人的交谈。
2. 我喜欢别人只给我提供事实，让我自己作出解释。
3. 我有时假装自己在认真听别人说话。
4. 我认为自己是非言语沟通方面的好手。
5. 我常常在别人说话之前就知道他要说什么。
6. 如果我不感兴趣和某人交谈，我常常通过注意力不集中的方式结束谈话。
7. 我常常用点头、皱眉等方式让说话人了解我对他所说内容的感觉。
8. 常常别人刚说完，我就紧接着谈自己的看法。
9. 别人说话的同时，我也在评价他的内容。
10. 别人说话的同时，我常常在思考接下来我要说的内容。
11. 说话人的谈话风格常常影响到我对内容的倾听。
12. 为了弄清对方所说的内容，我常常采取提问办法，而不是进行猜测。
13. 为了理解对方的观点，我总会很下工夫。
14. 我常常听到自己希望听到的内容，而不是别人表达的内容。
15. 当我和别人意见不一致时，大多数人认为我理解了他们的观点和想法。

评分标准与参考答案：

下面所示 15 个问题的正确答案，是根据倾听理论得出来的。(1) 否；(2) 否；(3) 否；(4) 是；(5) 否；(6) 否；(7) 否；(8) 否；(9) 否；(10) 否；(11) 否；(12) 是；(13) 是；(14) 否；(15) 是。为了确定你的得分，把错误答案的个数加起来，乘以 7，再用 105 减去它，就是你的最后得分。如果你的得分在 91 分—105 分之间，那么你有着良好的倾听习惯；77 分—90 分的得分表明还有很大程度可以提高；要是你的得分还不到 76 分，那么你是一个很差劲的倾听者，在此项技巧上就要多下些工夫了。

测试 2：说谎的是与非——为了某个有利的结果是否可以使信息失真？

你刚刚看到你所在的部门上个月的销售报告，销售量大幅度降低了，你的老板远在 2000 公里外的另一城市，他不清楚上个月的这一销售数字。你对这个月和下个月的销售回升很乐观。这样，整个季度的销售还将会比较满意。你又知道老板是那种讨厌听到坏消息的人。今天，当你与老板通电话时，他恰巧问起上个月的销售情况，你会告诉他实情吗？

有传言说你的部门及全体员工将要从北京迁往广州，一名下属来询问你此消息是否属实。你知道这是真的，但不希望把这消息过早泄露出去，担心这将打击整个部门的工作士气，并导致一些欠考虑的离职，那么，你将如何回答下属？

实际上，管理者常常会面临逃避实情、歪曲事实或欺骗他人的道德困境，该如何抉择？

思考：

曾经有个小国派出使团到中国来，进贡了三个一模一样的金人，金碧辉煌，把皇帝高兴坏了。可是该使团领队同时出了一道题目：这三个金人哪个最有价值？皇帝想了许多的办法，请来珠宝匠检查，称重量，看做工，都是一模一样的。怎么办？使者还等着要答案呢。泱泱大国，不会连这个小事都不懂吧？最后，有人推荐请来了一位退位的老大臣，老臣在仔细看了这三座小金人后，要人给他取来了三根稻草，然后将第一根稻草插入第一座金人的右耳朵里，这稻草从左耳朵出来了。将第二根稻草插入第二座金人的右耳，稻草从嘴巴里直接掉出来。再将第三根稻草插入第三个金人，稻草进去后掉入了肚子，什么响动也没有。

哪一座小金人最有价值呢？理由是什么？

第十章　决策行为与心理

今大小事务，皆朕一人亲理，无可旁贷。若将要务分任于人，则断不可行。

——《康熙朝东华录》卷九十一

《梦溪笔谈》记载：海州知府孙冕很有经济头脑，他听说发运司准备在海州设置三个盐场，便坚决反对，并提出了许多理由。后来发运使亲自来海州谈盐场设置之事，还是被孙冕顶了回去。当地百姓拦住孙冕的轿子，向他诉说设置盐场的好处，孙冕解释道："你们不懂得作长远打算。官家买盐虽然能获得眼前的利益，但如果盐太多卖不出去，三十年后就会自食恶果了。"然而，孙冕的警告并没有引起人们的重视。他离任后，海州很快就建起了三个盐场，几十年后，当地刑事案件上升，流寇盗贼、徭役赋税等都比过去大大增多。由于运输、销售不通畅，囤积的盐日益增加，盐场亏损负债很多，许多人都破了产。这时，百姓才开始明白，在这里建盐场确实是个祸患。一时的利益显而易见，人们往往趋利而不考虑后果。 这种现象，古今皆然。作为一个领导者，在制定一项决策的时候，一定要综合考虑各方面的因素，而不能被一时的利益蒙蔽了眼睛。

一、决策及其类型

所谓决策，就是人们作出决定的行为，即在多种可能的、都存在不确定性的行动方案中进行选择的行为。决策实际上是一个社会过程，包括确定一个有必要作出决定的问题，拟定若干个不同的行动选择方案，从中选定一个方案付诸实施。

毛泽东曾经说过，领导者的责任，归结起来，主要地是出主意、用干部两件事。这里讲的出主意，也即决策，这意味着，科学决策是领导者的一项基本职能。中国历史上有不少著名的决策，对领导目标的实现起了很关键的作用。元末，针对当时一些义军首领稍有块地盘便迫不及待称王，从而成为众矢之的的情况，朱升向朱元璋提出"高筑墙、广积粮、缓称王"的战略性决策，使朱元璋在列强中，韬光养晦，遥奉小明王，建立巩固的根据地，兵精粮足，最后一举荡平群雄，取得天下。三国时关羽兵败麦城，也同他决策失误有关。当孔明将荆州托付关羽时，曾问道："倘曹操引兵来到，当如之何？"关羽答曰："以力拒之。"孔明又问："倘如曹操、孙权齐起兵来，如之奈何？"关羽曰："分兵拒之。"孔明曰："若如此，荆州危矣！我有八个字，将军牢记，可保守荆州。”关羽问：“哪八个字？”孔明曰：“北拒曹操，东和孙权。”遗憾的是关羽并不以为然，实行了“分兵拒之”的战略决策，以至两头受敌，失去荆州，兵败麦城，最终命丧东吴之手。可见，决策的优劣直接影响着领导效果，是关系到事业成败的关键因素，也是领导者的首要责任。

更具体分析，组织系统中的任何个体都需要作出决策，都要在两个或两个以上的备选方案中进行选择。高层管理者要决定设置什么样的组织目标，发展什么样的产品或服务，在哪里开拓新的市场等等；中层管理者要决定人力资源的开发与管理，激励目标的实施，生产计划的安排等等；而非管理层的员工也需要作出同自己利益相关的一系列决策，包括是否继续留在目前工作的公司，在工作中付出多大的努力，工作与学习之间的关系怎样安排等等，而当一些组织将与组织发展相关的决策权授予非管理层的员工时，员工便参与到组织决策的程序中来了。

自从二次大战以来，西方管理学家越来越重视把决策作为管理过程的主要内容来加以分析。在美国的管理学研究中，决策分析已用于行政行为、企业经营、市场营销、公共关系、舆论宣传以及几乎任何一种管理过程或政治管理环境。从国外管理决策理论来看，较有影响的主要有西蒙的决策程序说，杜拉克的有效决策论，拉斯韦尔的权力决策论，安德森的公共决策论，等等。归结起来，国外管理决策理论的主要动向或发展趋势表现在两个方面：第一，普遍将管理决策作为管理组织的一系列活动的总和看待；第二，在方法论上广泛吸收社会学、心理学等多种行为科学的研究方法和手段，尤其重视管理决策与管理者、与利益集团、与个人特性之间的关系的研究。例如，美国决策学者理查德·施奈德提出，要了解行为者所采取的行动，必须要设身处地，从行为者的动机、看法和所处的环境出发来分析问题，不能以自己的价值判断去主观地加以评价。他认为国家的行动是国家决策者行为的结果，而决策者的行为是在一个复杂的组织环境中发生的，它可以通过三组变数之间的相互关系来加以解释，这就是组织角色和关系、通讯和信息以及决策官员的动机。在施奈德看来，决策者的个性、态度和看法等等心理和认识因素占有重要地位，因为这些因素影响着决策者对现实的认识，从而构成他们相应的决策动机；而决策者的动机，是各项决策过程中主要的决定性因素。拉斯韦尔将决策理论与弗洛伊德的精神分析方法相结合，把医学、精神分析学和社会心理学方面有关个性的知识运用于研究决策者。根据他的观点，决策者一般都有追求权力的欲望，并且善于选择追求权力的机会，因此，权力作为一种价值，在全部决策程序中始终起着重要的作用。

西方资产阶级学者将管理决策与决策者个性、心理活动过程结合起来进行分析、研究的尝试，为我们研究决策行为提供了重要的启示和参考价值。但在运用这类方法时，切不可忽视各国社会经济、政治、管理制度和历史传统、文化背景的差异，对具体对象、特定过程须作定性分析。

决策是对于问题的反应，它的目的旨在解决面临的问题，而不同的问题需要不同性质的决策。在这方面，大致存在着两种决策方式：

程序化决策。一些常规性的事务，比如上班迟到或病假，可以通过一种固定的形式予以处理，这种决策一般称之为程序化决策。程序化决策主要解决那些经常、反复发生的简单的或复杂的问题。由于这类问题经常会发生，其性质也大体能够被确定，这样的问题就可以通过程序化决策进行解决。在管理过程中，经常会面对那些看上去并不复杂也不严重的小事或问题，如对每个问题都确立一套解决的程序，势必会耗费大量的时间与精力。而通过制定政策、规则作出程序化决策，有利于为了节省时间，把更多的精力集中到更重要的、更棘手的问题上。

非程序化决策。有些事务，比如确定投资方向或产品结构调整，就需要非程序化决策，也就是说，通过不固定的、有针对性的设计和解决问题的方法所作成的具体决策。在管理实践中，管理者面临的大部分问题都需要通过非程序化决策来解决，如房产商打算开发一个新的住宅小区，将可能遇到一系列新的矛盾与问题；汽车制造商设计和推出一款新的车型，也要进行慎重的非程序化决策。在管理组织内，职位越高，所面临的问题与矛盾越重要，就越需要具有非程序化决策的能力。

在管理实践中，有不少事务需要同时作出程序化和非程序化决策。例如，公司每年要拨出一笔经费用于社会慈善事业，这部分经费的支出属于程序化决策；怎样使用这笔经费则要根据具体情况而定，这就需要作出非程序化决策。

决策，尤其是关于全局性重大问题的高层决策，对于决策者来说，意义是非常重要的。其一，重大决策事关一个单位、一个地区以至一个国家的发展，并且任何一项重大决策，其影响必然波及到社会生活各个领域；其二，决策者在重大问题上决策的正确与否，往往会影响到本人的地位、权力，为此，一些高层次的决策者往往会将决策看作为最重要的工作之一。

由于各个国家的国情，管理体制或掌权者个性特征不同，在决策问题上，大致存在着个体决策、小集团决策、群体决策等几种方式。

1．个体决策

凡最后由一个人作出的决策称为个体决策。在形成这种决策中，个人的作用在一定程度上具有决定性。

个体决策的存在有其合理性一面。历史唯物主义在承认人民群众创造历史的决定作用的同时，也承认个人尤其杰出人物推动历史的重要作用，这里所说的个人作用当然也包括决策。在现实的决策过程中，客观上许多决策意见需要集中统一，主观上某个决策者个人的经验和才智对形成最优决策有重要作用。不过，个体决策要能发挥其积极作用，需要一定的社会条件和个人条件。社会条件主要指社会赋予主体以相应的权力；个人条件则是指决策者个人应具有较高的心理素养和决策才能。

个人决策的局限性也是相当明显的。首先，个人决策所需的社会条件和个人条件难以充分具备，在某些情况下，社会很难找到杰出的、合格的个人决策者；在另外一些情况下，具备条件的个人又不一定能成为掌握权力的决策者。其次，作为决策者的个体，也难免受个人思维能力、经验、精力等多方面的限制，在处理复杂问题时，不易做到得心应手。此外，一般情况下，个体决策与个人专断往往是孪生兄弟。

这种主要以领导者个人的智慧、知识和经验为依据的决策方式与简单的、发展缓慢的小生产方式是相适应的。古代一些封建专制主义及现代部分民主制度不完善的国家，这类首脑个人决策的情况较为普遍，这里，除社会制度方面原因外，有些领导者由于自己性格的孤僻和刚愎自用，也常常愿意采取独自决策的方式。前伊朗国王巴列维直言不讳地申明："我不愿意聘请顾问，而喜欢象其他国家首脑常做的那样，独自对事情作出决定。"（巴列维：《我对祖国的职责》第 441—442 页）

在实行个体决策的管理系统中，领导者个人的价值观和偏好、经验与能力，势必对管理决策的内容发生举足轻重影响，因此，在进行政策分析时，考察研究决策者的价值观、个性素质及其对管理决策的作用，是科学地进行决策分析的一个重要方面。不过，领导者个人的因素究竟在多大程度上决定了管理决策？这是需要深入探讨的问题。显然，决策者在决定决策目标和程序时的作用并非随心所欲，他势必会受到外部条件的制约；而群体成员也并非像某些人所声称的那样，在管理决策的制订中处于绝对无所作为的地位，他们会通过各种方式，直至通过有组织的行动来表达他们的愿望与要求。因此，即使在封闭的管理系统中，领导者为了维护对管理群体的控制，也不能不考虑其他群体成员的利益和意志。

2．小集团决策

在最高决策层内部，首脑与领导群体其他成员在利益、愿望、要求或者看问题的立场、观点和方法上所存在的不同，势必导致在决策问题上存在分歧。某项决策在首脑看来是最佳的，而在最高领导层的其他成员看来却不足取，这样，当着首脑意识到在最高领导层内不能得到占优势的支持者时，往往会寻找一些愿意站在首脑立场来考虑问题的人，组成组织机构以外的决策班子。第二次世界大战后，随着美国总统权力的不断扩张，由总统亲信、顾问和行政人员组成的总统办事机构的规模和权力迅速扩大。1945 年前，仅有 6 个总统办事机构，至 1971 年已增至 17 个，其中，总统助理权限扩大的速度更为惊人。这些机构在高层决策过程中起着十分重要的作用，他们协助总统决策所做的工作主要有：充分供给总统经过精心加工的情报信息；及时地提醒他应该注意哪些事项，以免在决策时顾此失彼；帮助总统在日常的繁重政务之中选择应该优先考虑的事项；督促主要官员处理应优先解决的问题；为重大、复杂的政策问题设计多种预选方案供总统抉择；随时答复总统的咨询，编制预算和政府年度计划；审核各部委提出的政策，建议确保各部委政策与整个政府政策一致；等等。

对于这类小集团的作用，贾尼斯曾从消极方面作了考察。他通过对一些历史性惨败的个案研究，如张伯伦的核心集团，其成员支持 1937 年至 1938 年间对希特勒的姑息政策，尽管不断接到警告并有事件表明，这种姑息政策将产生有害的后果；杜鲁门总统的顾问团不顾中国政府屡次发出的强有力警告，支持把战争扩大到朝鲜民主主义人民共和国境内的决定；肯尼迪总统顾问团支持发动从猪湾入侵古巴的决定，尽管可靠消息表明，入侵古巴将是一次失败的冒险，并且将破坏美国与其他国家之间的关系；等等。贾尼斯指出，之所以会作出错误的决定，一个重要原因在于从众倾向或称为小集团思想。

在阿尔贝特·施佩尔的回忆录中记载着这样的例子：施佩尔是希特勒的首席顾问，在回忆录中他描述了紧紧围绕在希特勒周围的一个集团，其从众性之强，使该集团内部容不下半点不遵从行为。在这种气氛中，即使最野蛮的行为也是最有理的，因为没有人持异议。这就造成了所有人意见都一致的假象，使人不愿、也不敢去想是否还有其他选择余地。施佩尔在回忆录中写道，在正常情况下，不正视现实的人很快就被周围人的批评和嘲讽弄得老实了，可是在第三帝国里，根本不存在这种矫正。相反，自我欺骗成倍地增加，就像进入了四壁都挂有哈哈镜的大厅，与严酷的外部世界毫无联系的虚幻图像相互反射好像就变成真的了，在这些哈哈镜里，什么也看不见，只能看见反复出现的自己的面孔。

小集团的维持与统一既来自成员们对承认和团结的需求，同时也反映着为达到许多个人目的同其他人合作的需求，而所有这些需求都是在小集团中不平衡地实现的。

小集团决策旨在解决首脑与领导群体内其他成员之间的矛盾。其实，这种削弱政府成员在决策过程中应有作用的做法往往会导致消极的后果。决策的价值在于它的可行性。再合理的决策，如果没有得到执行者的认同，其内在价值与实际效应也会显出不平衡状态。因此，在作最后决策时，最高决策者应尽最大努力向有关执行者解释决策要点，力求获得他们认同，使决策的正确性与可行性达到完美的统一。

3. 群体决策

这种决策方式同小集团决策有所不同。前者在决策过程中虽也可以同领导群体内其他成员商量，听取不同意见，但在作最后抉择时，则主要依靠顾问、助理或非正式的政府官员，政府机构的作用显得不突出。而群体决策则强调群体成员的共同作用。中国有句俗语："三个臭皮匠，顶个诸葛亮"，以肯定群体智慧高于个体。西方一些国家所设立的陪审团制度，其信念基础就是两人智慧胜一人。

在组织中，群体决策越来越受到人们的重视，其应用范围也日趋广泛，组织中的许多决策是由群体、团队或委员会作出的。同个体决策和小集团决策相比，群体决策的优点主要表现为：①参与者的增多，可以获得更多的相关信息和必要的知识，为决策提供更可靠的信息基础，有利于提高决策质量；②群体决策为决策过程带来更多的异质性，多样性观点的交流与沟通，为多种方法和多种方案的讨论提供了机会，便于可行方案间优劣比较与排序选择；③群体决策的广泛参与性使得那些将要受到决策影响的人和将来要执行决策的人能够参与到决策过程之中，，有助于提高决策的可接受性；④在民主国家，群体决策被认为较个人决策与小集团决策更合乎法律要求，从而使决策过程和决策方案具有更坚实的合法性基础。

群体决策的效果如何同多种因素相关，主要包括：①群体规模。韦伯尔实验的结果表明，5—11 人组成的中等规模的群体对形成正确的决策意见最为有利，2—3 人规模的小型群体比较容易达成一致，4—5 人的群体容易使群体成员产生满足感，规模比较大的群体能得到较多的意见，但意见的增多与群体人数的增加并不存在正比关系，因为大型群体容易形成小组，而某些小组与大组目标不一致，会阻碍群体达成一致性目标。②群体成员的组成与个性特征。背景相似的群体成员容易形成一致意见，而背景存在差异的成员往往能集思广益，形成多种意见；此外，成员在个性性格方面的差别，有助于相互激发创造性与想象力，为决策提供新的思路，而个性特征的过于接近或相似，则可能导致意见冲突或意见过于一致。③成员之间的相互关系。群体成员之间关系平等、融洽、和谐，可畅开思路，增进决策的有效性；如上下等级森严，地位差异悬殊，可能走向实质上的个人决策。

当然，群体决策也存在着一些缺点，一是会耗费更多的时间。群体决策会有更多的程序与交流，同个体决策和小集团决策相比，所消耗的时间必然会更多，因而在需要管理者作出快速反应时会表现出滞后性；二是受群体压力的影响，群体决策时一些成员出于被群体接受的愿望而放弃自己的观点，采取从众行为；三是由于群体成员对于决策结果共同承担责任，使任何一个成员的责任都会降低，从而导致责任不清；四是群体讨论一旦被一两个人所控制，而这些人又属于低水平或利己者，群体的运行效率就会受到不利影响；五是群体决策在紧急情况下缺乏灵敏度与快速作出决策的反应能力，从而贻误时机。

判别个体决策、小集团决策和群体决策的优劣，主要取决于衡量决策效果的标准。一般情况下，群体决策在质量上要优于其他决策，但就决策效率考虑，个体决策优势更大，因为就同一个问题而言，群体决策所耗费的时间要比个体决策更多。因此，在决定采用何种决策方式时，需要考虑所要解决问题的性质及其要求。

不管是小集团决策还是群体决策，首脑作为最高决策者具有不可替代的重要作用。在许多情况下，即使是群体研究，所突破的思想却往往是一个人深思熟虑的成果，或是他阅读时的成果，或是来自他突然的灵感，将杂乱无章的资料，他人的部分思想按有用的模型拼凑综合而成。当然，这种“最后测定”同那种脱离实际、脱离人群、一味靠自己“灵感”的“个体决策”不同，它要求决策者既了解下情，又善于倾听他人的意见，“运筹帏幄，决胜千里”，所以，对决策者，尤其是最高决策者应有特殊的心理素质要求。

二、最优化决策模型

决策是一个相当复杂的逻辑过程。美国学者布朗和莫伯格认为，一般的决策过程由四个阶段组成：理解阶段、设计阶段、选择阶段和执行阶段。拉斯韦尔则将决策过程分为七个阶段：第一个阶段是“情报”阶段，它为决策者提供需要决策的问题以及有关这些问题的情况；第二个阶段称之“推荐”阶段，它向决策者提供各种各样的选择方案；第三个阶段是“指定”阶段，在这一阶段，决策者要在多种方案中选出一种“最佳”方案；第四个阶段是被选中的方案的“实施”阶段；第五个阶段是在具体情况下的“应用”阶段；第六阶段是对方案效果的“评价”阶段；第七个阶段是决策的“终止”阶段。拉斯韦尔由此断言决策学者在决策过程中至少可做三种贡献：第一是确定一项决策的目标和价值；第二是收集和提供有关信息；第三是提出几种改革方案及其选择。拉斯韦尔在这里过于强调了决策过程的阶段化、科学化，而忽视了政治决策的多样性、复杂性。尽管如此，他毕竟比同时代人更早、更清楚地注意到了行为学派脱离实际的倾向，注意到决策学的根本研究对象是管理机制和由这种机制作出的管理决策。

由于决策问题的性质不同，决策者的个人风格相异，决策的时间和决策方法也不可能一致，但一般看来，决策的程序大致需要分为这样六个步骤：

1. 确定并分析问题，制订出决策目标。问题是决策的起点，决策的目的就是为了解决问题。这里所讲的问题，是指应当或可能达到的状况同现实状况之间的差距。例如，你在计算自己的当月开支时发现自己比预算支出多消费了 100 元，这时你就认识到需要作出决策，因为你的预期消费水平和实际消费情况之间存在着差异。目标，是指在一定的实际情况下，考虑到需要和可能而争取达到的状况。因此，问题是相对于要达到的一定目标的问题，而目标则是相对于要解决的问题的目标，两者是相互联系的。问题是决策的向导，从某种意义上可以说，决策的过程就是找出问题、认识问题、提出办法、解决问题的过程。由此，领导者决策水平如何，首先就是看能否及时抓住有价值的问题及其关键和实质。真正关键的问题没有抓住，或者问题抓得不准，便可能决策失误。

确定问题需要搞调查研究，从一些现象入手，分析所发生的情况是否具有“问题”的性质。如某单位一段时期内人员外流较多，这就需要具体分析外流人员的整体情况，假使外流者大都为工作骨干，并一时难以引进合适的替代人员，由此对组织目标的实现发生了影响，就得引起重视，采取相应的措施予以解决；假如外流者属一般员工，并能够找到更好的替代人员，这就可纳入正常的人员范畴，而不需要进行专门的研究并作出决策。一旦确定问题的存在，就得认真分析产生问题的原因，包括组织内部的因素以及组织外部的影响。由于问题的原因往往很复杂，不是凭想象就能获得正确的结论，它需要管理者作深入调查，集思广益，以找出问题的真正根源。在问题的真正原因找到后，进一步考虑的就是确定解决问题的方法和途径，也即制定决策目标。在确定决策目标时，需注意以下问题：第一，注意决策目标的风险性与可行性的统一。确定目标主要是根据社会或企业发展需要所提出的客观要求，例如，为了适应科学技术发展的需要，是否需要增设若干高等院校；为了更新产品，提高市场竞争能力，是否需要同外企实行合资；为了提高产品知名度，扩大产品销路，是否需要化一笔可观的资金在媒体上作广告等等，这些都需要决策。可见，决策目标完全是为了解决实际存在的问题以及满足社会或企业发展所提出的需求，因此需要强调它的可行性。当然，由于种种原因，决策目标的绝对可行性和实现目标的绝对把握是不存在的，所以，任何决策目标的制定都需要冒点风险。第二，要注意决策目标的整体效应。决策活动本身比较复杂，大都属于多目标决策，为此，在决策过程中，必须全面考虑各项目标，不能犯片面性，特别要注意那些容易被忽略的目标，例如，加入世贸组织，就得考虑国外商品对本国工业、农业造成的冲击；新建一个住宅小区，必须考虑交通、商业、学校等配套设施，等等。第三，确定目标要明确具体，这就是说，目标应具有明确的涵义，不能有多种解释；对目标的具体贯彻要落实到具体部门或人员，否则，可能相互推诿、互相扯皮。

2. 研究一般原则，并对限制条件作出明确规定。由于决策实施过程中，往往会牵涉到方方面面、里里外外的利益关系，不管是企业改制或产品作结构性调整，还是推行货币分房制度，都涉及到各种利益关系的变更和调整，因此在考虑决策目标时，就应当充分注意到这些问题，并据此确立一些基本的原则，对可能侵犯这些原则的情况作出规定，予以限制，以保证决策目标的顺利实施。

3. 根据目标，拟订各种可能实行的行动方案。决策目标确定后，如何予以实施，也即在方法与途径方面，往往会面临着多种选择。一般情况下，当人们找到一种可行方法后，有可能就此止步，不愿再化力气去寻找更为合理的行动方案。为此，在拟订行动方案过程中，应尽可能地鼓励参与者提出各种各样的建议，拓宽思路，扩大可供选择的范围，并进行认真的权衡选择，既要考虑到行动方案的可行性，又得考虑该方案同决策目标是否相一致，还得考虑同横向的关系以及社会影响，等等。

4. 研究预测可能发生的危机及其对策。由于情况的变化与发展，对决策方案的顺利实施可能会发生不利影响，甚至导致严重后果，对此，要进行预先研究，预测可能发生的种种有利特别是不利的情况，作好应对的准备。预测的内容相当广泛，就经济上的宏观决策，如制定国家五年计划来说，需要预测各项能源的储藏量、产量及消耗率等自然资源的情况，预测人口、技术力量等人力资源状况，预测最终产品的需求量以及医疗、教育、服务业等各种非生产性的社会需求，预测扩大再生产的有利和不利条件，预测财政、信贷、价格、税收等的变动对社会生产和市场供需的影响，预测新的科学技术的发展趋势及其对经济的影响，预测世界经济发展的动向以及对中国经济发展所可能带来的机遇和挑战，预测国际冲突的发展趋向和对世界经济可能带来的影响，等等。孔明的“隆中决策”对实现一统天下的战略目标的实现途径和方法进行了具体的预测：当时刘备集团的现状是“无立足之地”，所以第一步目标就是要有根据地，而地盘不会自己送上门来，要去争夺；夺谁的？曹操拥兵百万，挟天子以令诸侯，孙权国险民附，已历三世，均难以与之争锋；而荆州乃用武之地，刘表不久于人世，可取之；益州天府之国，刘璋非立业之主，可取之。然后养精蓄锐，可兴汉室。

5. 经过反复权衡、比较，选出最有利于达到决策目标的行动方案。拟订方案时，对各种可能的途径和办法都要认真思考，要尽可能打开思路，尽量多设想一些方案，以便从中选择最佳方案。对于那些实现目标作用不大，或者虽有较好作用，但副作用大，付出的代价大，或想法虽好，但主客观条件不具备，以及其他相形见绌的方案，要及时排除。在对决策目标本身、环境因素、发展趋向、实施方法与途径等要素进行反复研究分析、权衡比较之后，提出最具合理性、可行性的行动方案。一个方案的价值标准包括这一方案实施后的作用、效果、益处等，这可以从两个方面予以考虑：一是决策者的主观价值取向。往往有这样的情况，同样一项方案，在甲看来是可取的，而在乙看来则是不可取的，这主要在于他们各自的主观价值标准不一样。这种主观价值取向不仅取决于决策者的世界观和工作背景，而且还取决于他们的个性、知识、能力和创新精神。二是方案的价值标准表现为客观的社会作用和经济效益。决策的根本目的在于实现一定的决策目标，因此，哪一个方案能够最有效地达到目标或者最接近目标，那就是最有价值的方案。

就人的本性而言，追求完美似乎是一种普遍的心理趋向，但在现实生活中，完美其实如同水中之月一样并不存在。在决策选择中，“最优方案”总是只具有相对性，如果谁执意想要“发现”一个“最优方案”，可能会像在玉米地里寻找一个最大的玉米一样而一无所获。据此，西蒙提出了以“满意标准”来取代“最优标准”。他认为，任何决策方案都不可能完美无确，至多只能达到可以得到“满意”的有限目标，因而在择取目标时，应遵循“非完美观念”，依据一个满意原则即可。

这个原则又被称为“有限合理性”原则。

在决策活动中，常常会发现不少决策方案的结果是多向的、不确定的，这是由于方案的实施过程难免会受到某些不可控因素的影响。诸葛亮的“三分天下，一统汉室”的决策目标实现了一半，其中，“大意失荆州”乃是原先没预测到的情况。羽绒服的生产与销售，就不可避免地受到气候条件的影响，而气候状况又非人力所能够控制。鉴于此，在决策理论上曾出现过三种比较有影响的原则：第一，悲观原则，或称小中取大原则，由伍尔德提出。这个原则倾向于保守估计，宁可收益少些，不可损失过大，以避免冒风险。鉴于此，在考虑方案收益的同时，注重研究方案失败的可能性，在若干个方案的可能最小结果值中，择取较大者为满足；第二，乐观原则，或称大中取大原则，由赫威兹提出。该原则同悲观原则正好相反，倾向于乐观估计，注重考虑收益。即使方案失败，也在所不惜。因此，这一原则以择取若干方案中可能最大结果值中较大者为满足；第三，最小遗憾原则，或称大中取小原则，由萨凡奇提出。这一原则注重于考虑某一方案的成功与失败之间的机会值，以尽量避免方案的实施结果与实际可能达到之目标的机会损失而造成的遗憾。

6. 确立反馈制度。决策方案在实施过程中，通过信息反馈得到补充、修正，进一步完善，这是决策过程中的一个重要环节。在决策目标的实施过程中，由于受到决策目标本身的局限性以及决策执行者人为因素的干扰，也由于组织内部和外部环境的发展变化，使得决策目标的实施过程往往存在着风险性和不确定性，为此，对行动方案的实施过程应当进行严格的监控，既要防止执行者主观性的干扰，同时要根据情况的发展与变化，对行动方案进行必要而适时的调整。决策执行过程中发生的问题，大都来自三个方面，一是执行的问题，也即没有能够正确地、严格地贯彻决策，以至偏离了决策；二是决策本身存在的缺陷，在执行过程中反映了出来；三是由于客观环境发生了变化，使得决策方案同新的情况有所不相适应。为此，需要及时反馈同上述因素相关的各种新的情况，以便采取必要的调整措施。决策执行过程中反馈信息的真实性是非常重要的。反馈信息失真，就可能使决策执行中反映出来的错误不仅得不到纠正，反而会更加严重。出现这类问题，一般同决策者不愿听取不同意见，下级一味迎合上级意图，报喜不报忧有很大关系。

三、其他决策模型

上述决策程序所要追求的是一种最优化决策模型。这种最优化决策模型的实施需要符合一系列基本的条件，其中包括决策者具有充分的理性，能够清楚地把握所面临的问题，了解自己的需求及目标取向；确实存在着决策者自己最希望达到的意义明确的单一目标；决策者可以确定所有的有关标准，并能够列出所有的可行性方案，并保证决策者有足够的能力对标准和备选方案进行合理评估；决策标准和备选方案的价值可以数量化，并能根据个人的偏好进行排序；假定具体的决策标准是恒定的，分配给它们的权重也是稳定的，不会随着时间发生改变，因此，不同时间段所获得的标准和备选方案应该相同；理性的决策者将选择评估分数最高的方案，在上述基础上得出的最有利的决策方案会带来最大的效益。

当决策者面对的问题比较简单而且备选方案不多的情况下，最优化决策模型具有一定的可行性。但在大多数情况下，决策常常需要面对更为复杂的问题，所能收集的备选方案总是难以确定，甚至决策者的目标也缺乏稳定性（小一些的如对职业的考虑，婚姻对象的选择，人员的录用或选拔等；大一些的如新产品的开发，营销战略的设置，房产开发的选址等等），使得最优化决策模型难以发挥其有效的作用，为此需要根据各类问题的特点选择其他的决策模型。我们可以发现，有些决策者在寻求解决问题的方法时注重令人满意的方案而不是最优方案，在决策过程中卷入了一些主观偏见并依赖于直觉。

1．满意决策模型

由于缺乏最优化决策所需要的信息条件以及人们在加工运用信息能力方面的不足，管理实践中的决策活动往往是在有限信息与有限理性的条件下进行的。当决策者发现并确定了某一问题后，便开始寻求备选方案，他们可以排出一系列可供选择的方案，但不可能罗列详尽所有的方案。当备选方案确定之后，决策者便开始对他们进行分析、比较、权衡、评估，在此过程中，由于受到种种因素的制约或干扰，对备选方案的考察不可能是充分的、全面的、公平的。他（他们）会以某种经验和习惯确定一个令人满意的目标，从而结束决策过程。这种决策模型的关键环节在于“满意”，而并不在于充分的“合理性”。当一位青年准备寻找恋爱对象时，他不可能将所有的适龄异性纳入自己的视野，而只能在有限的范围内获得有限的信息，确定可以进行选择的目标；而面对这些备选目标，他所能掌握的必要信息不可能是充分的，故而只能在有限目标、有限信息的基础上作出自己认为是“满意的”选择，当然，这种满意只能是相对的。一名考生在选择准备报考的大学时，他不可能将全国所有的大学都作为目标考虑的对象，在有限地了解到某些相关信息以及周围人们的劝告、建议基础上，大致圈定一个比较小的范围，再对这些目标作进一步的考察、了解，从中选出自己感到“满意”的报考目标。

2．偏爱决策模型

当决策者在刚进入决策初始阶段时，在他头脑中已隐隐有了一个偏爱的方案，由于这一方案目标尚不十分清晰，因而决策者会继续寻找各种备选方案，当备选方案确定之后，余下的过程实际上已不是真正的方案选择，而只是予以证实，即通过一系列过程，使决策者确信他所偏爱的方案是最恰当的选项。在这样的决策过程中，尽管决策者也会去寻找侯选方案，以便可以进行方案之间的比较，但这种寻找的目的并不在于发现最优方案，而只是为了比较的需要，从而必然会影响到这些备选方案的质量。当所需要的备选方案排列出来后，决策者会根据既定的标准，运用某些失真的知觉对方案目标进行解释与评判，最终结果将会表明他所偏爱的决策方案较之其他目标更为优越。在打算购车者甲心目中，尽管已隐隐存在着对某一款式新车的偏爱，但他还是会将其他有关车型纳入自己的选择视野，然后对这些对象进行比较。由于已经有了倾向性，所以这样的比较总是缺乏公正性，具体而言，甲会以自己所心仪的那款车的优点（根据他的评判标准）同其他车型的缺陷（有些缺陷可能是甲的主观理解）相比较，而对那些比较对象的优势视而不见，由此得出的结论是不言而喻的。

3．直觉决策模型

公司总裁李平最近决定耗资 5000 万元建立一个为卫星通讯设备生产电子元件的加工厂。此前，公司执行副总裁张立已聘请了一家咨询机构对建厂地点进行了考察与论证，并为张立提供了一份 5 个可能的建厂地点的综合分析报告。这份报告中将张家港市排在 5 个方案中的第 3 位。当李平仔细阅读了这份报告及其结论之后，决定不按照专家们的建议行事，对此，他的解释是："我非常仔细地阅读了这份报告。尽管专家们是这样建议，但我觉得先后顺序并不代表所有情况。凭直觉，我感到从长远角度看张家港市应该是最好的选择。"李平所使用的这种直觉决策方式，现已越来越受到人们的关注，并认为，在某些情况下，依赖于直觉能够提高决策水平。其实，当中国刚开始发行股票认购券时，购买者大多是凭直觉而作出的一种投资选择，其间并没有更多的理性考虑。等到理性充分的人们意识到股票认购券的价值时，黄金机会已经一去而不再复返。在事实之后我们很容易责备决策，每个人都是事后诸葛亮。但是，如果人人都能作出正确选择的话，实际上恐怕也就不再有正确的选择了。恰恰是因为人们的理性与直觉的分配并不一样，同时各项决策目标对理性或直觉的要求也常常不同，从而导致决策者在面对同样问题时总是会作出不同的选择。既然直觉对决策具有不可忽视的实际效用，那么，在何种情况下，管理者可以考虑直觉决策的方法？研究者确定了 8 种情况：①不确定性水平很高时；②几乎没有先例存在时；③难以科学地预测变量时；④事实有限时；⑤事实不足以明确指明前进道路时；⑥分析性资料用途不大时；⑦当需要从几个可行方案中选择一个，而每一个方案的评价都不错时；⑧时间有限，但又有压力要作出正确决策时。尽管直觉决策自 20 世纪 80 年代早期以来便受到人们的青睐，但由于理性分析被看作更符合人们的期望，所以直觉决策在决策理论中并没有太大的影响。

四、决策方法

在决策过程中，如何运用管理科学、心理科学、行为科学以及其他相关学科的基本原理，并通过一定的组织手段，以充分发挥人的智慧和才能，从而使决策尽可能地科学化、合理化，这是一个值得重视的课题。现代组织行为学认为，在管理决策的所有步骤中，无论是确定目标，还是拟订方案，或选择方案，专家的意见都是极为重要的。为了使已选定专家能够把自己的意见充分地表达出来，需要进行合理的组织工作。一般说来，由于专家群体决策往往发生在一个互动群体之中，这种互动群体会对群体成员个人形成压力，迫使他们放弃个人的观点，采取从众行为。为减少群体压力对成员心理上的不良影响，组织行为学家设计出了一些行之有效的方法，主要有：

1. 头脑风暴法（brainstorming）

由美国创造工程学家奥斯本（A. F. Osborn）所提出。这种方式旨在克服互动群体中产生的妨碍创造性方案形成的从众压力。在典型的头脑风暴法讨论中，6人—12人围坐在一张桌子旁，会议主持人用清楚明了的方式把问题说明白，让每个人都了解，只出题目，不谈自己的意见和设想，避免影响与会者的思路，让他们能充分地发表看法。然后，在给定的时间内，大家就可以自由发言，尽可能地想出各种解决问题的方案。在这段时间里，任何人都不得对发言者加以评价，无论是受到别人启发的观点或是稀奇古怪的观点，不许任何人作评价。所有方案都记录在案，直到最后允许群体成员来分析这些建议和方案。

头脑风暴法按照是否对专家的创造性思维进行可行性评估分类，可以分为直接头脑风暴法和质疑头脑风暴法两种。直接头脑风暴法不实行对已提出的各种设想进行评估，在会议结束后，主持人再对各种设想、方案进行评价、比较、归类。而质疑风暴法是在直接头脑风暴法提出设想的基础上，进行质疑，对其现实性、可行性进行评估。

头脑风暴法旨在激发人们的创造性思维，使人们的智力在相撞击之后产生灵感，提出各种设想，并去进一步考虑这种设想的可行性和现实性，所以，它只是一个起点，还需要其他方法予以补充。

2. 名义群体法（nominal group technique）

这种决策方法适用于辨认问题或评价方案，目前在教育、健康、社会服务、工业及政府机构得到广泛认可。采用这种方法像召开传统会议一样，群体成员都出席会议，但群体成员首先进行个体决策。具体方案是，在提出问题之后，采取以下几个步骤；（1）群体成员聚在一起进行讨论前，每个群体成员写下自己对于解决这个问题的看法或观点；（2）在这个安静阶段之后，每个群体成员都要向群体中其他人说明自己的一种观点，一个人挨一个人地进行，每次表达一种观点，直到所要表达的观点都被记录下来，通常使用记录纸或记录板。等到所有的观点都记录下来后再进行讨论；（3）群体开始充分讨论每个人的观点，并进一步澄清和评价这些观点；（4）接下去每个群体成员独自对这些观点进行排序，最终决策结果是排序最靠前、选择最集中的那个观点。

这种名义群体法的主要优点是：允许群体成员正式地聚在一起，群体成员均有同等的机会参与决策；鼓励各种不同意见的提出，加强了对每一种意见的注意力，但是又不像互动群体那样限制个体的思维。

3．德尔菲法（Delphi technique）

又称为专家群体决策法。这种方法是以古希腊城市 Delphi 命名的，是 20 世纪 40 年代由美国兰德公司研究员赫尔默和达尔奇设计的一种意见测验法。这是一种更为复杂、更费时间的方法，一般采取书面形式，背靠背地反复多次征求多个专家的意见，不让群体成员面对面地聚在一起。其具体做法是：（1）建立特别小组为主持机构，选定作为征询意见对象的专家名单；（2）当问题明确之后，要求群体成员通过填写精心设计的问卷，提出可供解决问题的方案；（3）专家们根据提纲匿名并独立地完成第一份问卷，说明意见及理由；（4）收到专家们的意见后，在另一个中心地点进行统计定量分析，将结果整理出来；（5）把整理和调整的结果再拟制成调查表分发给每位专家一份；（6）在群体专家成员看完整理结果之后，要求他们再次提出解决问题的方案，结果通常是启发出新的解决方法，或使原有的方案得到改善；（7）如何有必要，重复步骤（5）和步骤（6），直到大家找到意见一致的解决办法为止。

德尔菲法保持专家们以匿名的群体成员资格参加，与参加成员进行匿名的书面通讯联系，相互隔开背靠背地征求专家们的意见，能够保证群体成员免于受他人的不利影响；通过使地理位置分散的群体成员参加到一个决策中，能够充分发挥专家的集体智慧。

4．电子会议法（electronic meetings）

这种方法的情景设置为：50 人左右围坐在马蹄形的桌子旁，面前除了一台计算机终端之外，一无所有。问题通过大屏幕呈现给参与者，要求他们把自己的意见输入计算机终端屏幕上。个人的意见和投票都显示在会议室中投影屏幕上。这种电子会议法的主要优点是：真实、充分、可靠、迅速。与会者可以采取匿名形式把自己想表达的任何想法表达出来。参与者一旦把自己的想法输入键盘，所有的人都可以在屏幕上看到。与会者可以大胆地、充分地、实事求是地表现自己的意见和态度，并不用担心受到外来力量的惩罚。而且这种决策方法迅速，用不着支支晤晤、寒暄客套，可以直接切入主题，直截了当地发表自己的看法；大家在同一时间可以互不妨碍地相互交流，不会打断别人的“发言”。

目前这种方法还处于幼年阶段。一些专家认为，电子会议法的效率比传统的面对面的会议快 55%。它的缺点主要表现为：由于实行匿名方式，使得想出最好建议的人也得不到应有的奖励；所获得的信息不如面对面的交流与沟通所能得到的信息丰富。

五、管理决策过程中的几种心理现象

赫伯特·西蒙在分析影响决策的诸因素时提出了有限理性（bounded rationality）

理论，该理论认为：决策者必须应付以下困难：对问题和解决方法了解不够、缺乏时间和财力去收集更加全面的信息、没有能力牢记大量的信息，另外，他们的智力本身也有局限性。一般情况下，决策者总是以找到能够适当地满足他们需求的方法为止，而不愿意付出更多的努力去寻找更合理、更完善的行动方案，用西蒙的话来说，就是他们“满足于”或接受发现的第一个满意的选择，而不想进一步探求发现最佳方法。由于决策在很大程度上表现为决策者的一系列主观行为，决策者在制定决策目标过程中，需要依靠过去的经验、现在所处的环境与条件以及对未来的估计，还要取决于他们对组织目标的认识以及他们的价值观和心理背景。就此意义而言，决策过程也是一个意识与心理活动的过程，正确认识决策过程中的有关心理因素，直接关系着对决策者素质的要求，以及对决策者心理的必要引导。

1．求同倾向

求同倾向(或称小集团思想)是群体决策过程中较为常见的一种心理现象，它往往具有下述主要特征：第一，决策成员具有强烈的团体感，缺乏批评，每个成员都尽量缩小或放弃对团体决策的怀疑和反对意见；第二，由于对决策团体正确性的深信不疑，故对任何非团体成员的反面意见或建议均充耳不闻，人为地堵塞情报与信息来源；第三，对意见一致的共同错觉使人随波逐流，丧失了主体意识；第四，当所作出的决策已被实践证明是错误的，则又常常导致共同的文过饰非，为本团体的荣誉辩护。

有效决策必须重视反面意见。没有不同见解，就不可能有正确的决策，故一些高明的管理决策者往往都有一套激发反面意见的办法，以期制订有效的决策。反面意见对于正确的决策行动，主要有以下意义：（1）反面意见可使决策者不致成为管理系统中某一部分人的俘虏。在管理系统中，每一个人都希望决策能对自己有利，并有求于决策者；决策者只有通过不同意见的争辩，才可能得出正确的结论；（2）正确的决策是多种方案进行选择的结果，反面意见本身就是一种决策方案，它为决策者提供了更多的选择机会。如果决策者压制不同意见，以致只有一种方案可供“选择”，必然要承担更多的风险，一旦遭受失败，将可能陷于绝境。多种方案可供选择，便为决策者留下了充裕的余地，当以后实践证明决策错误时，原先的反面意见往往就是一个现成的补救方案，不致临渴掘井，束手无策；（3）不同意见之间互攻他短，各扬己长，就使各个方案的利弊得以充分显现，从而可以取长补短。同时，各种意见的交锋，可充分激发领导者的思维灵感和想象力，促使他去积极思考、辨析，有助于最优方案的诞生；（4）不同意见的讨论，也是统一决策认识的过程，决策一旦作出，就可同心同德，上下一致地实施。既减少了阻力，又不易走样，从而有利于发挥群体成员执行决策的主动性和积极性。

实际上，所谓“求同”的对象，往往是决策群体中的主要领导者。所以，要消除决策过程中的这种消极倾向，关键在于“班长”坚持民主作风，善于启发群体成员的思维积极性和想象力，鼓励各种意见、建议的交锋，在综合群体智慧的基础上作出正确的决策。

2. 迎合群众

在民主型管理体制下，领导者在职期间的言论、行动经常是在民众监督之下，这样也就产生一种可能，即下届竞选的领导人总是容易采取迎合群众的政策。即使当他判断群众的要求和希望是错误时，还想去迎合他们的愿望。20 世纪 50 年代有本最畅销的书是约翰·肯尼迪写的《勇士剪影》，在这本书里，作者歌颂了几位领导者抵抗强大压力、拒绝从众的勇气。就另一种意义上说，作者歌颂的是那种拒绝顺从常规的人，那种拒绝按照本政党或选民的要求去投票或行事的人。虽然他们的行为在很久以后得到了肯尼迪的赞扬，但在当时，他们的同辈人对他们这种行为的反应却远不是肯定的。不顺从者在其不顺从行为发生以后很久，才可能受到历史学家的赞颂，或在文学作品及电影中被当作偶像来崇拜，但在当时，那些要求他们服从的人则往往会反对他们。

片面强调选民意旨，盲目迎合群众要求，此乃决策者之大忌，它根源于对个人利益的不正当考虑。对管理决策者来说，自然应倾听“左邻右舍”的意见，注意群众的情绪与要求，在此基础上，依据客观需要与社会价值观念制定决策。如果屈服于顺从心理的诱惑，就会放弃主体意识和个人的价值观念，放弃对社会价值观念的综合分析与研究，对某种不确定的“公众舆论”，“群众意愿”不作具体的、客观的分析，简单地将其奉为“最高意志”，这样，无异于放弃了自己作为策者的神圣职责，背叛了公众寄托在自己身上的信赖，从而往往导致作出与社会利益相左的决策。

3. 认知不协调

在日常生活中，我们可以发现多数人都有为自己的信念、感情和行为辩解的动机，都有使自己相信自己是公正、理智、正确的心理需要。当一个人做某件事时，如果有可能，他会尽力使自己和其他人相信，这是一件最合逻辑、最合情理的事情。但这种观念往往会遇到挑战，这样便形成了认知不协调。

设想下列情景：一个年轻人已被催眠，催眠师正在对他进行催眠后的暗示：当钟敲五下时，要求他穿上雨衣，套好雨鞋，穿过 8 条大街到家乐福超市去买 6 瓶啤酒，然后回家。催眠师还暗示年轻人，一返回住家，就要立即“醒过来”，恢复正常。值得注意的情况是：这天阳光明媚，万里晴空；在街对面就有一家小型超市，所售啤酒价格同家乐福超市里的一样；而且，该年轻人从来不喝酒，也没有客人来访。年轻人完全按照催眠师的吩咐把酒买了回来。当他一走进家门，马上便从朦胧中醒了过来。这时，他发现自己竟然穿着雨衣、雨鞋，提着一只装了 6 瓶啤酒的包，觉得很纳闷。这时，他的催眠师朋友开始问他：“嘿！李平，你上哪儿去了？”“喔，我买东西去了。”“你买什么了？”“唔，——我好象买了啤酒。”“可你从来不喝酒的呀！”“没错，我买来准备招待我的朋友。”“大晴天的，你干吗全副武装地穿着雨具？”“这个，——因为每年这时候天气变化多端，我不想被雨淋着。”“可天上一点云也没有呀！”“天有不测风云嘛！”“哎，对了，你是在哪儿买的酒？”“噢，——在家乐福买的。”“街对面也有家超市，你干吗跑那么远？”“这个，——天气这么好，我想散散步。”

多数人都有为自己的行为、信念和感情辩解的动机。当一个人做一件事时，如有可能，便会尽力使自己或其他人相信，这是一件合乎逻辑、合乎情理的事。在上述案例中，尽管有充分的理由解释李平的荒唐之举——因为他被催眠了。但是，因为李平不知道自己已经被催眠，而他又很难接受自己的荒唐行为，所以他要竭尽全力使自己和朋友相信，他的反常行为是有原因的，实际上是非常合理的。

从根本上来说，认知不协调是一种紧张状态，这种紧张状态发生在一个人同时持有两种在心理上不一致的认知(思想、态度、信念、意见等)的时候。由于认知不协调的出现给人带来不愉快，因而，人们往往会努力去消除这种不平衡的心理感受。鲁迅笔下的阿 Q 所奉行的“精神胜利法”，便是旨在消除认知不协调的一种特殊而极端的方式。

在政治过程中，随着一个重大决策的作出，决策者也往往会经历不协调，这是因为，在通常情况下，所作出的决策不一定都是十全十美的，而被放弃的选择也常常有可取之处，这样，所作出的决策同该决策所存在的缺陷便互不协调，而减少这种不协调的一个方法是，找出你所作出的那个决策的所有优点，而避开其缺点。也就是说，在作出决策之后，决策者往往注重于寻找那些可以使自己放心的信息，以求获得“我的决策很英明”的自我安慰。反之，对于所放弃的选择则强调其缺点，削弱其优点。

在决策行为中有很多是非理性的——尽管从个人看来它可能非常合理。如果你问张伯伦为什么要醉心于推行同希特勒绥靖政策，他会头头是道地给你一个他感到是很合理的回答；如果你问杜鲁门为什么悍然把战火燃烧到朝鲜民主主义人民共和国境内，他也会滔滔不绝地给你一番对他来说是最讲得通的理由。美国一些政治评论家认为，歪曲认知和选择性地接受信息的过程可能是引起越南战争逐步升级的一个重要因素。在对五角大楼有关文件的引人沉思的分析中，罗尔夫·怀特认为，正是不协调蒙蔽了某些领导者的双眼，使他们对那些与自己所作出决策不相容的消息视而不见。例如，在作出对北越的轰炸升级这一决定时，忽视了中央情报局和其他信息来源的关键证据，这些证据清楚地说明，轰炸不会使北越人屈服，恰恰相反，只会增强他们的决心。而参谋长联席会议的备忘录则对上述结论提出了质疑，并把轰炸称作为对北越施加压力的两张王牌之一，同时还明显地忽视了所有支持反对意见的事实。最后，获胜的恰恰是参谋长联席会议。怀特推测参谋长联席会议得胜的主要原因是，他们的主张与已作出的决策是协调的。

在重大决策执行过程中，即使该项决策的消极后果已逐渐暴露，仍可以有种种减少不协调的有效方法：如有些信息发送者出于种种动机，对信息进行主观性的加工、过滤，他们根据决策者的口味，投其所好地选择并传递某种信息，帮助决策者获得他们想要获得的那些信息；对决策者来说，他可以有选择地听取有利于这项决策的信息反馈(“制造”这类信息并不困难)，“迫使”自己对其深信不疑，对反面信息则持怀疑态度；他可以努力发掘，夸大成果，将消极方面缩小到最低程度；他可以继续坚持决策的正确性，而将过错归咎于客观因素、时机或其他阻力，等等。各种各样的理由，只要你愿意，总能找得着的，这类现象在我国“大跃进”时期，尤其是在“文化大革命”过程中并不少见。

减少不协调行为一般被认为是“非理性的”，因为它妨碍人们正视重要事实或发现真正的解决问题的方法。减少不协调的行为是种自我防卫行为，人们之所以采取这种行为是为了保持一个积极的自我形象，把自己描绘或想像成聪明、正确、有价值的人。但是，这种自我防卫行为往往具有消极作用，尤其在政治决策中采取这种“非理性的”行为，有可能导致灾难性的后果。

六、决策者心理素质修养

《三国演义》中，有一段发生在刘备和孔明之间的脍炙人口的对话：刘备告孔明曰：“汉室倾颓，奸臣窃命。备不量力，欲伸大义于天下，而智术浅短，迄无所就。唯先生开其愚而拯其厄，实为万幸。”孔明曰：“自董卓造逆以来天下豪杰并起。曹操势不及袁绍，而竟能克绍者，非唯天时，抑亦人谋也。今曹操已拥百万之众，挟天子以令诸侯，此诚不可与争锋。孙权据有江东，已历三世，国险而民附，此可用为援而不可图也。荆州北据汉、沔，利尽南海，东连吴会，西通巴、蜀，此用武之地，非其主不能守，是殆天所以资将军，将军岂有意乎？益州险塞，沃野千里，天府之国，高祖因之以成帝业。今刘璋暗弱，民殷国富而不知存恤，智能之士，思得明君。将军既帝室之胄，信义著于四海，总揽英雄，思贤如渴，若跨有荆、益，保其岩阻，西和诸戎，南抚彝、越，外结孙权，内修政理，待天下有变，则命一上将将荆州之兵以向宛、洛，将军身率益州之众以出秦川，百姓有不箪食壶浆以迎将军乎？诚如是，则大业可成，汉室可兴矣。” 这便是历史上著名的一项战略性决策——隆中对，在这项决策中可以反映出决策者对形势所具有的敏感性和创新意识，对各项环境要素的洞察力与对时机的把握能力。刘备后来取荆州、下益州，基本按照隆中决策的思路，只是后来关羽“大意失荆州”，大大削弱了刘备集团的实力，虽诸葛亮六出祁山，亦于事无补，其一统天下的决策目标最终没能实现。

决策，尤其是高层次决策的成败，往往会对整个社会政治、经济、文化生活等产生重大影响。“文化大革命”可以说就是一个错误的战略性决策，它给我们国家带来的灾难性后果是有目共睹的。正是因为决策在政治过程中占有极为重要的地位，因而，决策能力应视为领导能力中一个主要组成部分。一项决策选择得是否正确，在很大程度上是与决策者个人的心理素质分不开的。决策者的知识水平、政治经验、预测能力、判断才干，都是达到有效决策的必要条件。所以，对决策者的个性、素质、能力等方面都应有严格的要求。

1．创新意识

在决策过程中，决策者对认知背景应始终保持一种批判态度，不因循守旧，不囿于常规。这种批判精神具有深刻的认识论基础，有了这种积极的、进取的批判精神，决策者在选择方案时，就可以不拘于成见，不盲从权威，不把任何一种结论和方法绝对化；注意从多维度看问题，进行独立思考，并且能够在决策实践中不断调整、补充和重构自己的认知结构，改进决策主体本身。毛泽东正是没有拘于“城市暴动”的传统观念，开创了一条适合中国国情的“井冈山道路”，使中国革命终于获得了成功。从一定的意义上讲，决策本身就是一项创造性活动，没有创新就没有决策。我们目前正在从事的改革，是一项前无古人的现代化工程，没有任何现成模式可循，在这种情况下，有关改革所作出的每项决策，都有可能属于“风险型决策。”然而，要创新，就要走前人没有走过的路，因而难免会犯点错误，或遭受某些挫折。但为了人民的事业，现代领导者应当敢于承担风险，勇于负责，善作决断，这是现代决策者首先应该具备的素质。

2．敏感性

由于事物始终处于不断发展过程之中，所以，在决策中，敏感性是极端重要的，思维迟钝往往不能及时把握事态的新发展，作出相应的决策。在社会政治生活中，许多现象转瞬即逝，一去而不复返，错失良机，常常会造成无可挽回的损失。决策中的敏感性主要表现在两个方面：其一，对不断涌现出来的新事物本质特征的敏感。正确的决策，基于对新事物的正确认识；任何新事物都有其质的规定性，而这种新质必然通过某些现象展示于人们面前；及时透过现象而把握本质，就能掌握主动权，通过调整决策，实现决策意图。其二，对事态发展新动向的敏感。从某种意义上来说，“决策就是预测”，如果对事态发展动向麻木不仁，就不能把握形势的发展，预测可能出现的新情况，从而处于被动地位。在中国历史上，诸葛亮“隆中对”所提出的“三分天下”，朱升对朱元璋提出的“高筑墙、广积粮、缓称王”等著名的战略决策，都集中体现了决策者深谋远虑，善于把握时机的个性素质。

3．想象力

对决策者来说，他们行将作出的选择往往都是没有先例的，这就需要借助想象预测未来环境和组织状况，预测在实施过程中将可能遇到的种种有利或不利因素，还要借助想象预测未来行动的后果。以想象为主要形式的决策往往是以高度抽象、浓缩的思维形式为基础进行的。因为在概念运动体系中，内涵越大则外延越小，从而大大限制了想象的广度；而概念内涵越小，外先延越大，就可以把许多以前看不到的似乎风马牛不相及的对象联想到一起，为想象力提供了自由驰骋的广阔天地。善于把大量已被证实的思维内容概括到高度抽象的概念中去，就能避免在前人的老路上重复往返，而是直接站在人类以往思想成果之上，以此为起点进一步展开新的思维创造过程。

4．选择能力

选择是决策过程中的重要环节。为了实现既定目标，可能设想出许多新方案，这就需要对这些方案进行分析选优。决策作为多种方案的选择，自然不能单纯地理解为对某一方案"是"、某一方案"非"之间的选择，决策者应对不同的方案加以衡量之后，从中选取最适当的一种。心理学的试验表明，选择能力强的人往往都是优秀的领导者。一项好的决策应以互相冲突的意见为基础，应从不同的观点与方案中进行选择，为此，决策者最重要的任务就在于对不同方案的选定。经验表明，设想出可能走的所有道路并不是最困难的事，成败往往取决于决定走哪一条路。拿破仑就曾说过，对于统帅来说，正确而准确的眼力比计谋更为重要，更为有用。

5．组织群体决策的能力

现代领导者不可能也不必要一切主意都出自个人头脑，他应善于依靠"外脑"，依靠集体的智慧。优秀的决策者善于统观全局，及时而敏锐地发现问题，然后将问题交给专家们去进行认真而系统的研究，并提供多种可供选择的方案，最后由领导者从中选优决策之。所以，现代决策者的水平表现为发现问题的能力、运用专家的能力和正确选择的能力。依靠专家是科学决策的核心，但这里的专家不是简单地增加几个人的头脑，而是指建立一个由不同知识结构互补组成的、运用现代科学理论、方法和手段的知识信息综合体，或曰"智囊团"。智囊团的成员只尊重客观事实，崇尚真理，不迷信权威，不屈从个别领导者的意志，敢于直抒己见，提出各种可供选择的方案。而对领导者来说，应具有正确听取反面意见的胆识和勇气。反面意见往往具有充分激发领导者想象力的作用，它促使领导者进一步辩驳与思考，有助于产生新方案。有时候，反面意见还可能正是决策选择中所需的"最佳方案"。

决策者的心理素质主要是环境的产物。良好的社会政治、经济制度和管理环境，有助于造就具有良好心理素养的决策者，当然，这些心理素养还需要经过长期的领导活动的实践才能逐步培养起来。

决策风格测试

第一部分：圈出与你平时的感觉或活动最接近的答案，每个项目无对错之分。

1. 我更重视

　a．人们的感觉；　　b．人们的权利。

2. 我常常和（　）合得来。

　a．富于想象力的人；　b．现实的人。

3. 我更乐于被别人称为

　a．真情实感的人；　　b．一贯理性的人。

4. 和别人共同做事时，对我最有吸引力的是

　a．按照被人接受的方式活动；

　b．自己发明一种新方法活动。

5. 最令我烦恼的是

　a．别出心裁的理论；　b．那些不喜欢理论的人。

6. 把某人称为（　），是对他更高的赞扬。

　a．有想象力的人；　　b．按部就班的人。

7. 我常常让

　a．我的心统领我的脑；　b．我的脑统领我的心。

8. 我认为更糟糕的错误是

　a．表现出过度的关怀；　b．缺乏同情心。

9. 如果我是教师，我宁可教

　a．理论性的课程；　　b．事实性的课程。

第二部分：下面每组配对词中哪个词对你更有吸引力？圈出 a 或 b。

10. a．同情；　　b．远见。

11. a．公正；　　b．仁慈。

12. a．生产；　　b．设计。

13. a．谦和；　　b．坚定。

14. a．随和；　　b．挑剔。

15. a．文字；　　b．图形。

16. a．想象；　　b．实事求是。

评分标准：

感知型	得分	直觉型	得分	思考型	得分	感情型	得分
2b	1	2a	2	1b	1	1a	0
4a	1	4b	1	3b	2	3a	1
4a	1	5b	1	7b	1	7a	1
6b	1	6a	0	8a	0	8b	1

9b	2	9a	2	10b	2	10a	1
12a	1	12b	0	11a	2	11b	1
15a	1	15b	1	13b	1	13a	1
16b	2	16a	0	14b	0	14a	1
最高分：	10分		7分		9分		7分

如感知型得分较高，说明你比较现实，用事实来看待世界；直觉型得分较高说明你以一种整体的眼光看待这个世界，较富有创造力；思考型得分较高，表明你具有很强的逻辑思维能力，决策建立在严密的分析基础之上；感情型得分较高，意味着你的决策多半是基于感情因素。

第十一章　管理中的挫折与行为

> 挫折就像一块石头，对于弱者来说是绊脚石，让你却步不前，而对强者来说是垫脚石，使你站得更高。
>
> ——巴尔扎克

有个渔人有着一流的捕鱼技术，被人们尊称为“渔王”。然而“渔王”年老的时候非常苦恼，因为他的三个儿子的渔技都很平庸。于是他经常向人诉说心中的苦恼：“我真不明白，我捕鱼的技术这么好，我的儿子们为什么这么差？我从他们懂事起就传授捕鱼技术给他们，从最基本的东西教起，告诉他们怎样织网最容易捕捉到鱼，怎样划船最不会惊动鱼，怎样下网最容易请鱼入瓮。他们长大了，我又教他们怎样识潮汐，辨鱼汛……凡是我长年辛辛苦苦总结出来的经验，我都毫无保留地传授给了他们，可他们的捕鱼技术竟然赶不上技术比我差的渔民的儿子！”

一位路人听了他的诉说后，问：“你一直手把手地教他们吗？”“是的，为了让他们得到一流的捕鱼技术，我教得很仔细很耐心。”“他们一直跟随着你吗？”“是的，为了让他们少走弯路，我一直让他们跟着我学。”路人说：“这样说来，你的错误就很明显了。你只传授给了他们技术，却没传授给他们教训，对于才能来说，没有教训与挫折同没有经验一样，都不能使人成大器！”

一、什么是挫折

在日常生活用语中，挫折一词是指挫败、阻挠、失意的意思，在中国古代最初用以说明兵家战争中失利的意思。挫指失败，折指折断，常常与挫败、折辱、挫伤等词通用。

在心理学上，“挫折”一词是指一种情绪状态。可定义为：个体在从事有目的的活动过程中，遇到障碍或干扰，致使个人动机不能实现，个人需要不能满足时而产生的一种不愉快的情感体验状态。

古人说：“人生逆境十之八九。”在人生的道路上常常会遇到各种各样的挫折，一帆风顺、心想事成的生活和学习条件只能存在于人们的期盼或美好的祝愿，而不可能出现在现实的生活状态中。毛泽东同志在遵义会议前曾屡次受到排挤和打击，邓小平同志在“文革”中多次被打倒；在日常生活与工作过程中，由于种种原因，人们总难以完全摆脱面对各类挫折的困惑。

挫折产生的程度、大小、时间持续的长短常因人而异：有些人受到挫折后，具有较强烈的不愉快的情感体验，有些人反应并不强烈；有些人受挫后，不愉快的体验会持续较长时间，另一些人则比较容易克服。这些不同情况的产生，有多方面的原因，其中，挫折对当事人意义的大小，或许是重要的因素。某种挫折的产生，对个体具有重要意义，容易使人产生较强烈的不愉快的情感体验；某种挫折的产生对个体的意义不大，随之而产生的不愉快的情感体验一般也就会淡薄。也有些挫折是因为有人恶意制造的，这往往会使受挫者爆发出强烈的不愉快体验，甚至可能产生报复性的动机。

对有些个体来说，挫折也可以带来积极的作用。英国心理学家布朗(Brown)说过："一个人如果没有任何阻碍，即将永远保持其满足和平庸的状态，既愚蠢又糊涂，象母牛一样的逸然自得。"不幸和痛苦往往是成就的催化剂，孔子的颠沛流离、蒲松龄的终生贫困、曹雪芹的潦倒不幸、拜伦的孤独寂寞、爱因斯坦早年的受人歧视，这些挫折都可能转变为成功的动力之一。西班牙塞万提斯生活贫苦、负债累累，虽不断奋斗，仍一败涂地，左手在战争中致残，历任公职，一事无成，屡被下狱。后决心著述，为世人奉献出不朽杰作《唐·吉珂德》。巴雷尼小时候因病成了残疾，母亲的心就像刀绞一样，但她还是强忍住自己的悲痛，来到巴雷尼的病床前，拉着他的手说："孩子，妈妈相信你是个有志气的人，希望你能用自己的双腿，在人生的道路上勇敢地走下去！好巴雷尼，你能够答应妈妈吗？" 母亲的话，像铁锤一样撞击着巴雷尼的心扉，他"哇"地一声，扑到母亲怀里大哭起来。从那以后，妈妈只要一有空，就给巴雷尼练习走路，做体操，常常累得满头大汗。有一次妈妈得了重感冒，她想，做母亲的不仅要言传，还要身教。尽管发着高烧，她还是下床按计划帮助巴雷尼练习走路。黄豆般的汗水从妈妈脸上淌下来，她用干毛巾擦擦，咬紧牙，硬是帮巴雷尼完成了当天的锻炼计划。体育锻炼弥补了由于残疾给巴雷尼带来的不便。母亲的榜样作用，更是深深教育了巴雷尼，他终于经受住了命运给他的严酷打击。他刻苦学习，学习成绩一直在班上名列前茅。最后，以优异的成绩考进了维也纳大学医学院。大学毕业后，巴雷尼以全部精力，致力于耳科神经学的研究。最后，终于登上了诺贝尔生理学和医学奖的领奖台。

二、产生挫折的原因

产生挫折德原因是多方面的，归结起来，不外乎外因与内因两个方面：

1. 客观因素的影响

客观因素是指由于外界事物或情况阻碍人们达到目标而产生的挫折。这里又可以分为自然物理环境和社会环境两种：自然物理环境主要指工作条件，如很强的噪音、照明水平低、上下班路远、环境污染、通风设备差等；社会因素的影响包括诸如个人在社会中受到政治、经济、法律、道德、宗教、文化、风俗习惯等人为因素的影响，从而造成人际关系不协调、工作岗位不能使人充分发挥作用（学非所用、或能力与职位之间不平衡等）。具体而言，主要包括：①组织管理方式。传统管理往往强调运用外部力量，即“胡萝卜加大棒”对员工实施行为控制，而忽视员工其他方面的需要。这种对人的心理的压抑导致个体心理上的不平衡，并引发出深深的挫折感。②组织内人际关系。包括横向的关系即同事之间的人际交往状况，以及纵向关系即上下级之间的人际关系。由于这些关系不仅仅同社交需要的满足状况相关，而且还会影响到有关个体其他需要的发展，因而特别受到关注。③工作性质。尽管就目前而言，绝大多数工作者仍将劳动作为谋生的手段，但并不排除他们期望从工作中寻求乐趣的倾向，并希望能够通过工作以满足某种自我实现的需求。如果工作的性质不符合个体的兴趣与能力状况，则会给员工带来不同程度的挫折感。

2．主观因素的影响

主观因素所引起的挫折称为个人起因的挫折。这里又可以分为个人生理和心理上的条件与需要发生冲突的两种情况：个人生理因素指个人具有的智力、能力及某些生理上的缺陷所带来的限制，这类缺陷常常可导致个体不能胜任某种工作，或导致工作中失利；心理上的因素较为复杂，例如，需要的冲突因素也是造成挫折的原因。人们在日常生活中，常会发生两个或两个以上的需要，“鱼与熊掌不可兼得”，这时很难决定哪一种需要是最强烈的需要，因而产生难以决策的心理状态。同样，当个体欲望与集体目标发生冲突，理想与现实发生矛盾时，都可以造成挫折。

在挫折面前，人们的容忍力常常是有所差异的。有的人能忍受严重的挫折而毫不灰心丧气，有的则一遇到挫折便意气消沉。心理学研究表明，人对挫折的容忍力主要受到三个方面因素的影响：①个体的生理条件。一个身体健康的人，一般来说，对挫折的容忍力要比一个身体虚弱者更强，这种强度不仅表现在抗生理挫折方面，也会表现在抗心理挫折方面；②过去挫折的经验。一个饱受挫折并能战胜挫折的个体，必定会比“一帆风顺”者具有更强的抗挫折能力，并且也具有更为合理的战胜挫折的方法。年龄大的一般要比年轻人具有更强的对挫折的容忍力，其重要原因之一，在于前者有着更多的挫折的经验；③个人对挫折的主观判断。对同样的挫折，不同的个体会有不同的感受与体验，这里涉及到的就是对挫折本身的认识。如同样没考上大学，有的考生会承受不了，觉得一切都完了；也有的考生觉得这没什么，或者可以下一年再考，或者可以走其他途径，“条条道路通罗马”。

三、受挫折时的行为表现

1．攻击

个体受到挫折后，引起愤怒的情绪，对构成挫折的人或物进行直接攻击。心理学家罗杰·巴克等人曾作了一系列的实验，以证实挫折与攻击之间的联系。他们组织了两部分孩子，在第一部分孩子面前，放着一大堆玩具，这些玩具都由金属网罩着，可见而不可得。这些孩子很想去玩一玩，但无法拿到它们。在长时间痛苦的等待之后，最后才允许他们去玩这些玩具。对这部分孩子来说，显然是经受了一次挫折。另外一组孩子则不对他们设置任何障碍，直接让他们去玩这些玩具。结果如何呢？受过挫折的那组孩子，当最后允许他们接近这些玩具时，却表现出极端的破坏性：他们打碎这些玩具，把它们往墙上摔，或踩在地上。而没有受到挫折的那些孩子，则非常高兴地玩这些玩具。实验证明：没有玩具可玩的孩子不一定去攻击，但是，对那些有各种理由期待着得到玩具的孩子，当他们的期望受到阻碍时，就会受到挫折，这种阻碍是引起孩子们的破坏性行为的原因。

精神病学家罗姆·弗兰克通过对近代美国黑人运动的考察，发现了一个值得注意的情况，即近代两次最严重的美国黑人运动不是发生在地理条件贫困的地区，而是发生在条件相对较好的瓦茨和底特律。原因何在？他分析道：关键是与“白人”的条件相比较，黑人的境况不好。他说，革命通常不是由那些头部还埋在污泥里的人发起的，而常常是由那些刚从污泥中抬起头，举目四顾，注意到别人比自己生活得好，而且整个制度对自己很不公平的人发起的。因此，挫折感不是简单剥夺的结果，而是相对剥夺的结果。假如我不愿意接受教育，而你愿意受教育，你的职业比我强，当我想到这一点时，并不感受到挫折。但是，我们两人都受过教育，你进入白领阶层，而我则因为是黑人或女性却只能扫大街，自然会感到受了挫折。如果你很容易得到受教育的机会，而我因为生长在贫穷的少数民族居住区以致没有受教育的机会，我也会感到受了挫折。

有几种因素能加重挫折。假设你正想咬一口手上拿着的汉堡包时，一个人把它抢走了，这比你在去麦当劳快餐店的路上被一个人拦住更能挫伤你，更会导致你做出攻击性的反应。玛丽·哈里斯所做的一个现场研究证明了类似的情况。她让学生在排队买票、餐厅外排队买饭或商店里排队付钱的人中加塞儿。有时他们加在第二个人之前，有时加在第十二个人的前面。正如所估计的那样，当学生加在第二个人面前时，站在加塞儿者后面的人的反应更具有攻击性。目的就要达到，可进程突然被中断，这时挫折感就会增加。当进程的中断是意外的或看来是不合理的时候，挫折感将进一步增加。詹姆斯·库利克和罗杰·布朗的实验也证明了这一点。实验开始让被试用电话为慈善机构募捐，如果得到捐献者捐钱的保证，他们可以挣到钱。使他们中的一些人期望捐款率高；并告诉他们以前的电话募捐有三分之二都成功了；使另一些人对成功不抱多少希望。当被募捐的人（这些人实际上是实验者的助手）全都拒绝捐款时，那些抱很大希望的募捐者表现出更大的攻击性，他们讲话生硬、态度粗暴，并狠很地摔下电话。在实验中还改变助手拒绝捐款的理由：有时让其理由很合理（“我没能力捐款”）；有时则让他的理由看来蛮横无理（“慈善事业是浪费时间和骗钱的勾当”）。听到这些不公平、不合理的拒绝捐款理由的被试人所显示出来的攻击行为更多。就象这些实验证明的那样，奋斗目标已具体可见并到了可及的范围之内，对成功已抱有很高的希望却受到不公正的阻碍时，挫折感最为显著。

可以说，只要存在着未得到满足的希望，就存在着可导致攻击行为的挫折。希望的满足可以减少攻击行为，希望的完全丧失也可使攻击行为减到最少。无希望的人则是冷漠无情的人。当然，用消除人们的希望来减少攻击性，这并不是一个可取的方法。

受到挫折，除了引起直接攻击外，还有可能实施转向攻击，主要表现为：对自己缺乏信心，把失利的原因归咎于自身，将愤怒的情绪发泄到自己身上；或者当个体认为引起挫折的真正对象是不可得罪时，就可能迁怒于其他的人或物。王经理针对员工上班迟到下了一个命令，以后谁迟到，就扣谁的奖金！ 可是偏偏在这一命令生效的第一天，王经理自己由于上班的途中闯红灯被扣住了，不仅挨了罚，而且自己“首先”迟到了！他一肚子无明火不知道朝谁发，又不好意思说。来到办公室以后，正在生闷气时，主管向他请工作，于是王经理把一肚子的无明火朝主管发，把这个主管训了一通。主管被骂得一头雾水。主管带着一肚子无明火回到部门，一进门，秘书来了，向他请示问题，主管则把秘书当作出气筒。秘书不知道为什么挨了一顿骂，把一股恶劣的情绪带回了家，这时她儿子扑进她怀里，一边喊着妈妈，一边撒娇，秘书把儿子往旁边一推，并责骂儿子。儿子受了委屈，只能向更弱者发火，正好这时猫在小孩儿旁边撒娇，小孩踢了猫一脚。这就是踢猫效应，是人们在受到挫折后的典型反应之一。一个人在工作单位受到挫折，回到家里骂老婆、打孩子、摔东西；妈妈强迫她十几岁的孩子打扫厨房，他（她）可能将这件事做得很糟，这样妈妈以后再不会要求他（她）做这种事了；被迫上大学的学生可能通过把所有的课程都不及格来表达自己的不满；在资本主义发展初期，一些工人为发泄不满，常常采取破坏机器的方式（卢德运动）。这些都是间接攻击的表现。

美国心理学家道兰德等人曾于 1939 年提出“挫折—攻击”假设，认为任何挫折都必然会导致攻击行为。不过，不少心理学家都认为，挫折与攻击之间并没有必然的因果关系，攻击只是人们遇到挫折时的表现形式之一，而不是唯一的表现形式。

2．倒退

倒退也可称为“回归”，这种情况是指：当某一个人受到挫折时，会表现出一种与自己年龄、身份很不相称的幼稚行为，例如，某领导人因受到挫折（或是受到上级批评、或是生产任务没有完成、或是发生家庭矛盾等），因而对下级大发脾气，甚至为了一点小事而暴跳如雷，同往日判若两人，这些就是回归性行为。

3．妥协

人在受到挫折时，常会感受到一种心理压力，从而处于一种情绪上的紧张状态，使呼吸加快，心跳加速，血压升高，血糖增加，血液含氧量增多等，这种心理压力如不及时解除的话，很可能会引起各种生理方面的病变，严重损害大脑与心脏，引起脑血管和冠心病。据统计，在“文化大革命中”，不少人因受到不白之冤而不能伸张，心理上蒙受很大委屈，从而使脑血管和冠心病在这些被“触及灵魂”的人身上，增加了发病率。一位女高音歌唱家，与一位指挥家结婚54年，1981年丈夫去世，出殡当天夜里，她突然昏倒在床，再没能起来。一位受人欢迎的电影演员30年与妻子形影不离，常常说：“如我太太去世，我也不想活下去。”当他妻子咽下最后一口气时，他紧紧握住妻子的手，不愿放开。8天后，他也去世了。经检查，因心脏病发作。《黄帝内经》记载：“怒伤肝”、“喜伤心”、“忧伤肺”、“思伤肾”，都涉及到心理与生理之间的关系。所以，为了及时解除心理压力，避免引起各种疾病，需要采取妥协性的措施以解除心理紧张状态。

妥协性的措施主要有以下几种表现形式：

（1）合理化。人们在遭到挫折后常常会想出各种理由原谅自己，或者为自己的失败辩解，这就是所谓的找借口，尽管这样的借口在旁人看来是不合逻辑的，但当事人却能以此宽慰自己，感到心安理得。例如，一个人因工作马虎，出了事故，他会想办法推卸责任，说是机器陈旧所造成的；一个人因工作表现不好没能得到奖金，他却说：“我根本不在乎这几块钱的奖金。”想以此来为自己的表现差劲而辩解；某食品厂着火，厂长在接受采访时说：“还好，损失不大。”以减轻事故责任。鲁迅笔下的阿Q所奉行的“精神胜利法”和吃不到葡萄而说葡萄酸的狐狸，也都是这方面的典型。这种做法虽然具有自欺欺人的味道，但有助于安顿自己的心理状态。

（2）推诿。当一个人受到挫折时，把自己的不良行为推诿于人，也即推卸责任。例如，工厂没能完成生产任务，管理者可将此归之于工人干活不卖力；有的人工资没加到，认为是领导对自己有成见等等。

（3）补偿。一个人所确立的目标由于受到某些条件限制而无法实现时，他会设法制定另一个目标取而代之，这就是“补偿反应”。补偿作用的主要表现形式是“升华”，保尔受到失去生活自理能力的打击，曾一度想自杀，但当他意识到还可以在其他方面使生命成为有用时，这种挫折便促使他在文学创作上努力，最终为大众奉献出“钢铁是怎样炼成的”这样优秀的文学作品。一般来说，补偿反应具有积极作用，是个人通过自身的努力扬长避短，以自己的正当行为来战胜挫折，克服不利条件的过程。

（4）压抑。当一个人受到挫折后，用意志力量压抑住愤怒、焦虑的情绪反应，表现出正常情况下的谈笑自若的情绪状态，“喜怒不形于色。”这种做法虽然可以减轻焦虑，获得暂时的平静，但不能根本解决问题。因为归根结底，情绪是不可能绝对被压抑住的，它常常会通过其他途径释放出来，并可能表现为某种攻击行为，即心理学上所说的“转移”和“升华”（从某种意义上说，情绪类似于水的特性，只能疏导而不能“堵”）；而且，强行压抑自己的情绪，还有可能影响个性健全的发展，甚至导致某种生理方面疾病的产生。

四、战胜挫折的方法与途径

在古老的西藏，有一个叫爱地巴的人，每次生气和人起争执的时候，就以很快的速度跑回家去，绕着自己的房子和土地跑 3 圈，然后坐在田地边喘气。爱地巴工作非常勤劳努力，他的房子越来越大，土地也越来越广，但不管房地有多大，只要与人争论生气，他还是会绕着房子和土地绕 3 圈，爱地巴为何每次生气都绕着房子和土地绕 3 圈？所有认识他的人，心里都起疑惑，但是不管怎么问他，爱地巴都不愿意说明。直到有一天，爱地巴很老，他的房地又已经太广大，他生气，拄着拐杖艰难地绕着土地跟房子，等他好不容易走 3 圈，太阳都下山，爱地巴独自坐在田边喘气，他的孙子在身边恳求他：“阿公，你已经年纪大，这附近地区的人也没有人的土地比你更大，您不能再像从前，一生气就绕着土地跑啊！您可不可以告诉我这个秘密，为什么您一生气就要绕着土地跑上 3 圈?” 爱地巴禁不起孙子恳求，终于说出隐藏在心中多年的秘密，他说：“年轻时，我一和人吵架、争论、生气，就绕着房地跑 3 圈，边跑边想，我的房子这么小，土地这么小，我哪有时间，哪有资格去跟人家生气，一想到这里，气就消，于是就把所有时间用来努力做。”孙子问到：“阿公，你年纪老，又变成最富有的人，为什么还要绕着房地跑？”爱地巴笑着说：“我现在还是会生气，生气时绕着房地走 3 圈，边走边想，我的房子这么大，土地这么多，我又何必跟人计较？一想到这，气就消了。”

个人在产生心理挫折时，常常会出现企图报复、希望摆脱困境、渴望认识自己、努力求得谅解和帮助、力争转危为安、变被动为主动的心理。这种摆脱挫折的动机可以通过两种方式表现出来：一种是消极的恶性循环的挫折动机过程，另一种则是积极的、奋发式的挫折动机过程。也就是说，心理挫折产生时，一般说来会导致两种截然不同的效果：如果强化挫折，个人丧志，发展到自暴自弃，就走向失败；如果奋发起来，吸取教训，调整行为方案，就可能走向成功。

在管理系统中，矛盾和挫折是很难避免的，问题是如何使矛盾与挫折减少到低程度，以及有了矛盾，产生了挫折后如何对待，如何解决。一般说来，管理者管理方式得当常可减少矛盾，即使产生挫折也较容易解决；反之，如管理方式不当，则会激化矛盾，不仅容易产生挫折，而且挫折也不太容易顺利解决。所以，对管理工作者来说，在管理工作中，一方面，要注意尽可能减少挫折，另一方面，要善于从挫折的征兆中找出真实的原因，采取种种诱导措施，以增强积极的消除挫折的行为。

1. 对受挫者的攻击行为要采取宽容的态度。在受到挫折时，受挫者可能会采取攻击行为。在此情况下，如果被攻击者实行针锋相对的还击，则常常会激化矛盾。《三国演义》中有一出“弥衡裸衣骂曹操”的戏，很值得回味：曹操欲使孔融说降刘表，融推荐名士弥衡。操召衡至，不命坐（弥蘅受挫），衡仰天长叹：“天地虽阔，何无一人也”（开始攻击）。操曰：“吾手下有数十人，皆当世英雄，何谓无人？”衡曰：“愿闻。”操将手下众文臣武将列举出一批。衡听后笑曰：这些人我都认得，不过是一些酒囊饭袋而已。众将愤然，欲杀之，操曰：“此人素有虚名，远近闻之。今日杀之，天下必谓我不能容物。彼自以为能，令其为鼓吏以辱之。”来日，操大摆宴席，令弥衡击鼓。衡穿一套旧衣服而入。左右喝道：“何不更衣？”衡当即脱下破衣，裸身而立。操叱曰：“庙堂之上，何太无礼！”衡曰：“欺君罔上，乃谓无礼。汝不识贤愚，是眼浊也；不读诗书，是口浊也；不纳忠言，是耳浊也；不通古今，是身浊也；不容诸侯，是腹浊也；常怀篡逆，是心浊也！”操令衡去荆州说降刘表。衡至荆州，见刘表毕，虽颂德，实讥讽，表不喜，令其去江夏黄祖处。左右问表曰：“衡戏弄主公，何不杀之？”表曰：“衡数辱操，操不杀者，恐失人望；故令作使于我，欲借我手杀之，使我受害贤之名也。”

有修养的人，对攻击行为采取宽容态度，这并不表明他软弱，而是表示他有着比反击更好的办法来应付攻击。当然，在这方面，还需要根据不同的对象及情况，采取相应的措施。

2. 改变情境。改善挫折环境，切断不良诱因有助于积极的、奋发式的动机的形成，如改变受歧视、受孤立和切断小集团哥们的引诱，对于使外界正确的要求能够转化为积极的奋发式的动机有着重要意义。

3. 给予尊重与爱。对于受挫折的职工，爱的需要的适度满足，使其尊重和自尊都得到充分发展，有助于积极的奋发式动机的发展。从关心爱护入手是能解除受非难、受歧视、受抛弃的顾虑的钥匙，是激发自尊心，逐步建立与现实相符的志向，增进上进心及发展积极的、奋发式动机的极其重要的一环。

4. 采用精神发泄方法。这是一种心理治疗的方法，这种方法是要创造一种情境，使受挫折者可以自由地表达他们受压抑的情感。因为人们处于受挫情境会以紧张的情绪反应代替理智行为，所以，只有使这种紧张的情绪发泄出来，才会恢复理智状态。当然，这种宣泄必须采取不危害他人及社会的方式。

精神发泄可以采用多种形式。有的人失恋后，奋笔疾书，倾诉自己的痛苦，写完了这些不知给自己还是给别人看的东西后，内心就轻松多了；有的人遇上亲友死亡悲伤万分，痛哭一场后，心里也就好受多了。也可以采取空间距离、时间距离、思想距离调整法。恩格斯遇上痛苦的事，常到外面去走一圈，也就将不愉快的情绪宣泄了。在哈佛大学心理学家梅奥主持的霍桑试验中，采用个别谈话方式让工人发泄对工厂管理当局的不满和抱怨，经过上万人次的谈话后，霍桑厂的产量大幅度上升，这就是精神发泄的结果。日本一家电器公司设立所谓“情绪发泄控制室”。在这家公司的墙上挂着公司老板和蔼可亲的照片，室内放着橡皮做的模拟人形，旁边架子上有各种棍子，有气的职工可以进去用棍子或拳头痛打人形靶，以发泄自己的不满。

思考：

古时候，有一个妇人，特别喜欢为一些琐碎的小事生气。她也知道自己这样不好，便去求一位高僧为自己谈禅说道，开阔心胸。高僧听了她的讲述，一言不发地把她领到一座禅房中，落锁而去。妇人气得跳脚大骂。骂了许久，高僧也不理会。妇人又开始哀求，高僧仍置若罔闻。妇人终于沉默了。高僧来到门外，问她：“你还生气吗？”妇人说：“我只为我自己生气，我怎么会到这地方来受这份罪。”“连自己都不原谅的人怎么能心如止水？”高僧拂袖而去。过了一会儿，高僧又问她：“还生气吗？”“不生气了。”妇人说。“为什么？”“气也没有办法呀。”“你的气并未消逝，还压在心里，爆发后将会更加剧烈。”高僧又离开了。高僧第三次来到门前，妇人告诉他：“我不生气了，因为不值得气。”“还知道值不值得，可见心中还有衡量，还是有气根。”高僧笑道。当高僧的身影迎着夕阳立在门外时，妇人问高僧：“大师，什么是气？”高僧将手中的茶水倾洒于地。妇人视之良久，顿悟。叩谢而去。

你悟出什么了吗？

第十二章　组织中的领导行为

> 不管个人在主观上怎样超脱各种关系，他在社会意义上总是这些关系的产物。同其他任何关系比起来，我的观点是更不能要个人对这些关系负责的。
>
> ——卡尔·马克思

春秋时，晋国有一名叫李离的狱官，他在审理一件案子时，由于听从了下属的一面之辞，致使一个人冤死。真相大白后，李离准备以死赎罪，晋文公说：官有贵贱，罚有轻重，况且这件案子主要错在下面的办事人员，又不是你的罪过。李离说："我平常没有跟下面的人说我们一起来当这个官，拿的俸禄也没有与下面的人一起分享。现在犯了错误，如果将责任推到下面的办事人员身上，我又怎么做得出来。"他拒绝听从晋文公的劝说，伏剑而死。

正人先正己，做事先做人。领导者要想管好下属必须以身作则，通过表率作用树立起在员工中的威望。一个部门的工作能否顺利开展，归根到底在于人，在于人的积极性能否得到充分发挥。如何才能充分调动部门成员积极性，既需要成员自我激励，也需要得到外在激励；而外在激励的关键性因素则常常在于领导者的素养。一个家庭生活能否合理安排好，关键在于当家的；一个单位工作开展得如何，也在很大程度上取决于该部门领导者的领导作风与领导行为。

一、领导及有关理论

有关领导的定义，西方不少学者曾有过多种不同的解释，但大多数人认为，领导应当是拥有一定权力和地位的个人或集团，通过自身的作用，指引和影响他人或组织，在一定条件下实现某种目标的行为过程。

这样，领导本身就包含着两层含义：第一，指在特定组织结构中拥有权力和地位的个人或集团。就个人而言，应当包括领导者的政治品质、知识素养、决策能力、个性特点和自我意识等内容；就领导集团来说，则应当包括年龄结构、个性结构、知识结构、能力结构和专业结构等等。第二，领导本身应当是一个动态的过程，它反映着领导者、被领导者和环境之间相互作用的复杂过程，它是领导者或领导集团运用权力、知识、才能去组织、控制、指挥被领导者去实现组织目标的过程。在这个过程中，虽然是领导者、被领导者和环境之间相互作用，并发生对领导效果的重要影响，但是，其中领导者（个人或集团）仍然是一个起主导作用的因素。

在日常交往行为中，人们常常把领导和管理当做同义词，认为领导过程就是管理过程，领导者就是管理者。实际上，领导和管理是两个不同的概念。哈佛商学院的约翰·科特认为，管理主要处理复杂的问题，优秀的管理者通过制定正式计划、设计规范的组织结构以及监督计划实施的结果而达到有序而一致的状态。相反，领导主要处理变化的问题，领导者通过开发未来前景而确定前进的方向，然后，他们把这种前景与其他人进行交流，并激励其他人克服障碍达到这一目标。科特认为要达到组织的最佳效果，领导和管理具有同等的重要性，两者不可或缺。也有人提出，领导偏重于决策和用人，而管理侧重于执行决策，组织力量去完成目标任务。例如，在企业中，常常将具有法定地位的个人称为领导者，而管理者则不仅包括领导者，还包括从事管理工作的其他人员，如会计、统计、政工、劳资人员等等。哈佛商学院的另一位学者亚伯拉罕·扎莱兹尼克指出，管理者和领导者是两类完全不同的人，他们在动机、个人历史及想问题做事情的方式上存在着差异。他认为，管理者如果说不是以一种消极的态度，也是以一种非个人化的态度面对目标的；领导者则以一种个人的、积极的态度面对目标。管理者倾向于把工作视为可以达到的过程，这种过程包括人与观念，两者相互作用就会产生策略和决策；领导者的工作具有高度的冒险性，他们常常倾向于主动寻求冒险，当机遇和奖励很高时尤其如此。管理者喜欢与人打交道的工作，他们回避单独行为，因为这会引起他们的焦虑和不安，他们根据自己在事件和决策过程中所扮演的角色与他人发生联系；而领导者则关心的是观点，以一种更为直觉和移情的方式与他人发生联系。

有关领导理论种类繁多，比较有影响的主要包括：

1．领导特质理论

很多人相信对于所有成功的领导者来说，都具备一系列一致而独特的个性特点，不论他们在什么岗位上工作。为此，自 20 世纪 30 年代开始，一些心理学家就进行了大量的研究，试图发现领导者与非领导者在个性、社会、生理或智力因素方面的差异。研究结果表明，领导者有 7 项特质不同于非领导者，它们是进取心、领导意愿、正直与诚实、自信、智慧、和工作相关的知识以及个体是否是高自我监控者（在调节自己行为以适应不同环境方面具有很高的灵活性，所以高监控者比低监控者更易于成为群体中的领导者）。就总体研究结果来看，可以得出的结论是：具备某些特质确实能够提高领导者成功的可能性，但没有一种特质是成功的保证。

2．领导行为理论

该理论意在了解有效领导者的行为是否有什么独特之处。特质理论与行为理论在实践意义方面的差异主要在于两者的理论假设不同：如果特质理论有效，领导从根本上说是天生造就的，你要么就是要么就不是一个领导者；相反，如果领导者只是需要具备一些具体行为，则我们可以培养领导，即通过设计一些培训项目把有效的领导者所具备的行为模式植入特定的个体身上。行为理论的主要不足之处表现为对影响成功与失败的情境因素有所忽略。

3．领导权变理论

由于未能在领导特质与领导行为的研究方面获得充分的理论与实践依据，使得人们开始重视情境的影响。领导风格与领导有效性之间的关系表明，不同的风格对情境的要求是不一样的，一种风格可能适应于某种情境，但在另一种情境下，它可能会表现出不适应。由此可以得出的结论是：领导的有效性对情境因素存在着依赖关系。进一步对领导情境因素分离研究，其包含的要素主要有：组织系统内人际关系的状况，领导者的职位权力，群体规模与规范，信息交流的通道，成员的工作士气等等。

4．领导归因理论

归因理论主要用于了解原因与结果之间的关系。当一件事情发生时，人们总是习惯性地将它归因于某种原因。运用归因理论研究领导问题，发现人们倾向于把领导者描述为具有这样一些特质，如智慧、勤奋、进取心、理解力、富有魅力的个性、不同一般的能力等等，并常常认为有效的领导者所作的决策总是前后连贯或坚定不移。为此，当组织绩效表现为极端低或极端高时，人们往往倾向于将该结果归因于领导。

5．领导领袖魅力理论

主要人们会将某些他们认为积极的领导行为归因为领导者伟人式的或杰出的领导能力。一些研究者还试图归结具有领袖魅力的领导者的个性特点。瓦伦·本尼斯研究了 90 位美国最杰出和最成功的领导者，发现他们有 4 种共同的能力：有令人折服的远见和目标意识；能清晰地表述这一目标，使下属明确理解；对这一目标的追求表现出一致性和全身心的投入；了解自己的实力并以此作为资本。麦吉尔大学的康格和凯南格的研究结论是，领袖魅力的领导者具有如下特点：他们有一个希望达到的理想目标；为此目标能够全身心地投入和奉献；反传统；非常固执而自信；是激进变革的代言人而不是传统现状的卫道士。进一步的研究表明，领袖魅力的领导者与下属的高绩效和高满意度之间有着显著的相关性。为领袖魅力的领导人工作的员工受到激励而付出更多的工作努力。而且，由于他们喜爱自己的领导，也会表现出更高的满意度。此外，大多数学者认为个体可以经过培训而展现领袖魅力的行为，一些研究者指出，一个人可以通过以下 3 个阶段的学习变成具有领袖魅力的领导者。首先，个体要保持乐观态度，使用激情作为催化剂激发他人的热情，运用整个身体而不仅仅是言语进行沟通。通过这些方面可以开发领袖魅力的氛围；其次，个体通过与他人建立联系而激发他人跟随自己；第三，个体通过调动跟随者的情绪而开发他们的潜能。研究者利用这种方法使商业专业的在校大学生成功地扮演了领袖魅力的角色。他们指导学生清晰地表述一个极高的目标，向下属传达高绩效的期望，对下属达到这些目标所具备的能力表现出充分的信心，重视下属的需要。学生们练习表现出有力、自信和动态的形象，并使用富有魅力的迷人语调。为了进一步捕捉领袖魅力的动态和生动特征，研究者还训练这些学生使用领袖魅力的非言语特点，他们或者坐在自己的办公桌上，或者在桌边漫步，身体向前倾向下属，保持直接的目光接触，呈现放松的姿态和生动的面部表情。研究者发现，这些学生学会了如何展现领袖魅力，并且，这些领导者的下属表现出更高的工作绩效，对工作任务的适应性，以及对领导和群体的适应性。

6．领导性别理论

领导性别理论的研究大体得出两个基本结论：其一，男性领导者与女性领导者之间的相似性多于差异性。其原因在于职业同个性与风格之间的连带关系，也即个性与风格比较相近的人往往会选择相同的职业；此外，在同一系统组织选拔领导者对象时，对领导特质方面也会有基本相似的要求，这一些，都会使不同性别的领导者之间难以表现出明显的差异。其二，在差异性方面，女性领导者更多地采用较为民主的领导风格，她们鼓励参与，与下属共享权力和信息，并努力提高下属的自我价值。她们通过包容而进行领导，并依赖她们的领袖魅力、专业知识、人际交往技能来影响他人。男性领导者则更青睐于指导型领导风格，他们以自己的岗位所赋予的正式权力作为影响基础。值得注意的是，在男性掌管的工作中，女性领导者更为民主的倾向性大大减弱了，她们往往会放弃原有的本质风格而以更为专制的风格采取行动。

7．领导生物学理论

越来越多的研究表明，最优秀的领导者不一定是群体中最聪明、最强壮或最有进取心的人，而是有能力处理社会关系的人。进一步的研究发现，有效领导者所拥有的独特的荷尔蒙和脑化学物质的生化混合物能帮助他们建构社会交往关系处理压力。未来，来自于化学家和药理学家的发现会进一步增加对领导现象的理解。

二、领导者权力

权力，在社会科学辞典上，恐怕再没有哪一个词能像它那样令人眩目和颇费争议的了。古往今来，众多相关学科的学者就权力的本质、权力的来源、权力的运用等问题著书立说，发表了许多相左的见解。在权力本质问题上，有认为是“一种影响能力”，有提出是“一种强制性的控制”，有定义为“一个人或许多人的行为使另一个人或许多人的行为发生改变的一种关系”，也有的把它说成是“一种意志力量”等等。美国学者赫伯特·考夫曼和维克托·琼斯曾写道，权力本身有一种捉摸不定的神秘性。它好像就在我们周围，但要凭某种第六感而不是通常的五官才能“感觉”到它。我们也“知道”它是怎么一回事，可是要给它下个定义就会碰到重重困难。我们也可以“指出”某一个人或集团比另一个人或集团更有权势，然而我们又无法估量出权力的大小。它既像时间一样抽象，又像行刑队一样真实。梅里安则干脆建议放弃权力概念的死板定义，他觉得给权力下定义是“无意义的”，因为权力的显示是如此的明确，如果研究者们把用在描述权力的定义上所花费的时间用来阐述与权力有关的现象、事实和形式等等，则是更加有益的。

从本质上来说，权力是一种支配性的作用力。所谓支配，就是使别人的意志服从于自己的意志，拒绝服从和接受这种支配力量，就会受到不同程度的物质或精神上的惩罚和制裁。考察组织管理系统中的权力现象，我们可以发现权力具有以下几个基本属性：①相关性。权力并非个人的属物，作为一种人支配他人意志的行动的能力，它存在于人和人之间的相互关系中，它是担当某些职务的人，在作出会影响同一社会制度内其他人的行为的决定时，所具有的能力或潜力。没有作为权力作用对象的客体，也无所谓拥有权力的主体；权力失去其作用对象，便不成其为权力。美国学者汉斯·摩根索认为，权力行使者与权力行使对象之间存在着特有的心理关系，前者通过影响后者的意志而对其某些行动有支配能力。这种影响源于三个方面：对权力的期待、对损失的恐惧和对领袖或机构的敬仰和热爱。人们可以通过命令、威胁、权威或超凡魅力，或综合运用上述因素来行使权力。所以，权力是社会组织的属物。马克斯·维贝尔曾对权力下过这样的定义：我们所理解的“权力”，就是一个人或者一些人在某一社会行动中——甚至是在不顾其他参加这种行动的人作出抵抗的情况下——实现自己意志的机会。这一论断，也充分肯定了权力所具有的社会属性。②工具性。通常情况下，权力本身往往并不是人们所追求的最终目的，而只是为了实现某种价值的一种手段。在现实组织管理过程中，某些人着重权力，并非为着权力本身，而是把它作为成功的一种具体象征，把它当作达到预定目标的手段。霍布斯在《利维坦》中曾指出，权力是“一个人为取得未来具体利益的现有手段”。美国政治学家卡尔·多伊奇也认为权力是“获得其他价值的工具。”权力要是没有什么价值，就会变成无人问津的东西；而权力的价值功能主要体现它的“工具性”，它在行使过程中可以获得某种预期的价值目标，是一种能够“带来价值的价值”。拉斯韦尔提出有八种价值，它们分别是：权力、知识、财富、健康、技能、正直、尊敬和仁爱，其中权力乃是获得其他价值的价值。③资格性。权力总是同某种合法地位联系在一起的，是通过特定的社会机构来组织和传达的。美国政治学者托马斯·戴伊在《谁掌管美国》一书中明确指出，权力是社会体制中职位的标志。当人们在社会体制中占据权势地位和支配地位时，他们就有了权力。一旦他们占据这种地位，不管他们是否有所作为，都会使人感到权力的存在。美国社会学家赖特·米尔斯曾形象地描绘了两者之间的关系：假如我们让美国最有权势的一百个人、最富有的一百个人和最负盛名的一百个人，脱离他们目前在社会机构中所占据的地位，脱离他们所拥有的人力、财力，脱离宣传媒介和通讯手段，……那么，他们就会变得毫无权势、毫不富有和毫无名气。因为权力不是属于一个人，财富并不集中在富有者身上，名望也不是任何人天生就有的。要想出名、致富、有权势，就需要列身于主要的大社会机构之中，因为人们在社会机构中所居的地位，在很大程度上决定了他们获得和保持这些珍贵东西的机会。不过，由于所处组织环境与个人能力的差异，不同的人物在扮演同一领导者角色时所拥有的权力量常常有所不同。正如货币具有"价值"是由于人们普遍"同意"把它作为交换的标准尺度一样，权力成为实现集体目标的工具，是通过社会成员的"同意"，使领导地位合法化，并给予占据这些地位的人某种委托，使他们能够制定政策、贯彻决定，以促进该系统目标的实现。④委托性。所有权力或多或少都包含某种"委托"，它给予掌权者某些权力，并要求他们对服从者承担某些义务。如果被统治者准备把相当大的信任给予领导者，那么一个系统中权力的净"量"便能增大。人们把"信任"、"期望"等"投资"给领导者，那些被推上领导者地位的人们开始执行新的政策，以有效地促进"集体目标"的实现。在这一过程中，每个人都获益；那些在领导人身上"投资"的人们，以有效地实现集体目标的形式，回收大于他们投资的利益。而当掌权者不顾授权者的意志和利益，一味追求个人意志实现时，这一系统便会面临危机。⑤依赖性。在权力作用关系之中总是会存在着程度不同的依赖性，或者说，由于依赖关系的存在，会形成某种特定的权力关系。例如，正是由于甲对乙拥有所规定的权力，从而使乙对甲存在依赖关系；甲对乙所拥有的权力越大，乙对甲的依赖程度也就会越高。同样，假如乙拥有甲所需要的某种资源，而且乙是该项资源的唯一控制者时，甲就会依赖于乙，乙也便获得了对甲的权力。当然，假使乙所拥有的资源相当充足，那就很难使甲对乙产生依赖性，从而也就不会形成乙对甲的权力，正如俗语所说：在失明者的国度里独眼者就是国王。如果一个人能够通过控制信息或其他人渴望得到的资源而形成垄断，那么，对此有需求的人们将依赖于他。谁手中掌握的资源越多，别人手中的权力就越少。

权力，总是表现为一些人对另一些人的支配。虽然权力实现似乎包含着授予者的"同意"，权力关系双方在利益上似乎有着一致的方面，但不可否认权力必然具有的等级特性，掌权者与服从者之间所存在的利益冲突。权力地位给其任职者提供了明显的精神上和物质上的酬报，由此便可能导致上层领导者与下层领导者以及有权者与无权者之间的冲突。权力行使者与权力行使对象之间存在着微妙的心理关系。前者往往是通过影响后者的心理而对其某些意志、行动形成支配能力，例如，利用人们对权威的期待心理，对遭受惩罚和损失的恐惧心理，对上司的崇敬心理，对赞扬和奖赏的向往心理，等等。因此，对权力行使者来说，为保证自己拥有实际权力，不可忽视对权力行使对象的心理需求、心理趋向的分析与研究。同时，由于掌权者在组织管理系统中所据有的特殊地位，对组织成员的利益趋向具有不可忽视的影响，所以，有必要对领导者权力心理、权力需求展开分析，以防止权力滥用的倾向，保证权力行使的方向与组织成员利益的一致性。

三、领导者激励功能

领导者激励功能意指领导者根据激励理论，通过运用行政的、经济的、道德的、思想工作的形式，交替地采用物质的和精神的两种手段，最大限度地调动员工的积极性。由于现代管理工作所涉及的专业知识和各种技能日益复杂，一个领导者不可能懂得各方面的知识。在此情况下，高明的领导者就会考虑借用别人的力量来弥补自己的不足。这意味着，要求领导者在正确认识自己的基础上，充分发挥必要的激励功能，注意调动下属和员工们的工作积极性，以此借助于其他人的知识和能力，提高工作绩效。反之，如果领导者不能很好地发挥激励功能，即使他自己工作能力再强、再能干，也很难把工作做好。

具体分析，领导者激励功能的内容大致包括以下两方面的内容：①提高组织部门成员接受目标、执行目标的自觉程度。在一般情况下，个体目标与组织目标、个体利益与群体利益应该是一致的。两者的统一程度越高，组织成员的积极性和创造性就越能得到充分的发挥。反之，则会造成消极怠工，甚至是抵触情绪。领导者的责任，就在于善于将组织目标与个人目标统一起来，使组织明白的实现与满足员工个人的需要相一致，从而提高员工对组织目标的感受性。当员工认为组织目标的实现与自己的利益息息相关时，他们接受目标和执行目标的自觉程度就可能大大提高。②激发被领导者实现组织目标的热情。激发被领导者实现组织目标的热情，主要是解决员工的态度问题。组织目标与个人目标的统一，固然是影响员工实现组织目标热情的重要因素，但是，领导者的激励行为对被领导者的心理影响往往能起很大作用，为此，领导者应特别重视对被领导者的关怀体贴，努力满足他们在各种物质和精神方面的合理需要。

实现激励功能的关键是满足激励对象的各种需要。由于每个人的需要结构和需要强度方面存在差异，因此，领导者在满足个体的需要时，必须了解对象的需要特点，并通过适当的方式和途径予以满足。

四、领导集团的结构

所谓领导集团，就是通常所说的领导班子，领导班子中不同人选的构成，就称为领导集团的结构。领导班子的合理结构，就象一部性能先进的机器，必须有性能优良的零部件来装配一样。但是零件好，并不等于机器一定好。一个领导班子如都由诸葛亮式的人才组成，该班子不一定能顺利地开展工作；如果将各种类型的领导人才合理地组合成一个领导班子，则常常能更有助于顺利地开展工作。

所以，一个好的领导班子需要各种专长的人，互相搭配，取长补短，相互促进。

领导班子的合理结构，主要表现在以下三个方面：

1．领导集团的年龄结构。领导集团的年龄结构，是整个领导结构的一个重要组成部分。不同年龄的人既有不同的智力，也有不同的职能。有些任务需要老年人承担，有的工作则更需要青年人来完成。一般地说，一个完整的年龄结构，需要老、中、青三结合，使三者构成一个合理的比例，只有这样，才能使各自的心理特征和智力水平发挥其最佳效能。

近代心理学对人的年龄与智力的相对关系曾作了有益探索，研究表明：人的年龄与智力有着一定的数量关系：

智　力	年　　龄				
	10—17	18—29	30—49	50—69	70—89
知　觉	100	95	93	76	46
记　忆	95	100	92	83	55
比较与判断	72	100	100	87	67
动作与反应速度	88	100	97	92	71

由表可见，知觉的最佳年龄为10—17岁，记忆的最佳年龄是18—29岁，比较与判断的最佳年龄为18—49岁，动作和反应速度的最佳年龄为18—29岁。现在十分重视领导干部的年轻化，确也有其心理方面的基础。

在领导班子年龄结构方面也存在一些值得关注的问题，一是有的领导班子呈现木桶型、疙瘩型，也即领导班子存在年龄扎堆、年龄老化、年龄断层的问题，在年龄结构上要么是上下一般粗的“木桶”形状，要么是“疙瘩”式的分布不均匀。二是部分结构型干部质量不高，公认度不够。一些按年龄杠杠硬框进去的年轻干部，被实践证明并不全是最优秀的。有些干部被选进领导班子以后，没有干出群众满意的成绩，也没有达到组织上期望的效果，同时也挫伤了其他年龄段干部的积极性。三是干部退出年限规定上的一刀切，使得部分年龄偏大的领导同志工作激情提前衰退，一些年富力强、工作敬业、业绩突出、群众公认的干部不得不退出领导岗位。实际上，干部的活力、积极性跟年龄没有必然联系，干部的激情在一定程度上主要取决于干部任职年龄界限：当规定干部60岁才退出领导岗位时，他55岁都还有激情；但当规定干部50岁就要退出领导岗位时，他可能48岁时就没有激情了。

2．领导集团的知识结构。所谓知识结构，应当包括两个方面的含义，一是指在领导集团中，具有各类知识专长的人才之间的合理比例。由于科学技术和教育的普及，中国职工的科学文化水平越来越高，领导者如果缺乏足够的知识，是无法胜任现代社会领导职能的；其二，领导与管理本身也是一门科学，对领导者来说，应具备领导与管理方面的知识与专长。而且，各个领域、各个系统的情况各异，在领导和管理方面也会有不同的知识需求，“万金油”式的领导者并不适应现代社会领导活动的需要。领导班子成员知识广博，专业水平高，知识构成合理，有助于实施科学领导，提高工作效率和领导效能。反之，如果领导班子成员知识面窄，专业水平低，并且构成不合理，就难以胜任领导工作。特别是随着科学技术的迅猛发展，不断提高领导班子的知识构成水平，已成为一种必然发展趋势。一个知识构成科学、合理的领导班子应注意这样几个问题：①对一个知识结构合理的领导班子来说，主要应该由具有知识面广、思维活跃、专业知识水平高、思维深刻的人这样知识类别的成员组成，籍以从整体上反映领导班子较高的知识构成水平。②一个知识构成合理的领导班子，在知识构成内容上应由政策知识、相关的自然科学和社会科学知识、专业知识和管理知识构成，这是提高领导效能的重要保证。③不同级别、不同类型的领导班子应有不同的知识构成水平，在专业知识的要求上要有不同的侧重。如党政领导班子的马克思主义基本理论知识水平就应稍高些，而技术专业性的领导班子的专业知识和专业管理水平就应更强些。

3．领导集团的智能结构。智能即人们运用知识的能力。智能结构就是对各种不同能力的人进行合理的搭配。合理的智能结构，就是根据工作的需要，把具有不同专业知识、能力和不同个性的人才进行科学搭配，使得人尽其才，形成一个高智能的领导班子。智能结构合理与否，对于领导班子的工作效率高低关系极大。合理的智能结构是一种多种要素的综合体，一般认为，领导集团的智能结构应包括以下四种人：①善于思想的人——从事深谋远虑的工作；②善于活动的人——从事各种难题的调解；③善于出头露面的人——去做打头阵的工作；④善于分析判断的人——从事综合分析的工作。

五、领导者影响力

一个人去买鹦鹉，看到一只鹦鹉前标：此鹦鹉会两门语言，售价二百元。又看到另一只鹦鹉前标道：此鹦鹉会四门语言，售价四百元。该买哪只呢？两只都毛色光鲜，非常灵活可爱。这人转啊转，拿不定主意。结果突然发现一只老掉了牙的鹦鹉，毛色暗淡散乱，标价八百元。 这人赶紧将老板叫来问道：这只鹦鹉是不是会说八门语言？店主说：不。这人奇怪了：那为什么又老又丑，又没有能力，会值这个数呢？店主回答：因为另外两只鹦鹉叫这只鹦鹉老板。这寓言告诉我们，真正的领导人，不一定自己能力有多强，只要具有领导者的素质，就能团结比自己更强的力量，从而提升自己的影响力。

所谓影响力，就是一个人在与他人交往过程中，影响和改变他人心理和行为的能力。这种影响力人皆有之，只是强度各不相同，并且随着交往对象的变化、场所的变更，影响力所起的作用，也会发生相应的变化。

决定一个人在与他人交往中影响力的大小，是由个人的许多因素所决定的。例如地位、权力、知识、能力、品格、资历等等因素。有人认为，领导就是当官，当了官就有职位和权力，有了职位和权力就能领导和影响别人。这实际上是把职位和权力看成了影响力。其实，权力和职位只是构成领导者影响力的一种成分、一种因素，而并不能代表影响力本身。职位、权力对领导者来说，只是提供了有效领导的可能性，而要将这种可能性转化为现实性，还必须依靠领导者对被领导者的影响力。

在领导实践中，领导者个人的影响力如何，往往对工作、事业具有举足轻重的影响。楚汉相争开始时，楚强汉弱，项羽曾多次打败刘邦，然最后，却以楚霸王乌江自刎而告终。原因何在？刘邦在统一天下后，于洛阳南宫置酒相庆时作了这样一番评论："夫运筹帷幄之中，决胜千里之外，吾不如子房。镇国家抚百姓，给馈饷不绝粮道，吾不如萧何。连百万之众，战必胜、攻必克，吾不如韩信。此三者人杰也，吾能用之，此所以取天下也。项羽有一范增而不能用，此所以为吾擒也。"可以说，刘邦事业的成功，确实同他能够吸引一大批有胆识的谋臣良将是分不开的。那么，刘邦是凭什么来吸引他的部下的呢？还有，诸葛亮在扶助刘备之前，家居隆中，此乃刘表管辖之地，刘表当时据有荆州九郡，势力不小，但诸葛亮却没去投奔他；而刘备呢？正处于"上无片瓦，下无寸土"的困境，暂时借了刘表的一座小县城——新野栖身，诸葛亮却愿意扶助他。原因何在？显然同刘邦、刘备自身所具有的影响力密切相关。

那么，领导者影响力究竟是由哪些要素所构成的呢？

马克斯·韦伯在论述领导权威问题时，认为合法性权威主要有三种类型：①传统型权威：这种权威建立在对于习惯和古老传统的神圣不可侵犯的要求之上，是一种由族长、部落首领这样一类人物来行使权力的统治类型；②个人魅力型权威：这是一种建立在某位英雄人物，或具有神授天赋的人物的个人魅力之上的权威，先知、圣徒和革命领袖便是这类权威标准的范例；③法理型权威：这是一种建立在对于正式制订规则和法令的正当行为的要求之上的权威。在韦伯看来，这三种权威具有三种不同的基础。传统型权威的依据是：服从我，因为我的人民一直这样做；个人魅力型权威的依据是：服从我，因为我能改变你们的生活；法理型权威的依据是：服从我，因为我是你们法定的长官。

根据管理心理学的研究，领导者影响力，主要由权力性影响力和非权利性影响力构成，而这两种影响力又有着各自不同的基础。

权力性影响力。也称强制性影响力，它以权力为依托，随着领导者所担任的职务而来的。某领导者担任了一定的职务，他便获得了这个职务的法定权力。一般地说，权力性影响力带有强制性，下级不能随便不接受它的领导与控制。这种影响力并不是每个人都有的，在企业里属于管理者所有，在军队里属军官所有，在学校里则属于校长和教师等所有。总之，它属于职位和权力的拥有者所有。在权力性影响力作用下，被影响者的心理与行为主要表现为被动、服从。因此，这种领导者影响力对人的心理和行为的激励作用是有限的。

权力性影响力之所以能够发挥影响作用，在于它拥有三种权力性因素：①强制权。这是一种建立在惧怕基础上的权力，也叫惩罚权。当一个人拥有能使他人不愉快、甚至是痛苦的手段时（如扣奖金、开除、甚至更严重的处罚），便获得了这种强制性权力。人们为避免惩罚而被迫接受上司的要求或服从领导。②奖励权。这同上述权力是对应的。凡是手中握有能够满足别人需要的物质和非物质手段的人，都具有这类影响力。人们为了获得奖励而愿意或不得不接受他的影响。③法定权。这是指在正式组织中，居于某种领导地位的个人所具有的强制性权力。这种权力是上级赋予的，本身带有法定的性质。法定权之所以会造成影响力，乃是由于社会规范和人们的传统观念所决定的。

具体分析，构成权力性影响力的主要成分有：

传统因素。几千年来的社会生活，使人们对领导者形成了这样一种概念：领导者不同于普通人，他们有权，有才干，比普通人强。这些观念逐步成为某种形式的社会规范，一种“领导者拜物教”，产生了对领导者的服从感。这种领导者的服从感表现在两个方面：一是领导者自己对上级的服从感，另一种是领导者要求下属对自己也要有服从感。领导者的服从感，也可能会表现为对个别权威的服从，这种服从往往是无条件的服从。对权威人士的服从又可以分为两种情况，一是由于钦佩权威而产生的服从感，另一种为害怕权威而产生的服从感。一般来说，领导者的服从感也有一个从不自觉被迫向自觉过渡的问题，一些领导者开始可能只有被迫的服从感，但被迫的服从形成了习惯之后，就会变成自觉的服从。领导者追求权威和服从感有着积极与消极两种倾向。一方面，对领导者来说，权威是必要的，领导者如没有权威，下属对他没有服从感，“不听话”，指挥不动，领导者也就不能实现其领导职能；但是，领导者如果一味追求权威，将会发展为要求下级对自己的个人迷信与个人崇拜，这就使事物走向了反面。

职位因素。在正式的群体或组织中，获得权力性影响力的最基本的途径应当是该对象在组织结构中的职位状况，由职位而获得的权力是一种法定性权力，这种法定性权力包括组织成员对职位所产生的影响力的接受和认可。当学校的校长、银行的总裁、企业的领导、军队的长官发出指令时，老师、学生、员工、和下级军官与士兵都只能服从，因为权力性影响力本身具有强制性。而且一般说来，领导者的职位越高，权力越大，别人对他的敬畏感也越甚，他的影响力也越大。

资历因素。领导者的资格与经历也是产生影响力的因素。资历是一种历史的产物，它反映了一个人的生活阅历与经验。通常，人们对一位资历较深的领导者会产生一种敬重感，例如，某单位将要来一位新领导者，当这位领导者还没有来到之前，大家就在议论这位新任领导者的资历。如果他是一位老革命、老干部、老先进，获得过多次的奖励，那么，群众很快会形成一种敬畏感。反之，如果他是一位刚从学校里出来不久的年轻人，大家就会产生“他很嫩，恐怕不行的”这样的想法，不会对这位新任领导者产生敬畏感。可以说，资历因素在一定条件下会影响领导的有效性。不过，我们也不能把资历因素看得太绝对化。资历因素虽然是有助于领导有效性的条件，但能否真正获得群众的敬重，根本上还取决于领导者在实际领导活动中的表现。一个资历深，但实际工作表现很差的领导者，会使群众大失所望，仍然会失去群众的敬重。反之，一个资历浅，但在实际工作中表现很好的领导者，最终会得到群众的信赖与敬重。

非权力性影响力。也即自然性影响力，它与权力性影响力的不同，在于它不是外界赋予的那种奖励和惩罚别人的手段，而是它产生于个人自身的因素，也即人们常说的个人“威信”。它是由于领导者自身具有良好的表现而受到下级由衷的敬佩，并依靠自己的威信和以身作则来影响别人，从而起到领导的作用。生活中常常有这样的现象：一个并不担任任何官职的人，他的话会比某些领导者的号召更有影响力，其原因就在于他自身的因素所造成的非权力性影响力具有较大的信服性。非权力性影响力的特点在于：它对别人所产生的心理和行为影响并非基于惩罚或奖赏基础之上，而是建立在使人感到是“对的”，是“应该的”，即信服和敬佩的基础上。它使人在心理上并不感到是一种压力，而是通过潜移默化的自然过程变为他人的内驱力，并在行为上表现为主动、自愿。因此，它对人能产生较大的激励作用。构成非权力性影响力的基础，一般认为主要有两个来源：①个人专长。就是说个人具有某种相当的知识、技能、水平等方面的专长，并在与他人的交往中，获得了他人的了解和信任。这样的人，便容易赢得他人的尊敬和信服，下属一般也更愿意支持这种行家作他们的领导者。②个人品质。就是领导者在与他人的交往中所表现出来的一种或多种优良品德。一位品德优良的领导者，不仅能赢得人们的敬重，而且人们也愿意接近他。敬重即一种甘愿接受对方影响的心理倾向。

非权力性影响力没有正规的规范，也没有上级授予的形式，它主要是由下列因素所构成的：

品格因素。领导者的品格因素主要指领导者的道德、品行、人格、作风等对人的影响，它反映在领导者的一切言论和行为之中。优秀的品格会给领导者带来巨大的影响力，因为品格是一个人行为的本质。好的品格能使人产生敬重感，所谓“榜样的力量是无穷的”，就是因为榜样能给人以直观的感受，形成一种感染力。

相反，无论职位多高的领导者，倘若在品格上出了问题，那他的影响力就会荡然无存。领导者如在公开场合讲得头头是道，而在私底下却贪污腐败、行贿受贿，那么，群众对这样的领导者至多只是表面服从，而内心是反对的。其实，群众最讨厌的就是言行不一、表里不一的领导者。为此，领导者要十分注意培养自己的优良品格。一般来讲，群众对于领导者缺乏某些素质因素，如能力、知识、经验等是可以原谅的，但如果领导者缺乏品格因素，那是很难得到大家谅解的。

能力因素。一般说来，人的才能应当同他所担当的职务相称，这叫“人与事的最佳匹配”。但在实际管理活动中，的确存在一些位高才低的领导者，他们虽然身居高位，但是名不符实。在管理工作中，一个才能出众的领导者，不仅给自己的事业带来成功，而且能使人们对他产生敬佩感。敬佩感是一种心理磁石，它会吸引人们自觉地接受影响。所以，在进行选拔、晋级等人事安排时，必须按照领导者能力和贡献大小的标准来办事，以便使各级领导者都能名实相符。如果让一个领导者去担任他完全力不从心的职位，这对他本人来说也是一件苦恼的事，因为在这样的岗位上显示不出他的才能，从而得不到群众的敬佩，最终会失去群众的信任。

知识因素。知识是一个人最宝贵的财富，知识本身就是一种力量，是科学所赋予的力量。一个领导者如果具有某种知识专长，他便会对别人产生更大的影响力。领导者所拥有的这种权力称为专长权力。作为一名合格领导者来说，除具有行政领导权外，还必须掌握丰富的业务知识，这样才能正确地处理各类问题，使下属对此感到满意，并在下属中产生影响力，这种影响力是超越于职权之外的。所以，领导者在合法权力之外，充分发挥专长权力，可大大提高工作效果。

感情因素。感情是一种心理现象，它是人对客观事物（包括人）好恶倾向的态度反映。人们在相互交往的过程中，总是会产生一定的情感关系，或亲密或疏远，或要好或讨厌。如果人与人之间情感关系是良好的，便会产生亲切感，有了亲切感的人们之间，相互间的吸引力就会更大，彼此的影响力也会更高。在封建时代，有所谓“士为知己者死”，“知遇之恩”等说法，这里含有丰富的感情因素。水浒 108 将中人才济济，原为山东郓城县一名小小押司的宋江何以能坐上梁山头把交椅，其重要原因在于他非常重视感情投资，即“仗义疏财”，使自己在江湖上获得“山东及时雨”这样一个美称，大大地扩散了他的个人影响力。

上述四种非权力性影响力，都是由领导者自身的素质与行为造成的，它与权力没有直接的关系。即使是一个普通的职工，只要他具备了这四个因素，都能够对别人产生较大的影响。

从上述两种影响力的性质及作用情况来看，提高领导者影响力的主要途径，在于正确认识权力性影响力与非权力性影响力的关系，合理发挥这两种影响力的作用。一个善于将这两种影响力综合运用的领导者，才能在工作中取得最佳效果。